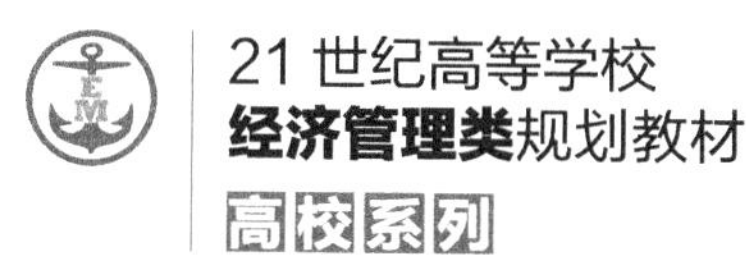

MANAGEMENT

管理学

黄炯华 黄文群 主编
邹火龙 赖必建 余露菲 副主编

ECONOMICS AND MANAGEMENT

人民邮电出版社
北京

图书在版编目（CIP）数据

管理学 / 黄炯华，黄文群主编. -- 北京 : 人民邮电出版社，2015.2(2018.9重印)
21世纪高等学校经济管理类规划教材. 高校系列
ISBN 978-7-115-38110-1

Ⅰ. ①管… Ⅱ. ①黄… ②黄… Ⅲ. ①管理学一高等学校一教材 Ⅳ. ①C93

中国版本图书馆CIP数据核字(2015)第020312号

内 容 提 要

本书编写紧扣高等院校经济管理类专业培养目标，既重理论，又重实践，既传承优秀的管理学原理，又增添了最新管理学案例。文字简洁易懂，结构清晰，条理清楚。全书分为管理学导论、决策、计划、组织设计、人力资源管理、领导、激励、沟通、控制、创新共 10 章。在内容编排上采用了理论同案例、游戏、能力训练与拓展相结合的方式来加强课程的实践应用特色，力求营造一个师生互动、充满乐趣的教学环境。本书力求做到案例、讲解与思考有机结合，充分调动学生积极思考，以培养学生的管理意识及思维能力，便于学生全面建立管理学的基本知识体系，系统掌握管理学的基本理论和方法。

本书可作为高等院校及高职高专管理类各专业教材，也可作为企业和政府部门管理知识的培训教材，还可供管理工作人员学习参考。

◆ 主　　编　黄炯华　黄文群
副 主 编　邹火龙　赖必建　余露菲
责任编辑　武恩玉
执行编辑　刘向荣
责任印制　沈　蓉　彭志环

◆ 人民邮电出版社出版发行　　北京市丰台区成寿寺路 11 号
邮编　100164　　电子邮件　315@ptpress.com.cn
网址　http://www.ptpress.com.cn
固安县铭成印刷有限公司印刷

◆ 开本：787×1092　1/16
印张：14.75　　　　2015 年 2 月第 1 版
字数：336 千字　　　2018 年 9 月河北第 3 次印刷

定价：35.00 元

读者服务热线：(010)81055256　印装质量热线：(010)81055316
反盗版热线：(010)81055315

前言 FOREWORD

管理学是高等学校各经济管理专业的专业基础课，也是从事经济管理工作的各级管理人员必备的管理科学基础知识。管理活动无处不在，可以说管理学是一门科学性与实践性有机结合的实用性强的学科。

参与本书编写的人员都是长期从事管理学课程教学的一线教师，在教学过程中曾经使用过多种不同版本的管理学教材，每个版本的教材特点不一，各有所长。我们希望尽可能把各教材的优点有机结合起来，并加入编写人员在实践教学中的一些新的思想和成果。本书在编写过程中经过编写组成员的多次研讨，在编写指导思想、内容结构、组成体系等方面做了一定的改革尝试，其目的是能够适应以能力培养为根本、以就业为导向的高等教育，满足高校在管理学课程上对与时俱进的新教材的要求。

本书的特点主要体现在以下几方面。

（1）范式新颖。本书每一章都设计了课前引入案例、学习目标、理论精要、案例分析、实践训练、本章小结、复习思考题等板块。这种编写范式一方面丰富了教材内容，有利于提高学生的学习兴趣；另一方面也实现了管理理论与实践的有机结合。

（2）理论翔实，内容广泛。本书不仅阐述了主要的管理理论，还结合近年来管理学研究的新成果进一步丰富了相关的管理理论和方法，并对这些理论和方法进行了重点归纳和总结。

（3）注重实践技能的培养。本书除了介绍管理理论的主要观点外，更加注重对理论实践操作、运用的阐述。此外，无论是书中的“案例分析”，还是“实践训练”，都是以开发、提升学生的管理实践技能为出发点而设置的。

本书在编写过程中参阅了大量当前已经出版的国内外管理学教材、专著和相关资料，引用了其中的一些研究成果和理论内容，在此不做一一说明，仅在参考文献中列出，并向有关作者表示感谢！

本书由黄炯华、黄文群任主编，共同拟定写作大纲，明确写作指导思想和具体要求，负责统稿、定稿工作。其中，黄炯华编写第一章；黄文群编写第二章、第三章；赖必建担任副主编，负责编写第四章、第五章、第六章；余露菲担任副主编，负责编写第七章、第八章；邹火龙担任副主编，负责编写第九章、第十章。

限于作者水平有限，本书中难免有不足之处，请各位读者不吝赐教！

编者

2014 年 12 月

目录 CONTENTS

第一章 管理学导论

学习目标

通过本章的学习，要求理解并掌握管理的含义、管理的基本职能、管理的基本特征、管理的基本原理与方法；熟悉管理者的角色和技能，清楚管理层次与管理技能之间的关系；了解管理理论的演进过程，熟悉科学管理理论、一般管理理论、组织管理理论、行为科学管理理论的主要观点和内容；熟练掌握组织环境的分析方法。

引入案例

丙吉是西汉宣帝时一位贤能的丞相。有一次，丙吉外出，遇上为皇帝外出清除道路、驱赶行人而发生的群斗，死伤横道。丙吉经过时却不闻不问，同行官员觉得很奇怪，又不敢问他，只得陪同前行。走到另一个地方看见有人赶一头牛，这头牛走得气喘吁吁，热得直吐舌头，这时丙吉却让车子停下来，派侍卫问赶牛的人："你赶这头牛走了几里路了？"同行官员觉得丙吉有些奇怪，对丙吉说："丞相是不是搞错了，您该问的不问，不该问的却问个没完。"丙吉说道："百姓相斗而死伤了人，管这种事是京兆尹官员的职责，应由他们派人去处理，到年终丞相只负责考核他们的政绩优劣，根据考核的结果奏明皇上对他们进行奖罚。作为一个当朝丞相，不应该亲自管一些不该自己去管的具体琐事，所以刚才路过群斗现场，我就不加过问。而奇怪的是，现在正是春令时节，天气不应该太热，牛却气喘得厉害，说明天气出现时令失调、不符合节气的征兆。气候反常对农作物和人都可能带来灾害，我身为丞相，是朝廷百官之首，我的职责就是要使国家风调雨顺，国泰民安，所以对牛喘气吐舌的现象就不能不亲自过问了。"从丙吉的管与不管中，我们不禁对他颇为高明的管理智慧所折服，从中也不难发现其中隐藏着的一些可供借鉴的领导艺术。

第一节 管理的基本知识

一、管理的定义

管理作为有效实现组织目标的行为，是人们在共同劳动中需要他人协作而产生的。并且协作劳动的复杂程度越高，规模越大，持续的时间越长，管理就越重要。它是随着人类社会的诞生而产生，也同时随着人类社会活动的发展而发展。在机器大工业生产之前，人类就有了大规模的协作劳动，例如古埃及金字塔和中国古长城的建造，都是大规模协作劳动的成果，但是这些协作劳动还不是当时人类社会劳动的基本形式，管理经验和管理思想也还处于朴素、零散的阶段。而工业革命以后，管理成为人类社会的普遍现象，各种管理运动和管理热潮层出不穷，管理理论的研究也取得了许多令人瞩目的成果，形成了比较系统的管理理论体系。

虽然管理活动自古有之，但是究竟什么是管理，至今没有一个统一的、被大家一致认同的定义。长期以来，中外管理学者从不同的角度提出了许多不同的定义，在不同的时代背景条件下，分别从某个侧面反映了管理的内涵。

被誉为科学管理之父的美国管理学者泰勒（Frederick W.Taylor）提出："管理是一门艺术，这种艺术是知道你要别人去做什么，并设法使他们采用最好、最经济的方法和途径去做。"在泰勒看来，管理就是指挥他人采用最好的方法去做事情。在他的名著《科学管理原理》中就管理进行了研究和讨论：①员工如何才能够找到和掌握最好的工作方法去提高工作效率？②管理者如何激励员工努力地工作以获得最好的工作业绩？泰勒对于管理的定义强调了管理的目的，即追求经济效益，寻求最经济的方法与途径。

管理过程学派的创始人、法国管理学家亨利·法约尔（Henri Fayol）认为："管理就是实行计划、组织、指挥、协调和控制的过程。"该定义于 1916 年发表在其著作《工业管理与一般管理》中，这一定义强调了管理的具体五项职能。他的观点在整整一个世纪里受到后人的推崇和肯定。美国商学院 20 世纪 70 年代很多的教科书对于管理的定义是："管理就是由一个或多人去协调他人的活动，这种协调活动可以获得个人单独活动所收不到的效果。"这一定义虽然表述不同，但法约尔所说的计划、组织、指挥、协调和控制等五项要素都是协调他人的活动。

诺贝尔经济学奖获得者、美国管理学家和社会学家赫伯特·西蒙（Herbert A. Simon）提出："管理就是决策。"在他看来，管理者做的所有工作归根到底是面对现实与未来、面对组织环境与员工时不断地做出各项决策，使组织可以不断地运行下去，直到获得满意的结果，实现令人满意的组织目标。这一定义强调决策在管理中的作用，决策贯穿于管理的全过程，强调了管理的核心环节就是决策。

美国著名的管理学教授斯蒂芬·P.罗宾斯（Stephen P. Robbins）也提出了对于管理的定义。他认为："管理就是协调工作活动的过程，以便能有效率和有效果地同他人一起或通过他人实现组织的目标。"[①]这一概念强调了管理的过程性、协调性和有效性：既要完成工作，又要讲究效率。

现代管理学之父、美国管理学大师彼得·德鲁克（Peter F. Drucker）认为："管理是一种工作，它有自己的技巧、工具和方法；管理是一种器官，是赋予组织以生命的、能动的、动态的器官；管理是一门科学，一种系统化的并到处适用的知识；同时管理也是一种文化。"这一观点既突出了管理的社会属性，也关注了管理的自然属性。

复旦大学管理学院教授芮明杰认为："管理就是对组织资源开展有效的整合，从而实现组织目标的一项创造性活动。"[②]他认为计划、组织、领导、控制等都是有效整合组织资源的方式，属于管理的范畴，但仅仅是实现资源有效整合的具体手段而已，并不是管理本身，管理

---

① 斯蒂芬·P.罗宾斯.管理学.北京：中国人民大学出版社，2008，3.

② 芮明杰.管理学现代的观点.上海：上海人民出版社，2005，5.

的本质应该是对组织资源的有效整合。

南京大学教授周三多认为："管理就是基于信息的获取，通过决策、计划、组织、领导、控制和创新等职能的发挥，来分配、协调包括人力资源和物力资源在内的一切可以调动的组织资源，以实现单独的个人无法实现的组织目标。"③

管理一词还有许多定义，这些定义都是从不同的角度提出来的，也仅仅反映了管理的某一个侧面，但其中也有不少共同的认识。综观中外管理学家对管理概念的论述，本书把管理概括为：管理就是为实现既定的组织目标，在一定的范围内，由管理者或是管理机构，采用科学、经济的方法，对组织所拥有的资源（人、财、物、信息等）进行计划、组织、领导、控制等活动的过程。这一定义可以做如下进一步的解释。

（1）管理是在特定的组织环境下进行的，内外部的环境既为组织提供了机会，也对组织的运行构成了威胁。任何组织都存在于一定的内外部环境之中，组织的活动是在特定的环境约束下进行的。管理需将组织看作一个开放的系统，与环境存在千丝万缕的关联，既从环境中获得组织运行和发展的要素，受到国家法律、政策、顾客需求偏好等影响，又同时要求管理活动必须依环境的改变而适时地做出调整。没有哪一种管理技巧和方法是可以在任何环境下都适用的。

（2）管理的载体是组织。组织包括企事业单位、党政机关、社会团体和宗教组织等，是一个结构体系中开展共同工作的一群人，他们以合作的方式来实现个人单独无法实现的目标。组织的规模越大，对内部分工协作的要求就越高，就越需要科学化、规范化的管理，管理工作的效果也越明显。

（3）管理的目的是为实现组织既定的目标。任何管理活动都有既定的目的，不存在无目的的管理活动。管理是一种有意识、有目的的活动过程。每一个组织要实现的目标并不是唯一的，即使是同一个组织在同一时期条件下其目标也往往是多样的。例如一个企业在同一时期的目标既包含提高生产效率，实现企业利润，也包括创造就业机会，提升员工福利水平等等；而国家机关的管理目标既包括提供公共服务，促进经济发展，也包括维护社会稳定等。总之，不论哪一个组织，哪一个层次的组织的管理活动，都要实现一定的组织目标，不存在只为了管理而实施的管理，只有在目标明确的前提下，才能实施管理活动。

（4）管理的对象是组织的资源。组织是通过采取一定的活动作用于内外部的各种资源来实现既定的目标的，组织可以利用的资源通常包括人力、资本、机器设备、土地、原材料和信息等。在任何组织中，普遍存在着人与人、人与物的关系，任何资源的分配、协调过程实际上都是以人为中心的，所以，管理中最重要的是对人的管理。

（5）管理的基本职能是计划、组织、领导、控制。管理职能是对管理过程中各项行为内容的概括，是指管理行为应该承担和完成的基本任务。管理是通过采取计划、组织、领导和控制等具体行为对组织的各项资源进行有效整合，最终实现组织目标的过程，它们作为实现组织目标的手段，成为管理的基本职能。

（6）管理的本质是有效协调、整合资源的过程。协调能够使个人与集体之间、各层级之

③ 周三多.管理学.北京：高等教育出版社，2010，2.

间的目标一致，使各项基本职能的开展协调一致。提高组织的效率是依靠协调工作来完成的，管理就是一系列不断协调的过程。

（7）管理追求效率和效果的统一性。虽然组织目标不尽相同，但不论是何种类型的组织，不论其具体的目标包括哪些，组织在实现其目标的过程中都要重视效率和效果的问题。效率是指以尽可能少的投入获得尽可能多的产出，通常指的是“正确地做事”，即不浪费资源。由于管理过程投入的资源都是稀缺的资源，所以应该强调它的经济性。但是仅仅有效率是不够的，管理者还应该关注效果，也就是完成活动以便达到组织的目标。效果通常是指“做正确的事”，即所做的工作和活动要有助于组织目标的实现。效率和效果是衡量管理工作的重要标志（见图 1–1）。

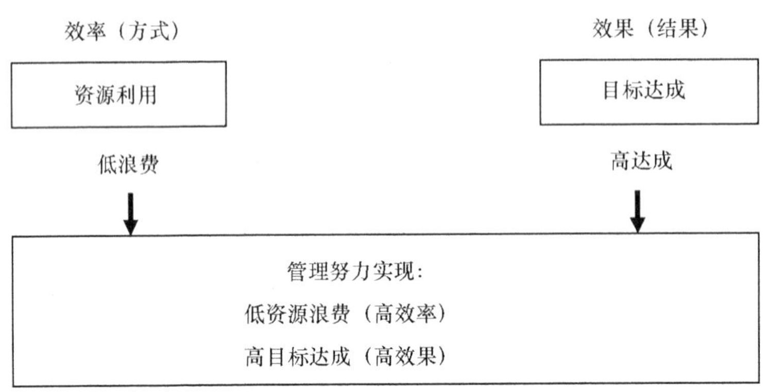

图 1–1　管理的效率和效果

资料来源：斯蒂芬 · P.罗宾斯（Stephen P. Robbins）.管理学（第 9 版）.北京：中国人民大学出版社，2008 年，第 8 页.

二、管理的职能

管理活动是人类最重要的社会活动之一，它涉及的范围广泛，内容复杂。管理是一个过程，为了实现组织既定的目标就必然要开展一些相关联的活动。这些活动都存在着共同的规律性内容，我们把这些关联活动称为管理职能，管理的基本原理和方法技术都是通过管理职能来体现的。在管理的职能问题研究方面，学者们的看法不尽一致。最早提出管理职能的是法国管理学家法约尔，他认为管理过程包含计划、组织、指挥、协调、控制五大职能。而美国管理学者孔茨把管理职能划分为计划、组织、人员匹配、指导和控制等五项职能。我国管理学界对于管理职能的看法也是不一致的，例如南京大学管理学教授周三多认为信息获取、决策、计划、组织、领导、控制和创新等都属于管理的职能。本书根据前面的定义，将管理的职能分为计划、组织、领导和控制等四项。

（一）计划职能

计划是对组织未来活动如何开展的一种预先筹划、安排。在从事一项活动之前首先要制定计划，这是进行管理的前提。计划可以分为战略性计划和战术性计划。战略性计划是对组织全面、长远、根本性问题的研究、筹划，是对组织未来成长蓝图的规划；而战术性计划是研究组织局部、短期、具体性问题的工作安排。虽然组织的高层管理者负责制定总体目标和战略，但所有层次的管理者都必须为其工作小组制定具体的工作安排，以便为组织目标的实现做出贡献，所有层次的管理者制定的本工作小组目标必须符合和支持组织总体战略。计划过程包括三个步骤：①决定组织要实现的目标；②决定采取哪些方案去实现目标；③决定如何协调、整合组织资源以实现目标。本书在计划职能中将重点介绍计划的内容、计划的类型、计划的编制过程和计划的实施等内容。

（二）组织职能

组织一词既有动词的含义又有名词的含义。组织职能是指为实现既定目标，根据计划对组织的各种资源进行制度化安排，其中既要研究组织的活动过程，又要研究组织结构设计、人员匹配、组织变革与发展。组织职能是计划工作的自然延伸。组织结构设计包括机构设计和结构设计。机构设计是根据计划安排的事务设置相关的岗位和职务，按照一定的标准组合这些岗位和职务，从而形成不同的工作部门。结构设计是根据组织活动和环境特点，规定不同部门之间的相互关系。人员匹配是根据各岗位的要求以及人员的素质和技能特点，选拔适当的人员安置在相应的岗位上。其中涉及的具体工作包括人员招聘、选拔、安置、培训、考核、提升以及薪酬筹划等。组织变革是为适应组织内外部环境变化，适时地对组织结构进行必要的调整。

（三）领导职能

管理是通过协调他人来一起完成个人无法实现的目标的过程，指导和协调组织中的人是管理的基本工作之一。为了有效实现组织的目标，需要使员工以高昂的士气、饱满的热情投身到组织活动中去，这便是领导工作的任务。所谓领导，是指管理者指挥、激励下属，以有效实现组织目标的行为。领导工作通过管理者职权和威信的施展，指导和激励下属实现工作目标。所以，管理者必须具备领导其工作小组成员朝着组织目标努力的能力。为了使领导工作卓有成效，管理者必须了解成员和组织行为的特征，激励员工并进行有效的沟通。

（四）控制职能

控制是组织在实现目标的过程中必不可少的，任何组织为了保证目标能够有效实现，都要对组织成员和组织活动加以控制。控制是指管理者为保证实际的工作与目标一致而进行的工作，包括依计划制定控制标准、衡量实际工作绩效、发现偏差、纠正偏差等内容。当一个组织的实际运行偏离计划目标时，管理者必须对偏差差异进行分析，采取必要的纠正行为。这种纠偏行为既包括采取措施以确保原来的计划得以顺利实现，也包括依据当前组织环境的变化对原先的计划进行必要的调整。控制是管理过程不可或缺的一项职能，因为它的存在可以保证组织朝着目标迈进。

需要说明的是，随着管理实践不断发展以及管理理论研究的不断深入，一些管理学者提出了一些新的管理职能，其中特别值得一提的是决策和创新两项职能。前面提到的美国管理学者西蒙就提出“管理就是决策”，决策渗透于管理的其他所有职能之中；而创新也被认为是管理的另一项职能，这种观点认为，随着组织（尤其是企业）环境日益恶化，其竞争程度越来越大，组织要持续运转、发展下去就必须要打破常规，寻求突破，否则组织就难以生存下去。

本书把管理过程划分为计划、组织、领导和控制四项职能，划分管理职能的意义在于，通过把管理过程分成几个相对独立的部分，在理论研究上能更清晰地描述管理的过程，有助于实际的管理工作，提升职能管理活动的专业化。而总体上看，这四大职能既相互区别，又相互渗透，我们要正确认识各项管理职能之间的关系（见图 1–2）。理论上讲，要实现组织的目标，管理者首先应该根据组织的内外部环境确定组织的目标体系，制定相应的计划实施方案；其次，管理者就要根据方案筹备、协调资源，落实计划，开展组织工作，由于组织活动是依靠他人的力量来完成的，所以目标的完成有赖于成员的共同努力，这就要求管理者要加强领导工作，充分调动成员的积极性，以便更有效地实现组织目标；最后，由于在目标设立、计划制定、组织建立、激励实施等过程中，实际的工作与计划可能会出现偏差，因此要求管理者必须加强对管理活动的控制工作。由此看来，管理是由计划、组织、领导、控制等职能形成的一个系统，控制的结果是实现组织目标，之后又开展新一轮的管理循环，从而把组织的管理工作不断推向前进，实现不间断的循环。

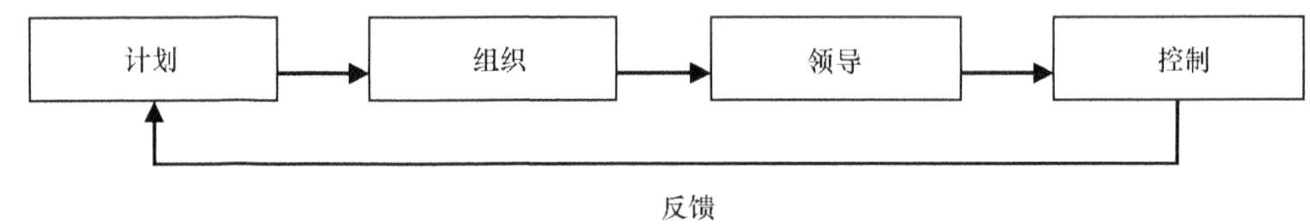

图 1–2　管理职能的相互关系

在管理实践中，管理过程并不像如上理论描述得那么简单，各项管理职能的界限并不明晰，不存在严格的起点和终点，往往是相互渗透在一起的，管理者在管理实践中常常发现自己实施某项管理职能的时候，同时也在履行其他职能工作。

三、管理的特征

管理活动不同于文化活动、教育活动和科学活动，它有其自身的特点。为了更好地了解管理活动，我们把管理活动体现出的特征归纳为以下几个方面。

（一）动态性

管理的动态性特征主要表现为管理活动需要在变化的环境中进行，既包括组织外部环境的变化，也包括组织自身条件的改变，变化的环境必然给组织的管理活动带来不确定性。

（1）管理对象是不确定的。虽然管理的对象是组织的各种资源，但是在不同的时期，组织拥有的资源是不同的，或者说这些管理的对象总是存在着差异，例如由于员工的需求总是处于变化之中，为了有效地激励员工，就要求管理者对激励政策和方式进行动态调整。

（2）管理技术方法是不确定的。例如管理者在与员工沟通的过程中，由于员工具备的素质和能力不同，所以要求管理者采取不同的沟通方式开展工作。

（3）管理活动的实际结果是不确定。虽然在管理活动开展之前，管理者进行了有效的计划工作，但这只是对组织未来活动结果的一种设想。当实际的管理活动得以开展的时候，实际结果和预计目标之间可能会产生偏差。而这种偏差的差异程度也具有不确定性，这就促使管理者采取的纠偏行为也是不同的。

正是由于这些不确定性的存在，造成管理活动具有明显的动态性，因此不存在一个标准的处处适用的管理模式。

（二）科学性

管理的动态性并不意味着管理这类活动是杂乱无章、无章可循的。尽管管理活动处于动态的变化之中，但还是可以将其分为两大类，一类称之为程序化活动，另一类称之为非程序化活动。所谓程序化活动是指有章可循，照章运作便可以取得预想效果的管理活动。所谓非程序化活动是指无章可循，需要边运作边研究探讨的管理活动。这两类活动虽然不同，但又是可以转化的。现实的程序化活动就是原来的非程序化活动转化过来的，这种转化过程是人们对非程序化活动和管理对象规律性的科学总结。对新管理对象所采取的非程序化活动只能依据过去的科学总结进行，否则对这些对象的管理便失去可靠性，而这本身也体现了管理的科学性。正是由于存在管理的科学性，所以在管理实践当中我们才可以采用一些数学模型进行管理活动的预测、分析和判断。例如量本利分析、线性规划、决策树分析、网络计划技术等方法的运用，都很好地反映了管理活动具有科学性这一特征。

（三）艺术性

所谓艺术就是以个人的经验和熟练程度为基础的技艺和技巧。管理的艺术性强调的是管理的实践性和灵活性。管理者必须因地制宜地将管理知识与具体管理活动相结合，同时还要有灵活的技巧。管理者对于这种技巧的运用和发挥，体现了其设计和操作具体管理活动的艺术性。另一方面，管理活动是处理和协调人与人之间关系的社会活动，管理对象之中最重要的是人，人是有思想、有意识的高级社会动物。虽然管理活动必须遵循客观规律办事，但是管理者在应用管理理论指导管理实践时，不可能像自然科学应用其定理去指导实践那么“刻板”和“一丝不苟”，而是要求管理者在管理实践中灵活多变地运用管理理论进行具体问题具体分析。仅仅凭借书本上的管理理论和管理原则来进行管理，无异于“纸上谈兵”，是不能保证其成功的。

（四）创造性

管理既然是一种动态性的活动，即对每一个具体的管理对象都没有一种唯一的、亘古不变的、完全有章可循的模式可以套用，那么要达到既定的组织目标，就需要有一定的创造性。正是由于管理创造性的存在，才使得管理有成功与失败的可能，否则，所有管理活动的结果都是一模一样的，这显然不符合现实的管理实际。管理的创造性根植于动态性之中，与其科学性和艺术性相关，也正是由于这一特征的存在，才使得管理创新成为必要。

（五）经济性

管理过程实际上就是资源匹配、协调的过程，无论管理者最终采用哪一种资源匹配的方式，都会带来资源使用的机会成本问题。管理者要做的是尽可能使得资源匹配的机会成本最小化，否则这种资源匹配的方式就是不节约的。因此，从资源使用的成本比较角度上讲，管理具有经济性特征。另一方面，管理活动的目标总是表现为较少的投入获得尽可能大的产出，即谋求“效率”和“效果”的统一。通过将组织的资源进行一定模式的匹配，必然会产生“1+1＞2”的效果。我们通常讲“管理就是生产力”，说的是管理可以产生新价值，可以产生新财富。因此，从价值生产的角度上来说，管理同样具有经济性特征。

管理的上述五项特征是相互关联的，是管理活动的不同侧面的反映，它们之间的关系如图 1–3 所示。

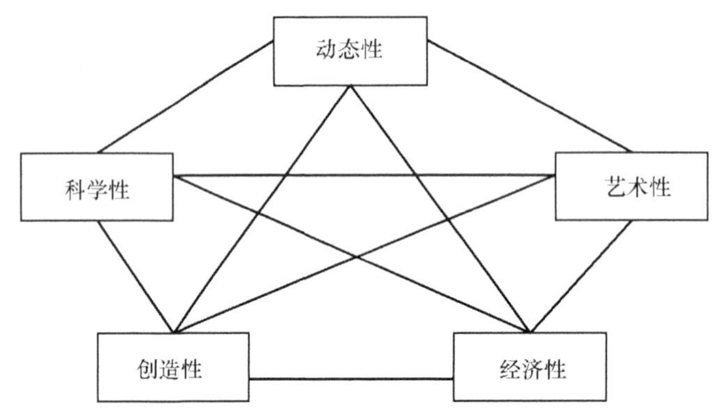

图 1–3　管理特征的相互关系

资料来源：芮明杰.管理学（第 2 版）.北京：高等教育出版社，2005 年，第 8 页.

四、管理者的角色与技能

管理者是一个内涵十分宽泛的名词，组织中不同层次的管理者所充当的角色是不同的。一个管理者工作绩效的好坏，工作成绩的高低在于他对其角色的理解。不同的角色要求不同的技能。

（一）管理者的定义

一般认为管理者是指执行管理职能，对实施组织目标负有责任的人，是管理的主体。他们通过协调他人与他人一起或是通过他人来实现组织的目标。依据工作的内容，我们可以将组织的成员分为两类，即操作者和管理者。操作者是指直接从事具体任务实施和操作的人员，他们不负有协调其他人工作的责任。例如，产品组装线上的装配工人、饭店里的厨师、快餐店里的营业人员等，这些人处于组织的最底层，不具有监督、协调他人工作的职责。管理者则有一定数量的下属人员，并且对其直接下属人员工作的成败负责，而操作人员只要做好自己分内的工作即可。

组织中的管理者有不同的类型，下面按照不同的标准对管理者进行必要的分类。

1．按照管理者所处的不同层次划分

根据在整个组织中所处的不同层次，将管理者区分为高层管理者、中层管理者和基层管理者（见图 1–4）。

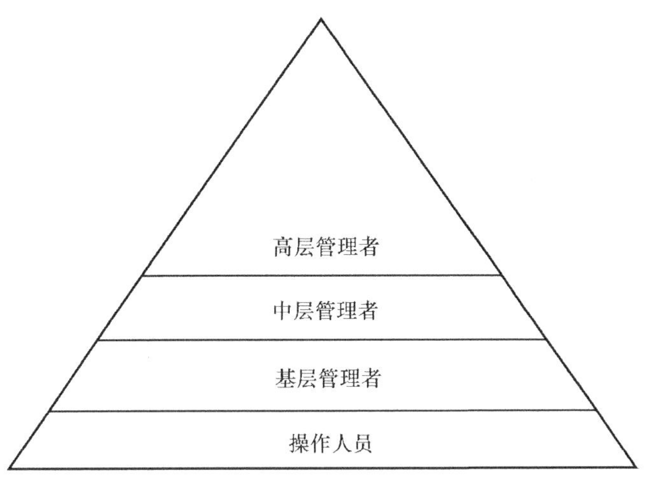

图 1-4　组织的层次与管理者的分类

高层管理者处于或接近组织的顶层，他们承担着制定组织的决策、为整个组织制订计划和目标的责任，对组织的成败负有根本的责任。他们的典型头衔通常是总裁、执行副总裁、首席执行官或是总经理等。中层管理者则包括所有处于高层和基层之间的各个管理层次的管理者，这些管理者管理着基层管理者，他们可能具有区域经理、项目主管、工厂厂长，或是事业部经理等头衔。基层管理者是最底层的管理人员，他们管理着非管理人员的工作，例如工厂里的组长、领班或是主管。

不同组织层次的管理人员在管理职能实践上存在明显差别，对于某一特定的管理者而言，计划、组织、领导、控制等四项基本管理职能的重要性取决于他们在组织中管理层次的位置（见图 1-5）。高层的管理人员在计划、组织和控制工作上所花费的时间要比基层管理人员多，而基层管理人员花在领导工作上的时间要比高层管理人员多。即使同一管理职能，不同层次的管理人员从事具体管理工作的内涵也不尽相同。就计划工作而言，高层管理者关心的是组织整个的战略规划，中层管理者关注的是中期、内部的管理性计划，基层管理人员则偏重于短期的作业计划。

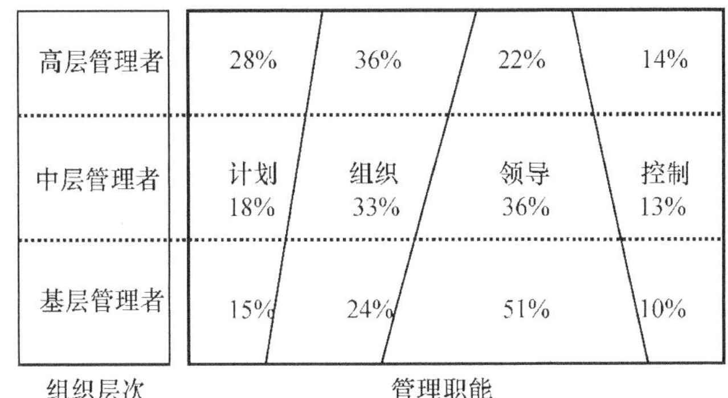

图 1-5　不同层次管理者的时间分配

资料来源：T.A.Mahoney, T.H.Jerdee & S.J.Carroll, The Jobs Of Management，Industrial Relations:Vol.4, No.2,1965,p.103.

2．按照管理者从事的工作领域分类

根据管理者管理范围的大小、所处领域和专业性质的不同，可以将管理者分为综合管理者和职能管理者。

综合管理者是指负责整个组织或其所属单位的全面管理工作的管理人员。他们是一个组织或其所属单位的主管，对整个组织或该单位目标实现负有全部责任。例如，工厂的厂长属于综合管理者，因为他负责整个工厂的全面经营；公司的总经理、项目主管等也是综合管理者，因为他们同时负责组织内各项职能活动。

职能管理者是指在组织内就某一项职能或专业领域的工作负责，只在本职能或专业领域内行使职权、指导工作。例如公司的人事经理只对人事管理负责，生产经理只对企业生产负责，销售经理只对公司产品销售负责等。职能管理者依靠专业或技术特长开展专业领域的工作指导，其下属从事性质相同或相近的业务活动。

（二）管理者角色

所谓管理者角色是指特定的管理行为类型。加拿大管理学家亨利·明茨伯格(Henry Mintzberg)通过对管理者实际工作的直接观察而归纳出管理者实际承担的工作任务。亨利·明茨伯格实地观察了 5 位经理的工作，并对观察所得的资料进行了详细的分析研究。他发现他所观察的经理们陷入大量变化的、无一定模式的活动中，这些经理们几乎没有时间静下心来思考，因为他们的工作常常被打断，有半数的管理活动持续的时间少于 9 分钟。在大量观察的基础上，明茨伯格总结出管理者扮演的 10 种不同的角色（见表 1–1），这 10 种角色被归纳为三大类，即人际关系角色、信息传递角色、决策制定角色。

表 1-1　明茨伯格的管理角色理论

角色	描述	特征活动
	人际关系	
1. 挂名首脑	象征性首脑；必须履行许多法律性或社会性的例行义务	接待来访者；签署法律文件
2. 领导者	负责激励下属；承担人员匹配、培训以及有关的职责	实际上从事所有的有下级参与的活动
3. 联络者	维护自行发展起来的外部关系和信息来源，从中获得帮助和信息	发感谢信；从事外部委员会的工作；从事其他有外部人员参与的活动
	信息传递	
4. 监听者	寻求和获取各种内部和外部的信息，以便透彻地理解组织与环境	阅读期刊和报告；与有关人员保持私人接触
5. 传播者	将从外部人员和下级那里获取的信息传递给组织的其他成员	举行信息交流会；用电话的方式转达信息
6. 发言人	向外界发布组织的计划、政策、行动、结果等	召开董事会；向媒体发布信息
	决策制定	
7. 企业家	寻求组织和环境的机会，制定“改进方案”以发起变革	组织战略制定和检查会议，以开发新项目

续表

角色	描述	特征活动
8. 混乱驾驭者	当组织面临重大的、意外的混乱时，负责采取纠正行动	组织应对混乱和危机的战略制定和检查会议
9. 资源分配者	负责分配组织的各种资源——制定和批准所有有关的组织决策	调度、授权、开展预算活动，安排下级的工作
10. 谈判者	在主要的谈判中作为组织的代表	参加与工会的合同谈判

资料来源：斯蒂芬.P.罗宾斯（Stephen P. Robbins）.管理学（第9版）.北京：中国人民大学出版社，2008年，第11页.

1．人际关系角色

人际关系角色源于管理者正式权力。管理者在处理与组织成员和其他利益相关者之间的关系时，他们就扮演着人际关系角色。管理者所扮演的三种人际关系角色分别是代表人角色、领导者角色和联络者角色。

管理者常因是组织的代表性人物，需要行使一些具有礼仪性质的职责。例如，管理者有时必须出现在社区的集会上，参加社会活动，或是接待和欢迎来宾等。在这样的时候，管理者所扮演的就是代表人的角色。

由于管理者对所在单位的运营成败负有重要的责任，他们必须在工作小组内扮演领导者的角色。例如，领导者需要通过正式或非正式的方式指导、激励员工，以便有效地实现组织目标。

在人际关系角色中，管理者要扮演的第三个角色是联络者。管理者无论是在与组织内的个人和工作小组一起工作时，还是在与外部利益相关者建立良好关系时，都起着联络者的作用。管理者必须对重要的组织问题有敏锐的洞察力，从而才能够建立起良好的关系网络。明茨伯格将这个角色描述为联络外界的信息来源，而从中获得帮助和信息，这些外界的个人和机构包括顾客、供应商、政府机构和其他社会性组织等。

2．信息传递角色

信息传递涉及信息的接受、收集和传播。三种信息传递角色包括监听者、传播者和发言人。管理者必须扮演的一种信息角色就是监听者角色，监听的目的是获取信息。管理者可以通过各种方式和渠道获取一些对于组织有益的信息，既可以通过密切关注组织自身状况以及外部环境变化捕捉信息，又可以通过员工或是利用个人关系网等方式获取信息。获取信息的途径包括阅读报纸杂志、相关报告、与有关人员直接沟通交谈等。这些信息的获取有助于管理者识别组织潜在的机会和威胁。

作为传播者，管理者把他们作为信息监听者所获取的大量信息，经过必要的处理和筛选传递给组织内部有关的人员和部门。管理者有时也因特殊的目的而隐藏特定的信息，重要的是，管理者必须保证员工能够获得从事工作所必要的信息，以便切实有效地完成工作任务。

管理者的最后一种信息角色是发言人角色。管理者必须向外界发布有关组织的计划、政策、行动、结果等信息，发布的对象是单位或组织之外的个人。例如，必须向董事会或股东说明组织的财务状况和战略方向，必须向消费者保证组织在切实履行社会义务，必须让政府有关部门对组织遵守法律的表现感到满意等。

3. 决策角色

在决策角色中，管理者处理信息并得出结论。管理者负责做出决策，并分配资源以保证决策方案的实施。

管理者所扮演的第一种决策角色是企业家角色。管理者通过关注组织内外部环境的变化，发现组织潜在的机会和威胁，作为企业家，管理者对所发现的机会进行充分利用。例如，当市场有发展的趋势时，做出开发新产品、提供新服务或发明新工艺的决策；当出现市场衰退、需求减弱等不利因素时，则做出控制产能、甚至撤出市场等的决策。

作为混乱驾驭者，管理者承担是冲突管理的工作。组织在成长和发展的过程中总会遇到冲突或问题，管理者必须善于处理冲突和解决问题，例如处理与供应商的合同纠纷，消除员工工作中的不满情绪，甚至处理工人罢工事件等。管理者必须采取修正行动应付事先未能预见的冲突和问题，防止某些问题持续恶化。

管理者所扮演的第三种决策角色是资源分配者。管理者负责分配组织的各种资源，例如：安排自己的时间；安排员工的工作，决定要做什么事，谁去做，通过什么机构做；对重大决定的实施进行事先审批等。

管理者所扮演的最后一种决策角色是谈判者角色。管理者要花费相当多的时间从事谈判活动，谈判是管理者工作中的重要组成部分。谈判的对象包括员工、顾客、供应商和其他社会团体。无论是何种类型的组织，管理者都要进行必要的谈判工作，以确保组织工作朝着既定目标迈进。

（三）管理者的技能

技能指的是一种能力，是可以经过后天培养的。面对多变而复杂的活动，每一位管理者都在组织中从事某一方面的管理工作，都在力争使自己主管的工作达到一定的标准和要求。而管理是否有效，很大程度上取决于管理者是否真正具备了履行其工作职责的能力。美国管理学家罗伯特·卡兹(Robert L. Katz)于 1955 年发表的论文《有效管理者的技能》中，针对管理者的工作特点，提出了管理者应该具备三项基本技能，分别是技术技能（Technicai Skill）、人际技能(Human Skill)和概念技能（Conceptual Skill）。对于不同层次的管理者而言，三种管理技能的重要性程度是不同的（见图 1–6）。基层管理人员主要需要的是技术技能，其次是人际技能；中层管理人员主要需要的是人际技能，其次是技术技能；高层管理者则尤其需要具备概念技能，其次是人际技能以及技术技能。

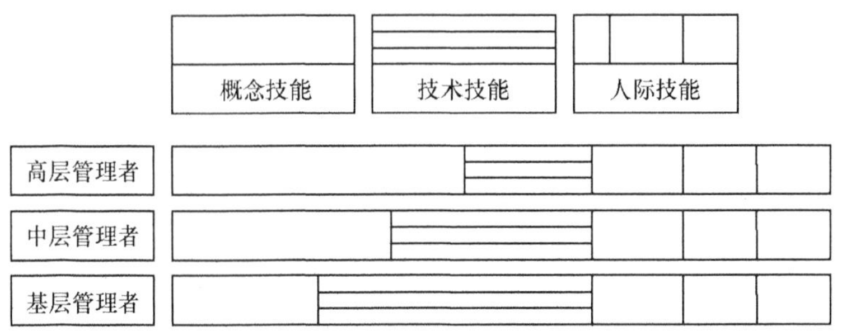

图 1–6　不同层次管理者所需要的管理技能分布

1．技术技能

技术技能是指熟练完成特定工作所需要的特定领域的知识和技术。对于基层管理人员而言，技术技能显得尤为重要，因为他们通常管理的是使用工具和技术生产产品、提供服务的一线员工。例如，财务管理人员必须具有财务管理的技能，生产组长则有必要了解产品生产的流程和工艺，否则就很难与他所负责管理的一线员工或专业技术人员进行有效的沟通，也无法对其所管辖的业务进行指导。

2．人际技能

人际技能是指管理者与各类人员打交道、处理人际关系的本领，即管理者在部门内部激励他人并与他人沟通和共事的能力。管理一定意义上是借用他人的力量来实现组织目标的活动，仅靠管理者单干，就无所谓有效管理。要使他人服从组织安排，积极地工作，管理者就必须注意提升自己的人际技能。可以说，人际技能无论对于高层管理者还是中层、基层管理者而言都是非常重要的，只有处理好上下级、同事之间的关系，组织成员才可以相互合作，共同完成组织目标。

3．概念技能

概念技能是指管理者对复杂现象进行抽象化和概念化的能力，包括理解事物的相互关系，从而找出关键影响因素的能力、确定和协调各方面关系的能力，以及权衡不同方案优劣和内在风险的能力等。由于客观事物错综复杂，各种因素相互影响，因此需要管理者认清现象背后的本质，以便抓住主要问题，并做出合理的判断和决策。尤其对于高层的管理者而言，概念技能是非常重要的。

五、管理的基本原理与方法

（一）管理的基本原理

管理的原理是指在管理活动中应当遵守的基本规律，它是人们通过对管理实践进行大量观察、分析、总结，从而得出的基本真理，对所有管理活动都具有普遍性的指导意义。为了有效实现组织目标，合理安排业务活动和利用资源，管理者在管理活动中必须遵守这些基本规律。下面主要阐述三项基本原理，分别是效益原理、人本原理和系统原理。

1．效益原理

任何组织的管理都是为了实现一定的目标，而在实现目标的过程中都要利用一定的资源，资源是稀缺的，资源的协调配置必然要付出相应的代价。所谓效益是指有效的投入和产出之间的比例关系。追求效益就是努力实现以较少的投入去实现既定的组织目标。正如罗宾斯所认为的："管理就是效率和效果的统一。"如果管理活动的内容选择不当，与组织的环境特点或其变化规律不相适应，那么，即使活动过程中效率很高，结果也只能是"南辕北辙"，无法实现目标，而资源消耗的高低程度与管理方法有关。方法正确，资源则实现了有效配置；方法失当，则浪费了资源。有效的管理应该实现"效率"和"效果"的统一。

2．人本原理

人是组织的主体，组织有效管理的关键是成员的积极参与，管理既是"依靠人的管理"，也是“为了人的管理”。管理应该坚持“以人为中心”，充分发挥人的聪明才智，最大限度地调动人的积极性，这是管理的首要原则。

“依靠人的管理”是指管理必须依靠他人来共同完成工作，实行民主管理。人是管理系统中最活跃、最积极的因素，只有依靠成员的共同努力，发挥全体成员的主观能动性，才能合理利用资源，真正实现“正确地做事”以及“做正确的事”的目标。这就要求组织应当适度分权，让职工参与组织的管理，同时还要重视和满足员工的合理需求。需求是行为的动力源泉，只有需求得到满足，才可能调动人的积极性。

“为了人的管理”强调管理工作是为人服务的。管理是以人为中心的，是为了实现人的发展。这里的“人”包括组织成员、外部用户、其他相关利益主体乃至全社会的人。在现代社会，人们参与某种组织活动的目的不仅是为了满足生理方面的低层次需求，自我价值的实现也已成为许多社会成员非常重要的高层次需求。这种需求的满足要求管理者应结合组织成员的素质特点恰当安排工作，并通过这种工作安排促进他们良好个性的形成和发展。

3．系统原理

任何社会组织都是由人、物、信息组成的系统，任何管理都是对系统的管理。所谓系统是指由若干相互依存、相互作用的要素组合而成的具有特定功能的有机整体。自然界和人类社会有各种各样的系统。如人体内部有神经系统、血液系统、消化系统，自然界存在着形形色色的生物系统，在社会国民经济领域有工、农、商、贸、教育、卫生等系统。既然组织是由人、物、信息构成的有机整体，那么其各要素和子系统之间就呈现出整体性、相关性、有序性、与外部环境相互适应性的基本特征。组织的管理者在从事管理活动的过程中必须运用系统性原理，努力做到：①管理工作统筹兼顾，用系统的观点和方法，处理好整体与局部、局部与局部以及各要素之间的关系，综合考虑，全面安排，实现系统的整体优化。②管理活动层次分明，工作有序。各层级的管理人员职责清楚，任务明确，并在实践中各司其职，各行其权，以正确发挥各自的作用，实现管理目标。③管理工作力求做到组织和环境的协调统一，应该重视组织环境信息的调查、收集，甚至开展相应的组织环境开发工作，立足于组织环境的分析，因地、因人、因时制定或调整对策。

（二）管理的方法

管理方法是指管理者为实现组织目标，组织和协调管理要素的工作方式和手段。根据不同的角度，管理方法有不同的种类：①依据方法的作用原理可分为经济方法、行政方法、法律方法和社会心理学方法（内容见表 1-2）；②依据方法的定量化程度可分为定性方法和定量方法；③依据方法的普遍性程度可分为一般管理方法和具体管理方法。

表 1-2　四种管理方法的比较

方法类型	方法内容	特点	局限性	主要形式
经济方法	依靠利益驱动，利用经济手段，通过调节和影响被管理者的物质需要而促进管理目标的实现	① 利益驱动性 ② 普遍性 ③ 持久性	可能产生明显的负面作用	价格、税收、信贷、利润、工资、奖金、罚款、定额管理、经营责任制等

续表

方法类型	方法内容	特点	局限性	主要形式
行政方法	依靠行政权威，借助行政手段，直接指挥和协调管理对象。	① 强制性 ② 直接性 ③ 垂直型 ④ 无偿性	容易引发被管理者的心理抵抗	命令、指挥、监督、检查、协调、仲裁等
法律方法	借助国家法规和组织制度，严格约束管理对象为实现组织目标工作	① 高度强制性 ② 规范性	对于特殊情况有适用上的困难，缺乏灵活性	国家的法律、法规；组织内部的规章制度；司法和仲裁等
社会心理学方法	借助社会学和心理学原理，用教育、激励、沟通等手段，来调动其积极性	①自觉自愿性 ② 持久性	紧急情况时难以适用	宣传教育、思想沟通、各种形式的激励等

第二节　管理理论的历史演进

一、管理理论的萌芽阶段

（一）中国早期的管理思想

中国是世界四大文明古国之一，有着璀璨的历史文明，其中包括丰富多彩的管理思想。《论语》、《道德经》、《韩非子》、《孙子兵法》等著作里的管理思想，备受各国管理学界的重视。中国万里长城、京杭大运河、都江堰等人类史上的伟大工程，是中国古代管理思想实践的体现。中国早期的管理思想博大精深，影响深远，其中具有代表性的莫过于以孔子为代表的儒家思想；以老子和庄子为代表的道家思想；以韩非子为代表的法家思想和以孙子为代表的兵家思想。

1．儒家的管理思想

孔子是儒家思想的创始人，后经孟子和荀子的发展，最终形成了比较完备的思想体系。儒家管理思想的基本精神是以“仁”为中心，提倡以仁义为行为准则，实现“齐家、治国、平天下”的管理目标。儒家思想在管理的核心、管理载体、管理手段方面都有一些独到的见解。

（1）关于管理的本质，儒家思想的核心是“仁政”，认为管理的本质是“治人”。孔子说：“为政在人，取人以身，修身以道，修道以仁，仁者人也，亲亲为大（《礼记·中庸》）。”这就表明，儒家思想以“人”作为管理的核心（包括管理的主体和管理的客体，即管理者和被管理者），儒家思想提出“天地之性人为贵”。“贵人”（重视人）是儒家的一个根本的理念，所以儒家思想认为管理的本质是“治人”，在儒家看来，一切管理活动都是围绕着人而展开的。

既然是管理人，那么就要对人进行分析。孟子提出“性善论”，他认为，人天生就是“善”的，恻隐之心人皆有之。至于恶的表现是由于后天各种原因使人的“善”被掩盖起来了，每一个人都可以通过自我追求达到“善”的境界。儒家另一个代表人物荀子在人性的认识方面则主张“性恶论”，在他看来人的本性就是“恶”的，“人之性恶，其善伪也”。荀子的“性恶论”是直接为儒家的“礼”服务的，他并不是在和孟子争论人的本性，而是在为实现国家的管理活动提供必要的理论依据——因为人的本性是恶的，所以才需要管理者们对人进行教化和管理，这样人才会“从善如流”，才会把国家管理好。

儒家思想对人性假设的分析对后来的管理理论和实践产生了很大的影响。无独有偶，后来西方的一些管理学者同样提出类似于“人性本善”和“人性本恶”的观点，例如麦克雷格的 XY 理论。而一直以来，各种针对于人的管理实践之所以表现得千姿百态，都是基于人性的不同认识。

（2）关于管理的载体，儒家思想对组织有独到的认识。儒家认为“劳心者治人”，而劳心者通过什么来进行管理呢？荀子说，“力不若牛，走不若马，而牛马为用，何也？曰：人能群，彼不能群也。人何以能群？曰：分。分何以能行？曰：义” 。荀子认为，人和动物的根本区别是人能“群、分、义”。“群”就是建立组织机构，“分”就是实行分工，而人之所以能建立组织结构和实行分工合作的根本原因是人与人之间存在着“义”。当“群”建立起来以后，利用“分”进行分工，再用“礼”、“义”来维系和规范，最终实现组织良好的运行。

（3）关于管理的手段，儒家思想强调“以政为德”，以“仁”、“德”、“礼”来进行社会的管理。对于“仁”，在不同地方有不同理解。从管理的手段角度来理解“仁”：一是以身作则，以自己的行动带动其他的人；二是要有爱心，“仁者爱人”，即在一个组织里活动，具备集体主义的精神也是“仁”的表现。儒家强调“以政为德”，主张通过教化实现管理的目的。孔子认为，用道德教化人心，要比一味地惩罚收到的管理效果会更好。但是儒家并不是只讲“以德服人”，他们辅之以“礼”作为外在的管理规则来实现管理目的。正如孔子所说：“道之以政，齐之以刑，民免而无耻；道之以德，齐之以礼，有耻且格（《论语・为政第二》）。”意思是：以政令来教导，以刑罚来管束，百姓会因求免于刑罚而服从，但不知羞耻；以德行来教化，以礼制来约束，百姓会知道羞耻并且可以走上正善之途。

2．道家的管理思想

以老子和庄子为代表的道家思想强调“整体论”、“机体论”的世界观，其管理哲学的最高境界是“道”，“自然”、“无为”是“道”的根本属性。道家思想在管理规律、管理方式和管理艺术方面提出了一些独到的见解。

（1）关于管理规律，道家提出应该遵循事物的客观规律进行管理。“人法地，地法天，天道法，道法自然”（《老子》· 二十五章，下同）。这里“道”本意是指人们遵循的“道路”，可以引申为人们为人处世的规则、方法或是一个系统的组织范式、运行程序以及各种事物运行的规律等。“道常无为而无不为”，“上善若水，水善力万物而不争”,指的是“道”作用于万物是一个自然的过程，其变化不受非自然意志的干预，而是按照其客观存在的规律运行。就是说，人必须按照自然规律办事，遵循社会管理的客观规律，才能实现好的管理效果。

（2）关于管理方式，道家提出“无为而治”的管理理念，试图以“无为”的理念实现“无不为”的效果。老子说：“道可道，非常道；名可名，非常名（《老子》· 一章）。”就是说管理存在着客观的规律，我们可以去认识它，但又不能全部掌握它，只能不断去接近它。“道法自然”，“无为”的真正意义是不胡乱作为，是一种遵守事物客观发展规律前提下的“有为”，表面上是“无为”，其实质是“无所不为”。只有在遵守事物客观规律前提下的管理方式才能实现既定的管理目标。

（3）关于管理艺术，道家指出事物发展是变化运动的，管理活动也应该适时地做出必要的调整。老子说：“反者道之动 （《道德经》· 四十章）。”意思是向相反的方向转化是“道”的运动规律。他认为自然界和人类社会是变动不定的，变动不定的原因是天地万物都存在两个互相矛盾的对立面以及对立面的互相转化，如有无、难易、长短、高下、音声、前后、美丑、祸福、刚柔、强弱、损益、兴衰、大小、轻重、智愚、巧拙、生死、胜败、进退、攻守等。他认为，这些矛盾的任何一方面都不能孤立存在，而是互相依存，互为前提。他说：“有无相生，难易相成，长短相形，高下相倾，音声相和，前后相随 (《道德经》· 二章) 。”老子还深刻地揭示了对立面的互相转化。他说：“正复为奇，善复为妖”，“曲则全，枉则直；洼则盈，敝则新；少则得，多则惑 (《道德经》· 二十二章) 。”意思是，正常能转化为反常，善良能转化为妖孽，委屈反能保全，屈枉反能伸直，低下反能充满，少取反能多得。中国传统思维中通常所说的“物极必反”，就是对“反者道之动”的通俗表达。

3．法家的管理思想

法家思想的前期人物有商鞅、申不害、慎到等，后期以韩非子、李斯等为代表。韩非子是法家思想的集大成者，其著作《韩非子》强调“依法治国”为中心，提出了以“法”、“术”、“势”三者相结合的治国理念，在管理制度、人事管理、领导权威方面提出了一些独到的见解。

（1）关于管理制度，法家思想主张以“法”为管理基础，主张“以法治国”，反对“以礼治国”。法家认为法律可以“定分止争”，也就是可以明确物的所有权。法家代表人物之一慎到对此做了一个很浅显的比喻。他说：“一兔走，百人追之。积兔于市，过而不顾。非不欲兔，分定不可争也。”意思是说，一只兔子乱跑，就有很多人去追，但对于集市上那么多的兔子，却看也不看一眼，这并不是说人不想要兔了，而是物有所属不能再争夺了，否则就是违法，要受到制裁。而在管理国家事务方面，韩非子提出，“上法而不上贤”(《韩非子》· 孝忠），即以法为本，实行法治才是治国大道。他认为，历史上贤达的君主和残暴的君主都是很少的，绝大多数君主都是属于“中人”，如果实行法治，靠这些“中人”就可以把国家管理好，而不是非要等到“千世一出”的贤君才行。

（2）关于人事管理，韩非子强调“择人”要德才兼备，但更突出因任授官，不拘一格选拔人才。他主张打破儒家的门第观念和等级制度，提出“因任而授官”,“程能而授事”，提倡不拘一格选拔人才。韩非子认为，“授官”或“授事”，应与一个人的才能、贤德相适应，强调任用“贤能之士”。所以，他说：“内举不避亲，外举不避仇……不羞其卑贱也，以其能为可以明法，便国利民，从而举之 (《韩非子 · 说疑》) 。”在衡量德与才方面，儒家通常把“德”置于“才”之前，但韩非子更强调一个人的行政才能，把一个人的“能”放在“贤”之前。他说：“故无术以用人，任智，则君欺；任修，则君事乱，此无术之患也 (《韩非子 · 八说》)。”韩非子认为，若单凭才智去提拔人，一旦他用才智为自己谋利，君主就要被欺骗；而若只以品德去提拔人，万一这人不机智甚至很愚蠢，政事就一定会被搞得混乱不堪。

另外，韩非子还主张用人要专职专任，定位管理。他强调“一人不兼官，一官不兼事”

(《韩非子·难一》)。“人臣皆宜其能，胜其官，轻其任，而莫怀余力于心，莫负兼官之责于君。故内无伏怨之乱，外无马服之患。明君使事不相干，故莫讼；使士不兼官，故技长；使人不同功，故莫争(《韩非子·用人》)。”由于官吏各居其位，各负其责，这样在管理上就会形成“莫争”、“莫讼”的和谐局面，达到“治之至”的理想境界。韩非的这种定位管理思想，实践证明是一种行之有效的治国用人之道。

(3)关于管理领导权威，韩非子认为，帝王之所以为帝王，关键在于“势”。他指出：“势者，胜众之资也(《韩非子·八经》。”就是说，势是君主制服众人的凭借。君主能否统治的关键不在于贤与不贤，而在于有势无势，犹如物的沉浮不在轻重，而在于有无船载所造成的飘浮之势。他说：“桀为天子，能制天下，非贤也，势重也；尧为匹夫，不能正三家，非不肖也，位卑也。千钧得船则浮，锱铢失船则沉，非千钧轻而锱铢重也，有势之与无势也(《韩非子·功名》。”因此，韩非认为，势是实行法治的前提和保证。他说：“君执柄以处势，故令行禁止。抱法处势则治，指法去势则乱。”

为了巩固君主的权势并充分发挥“势”的政治作用，韩非提出了“处势”、“设势”、“用势”的思想。所谓“处势”，就是君主必须大权独揽。如果让大臣和左右专擅权势，君主必将受制于臣而失国。如果将权势借予臣下，就会有失位的危险。所以，君主是不可须臾离权的，就像“鱼不可脱于深渊”。怎样才能“处势”呢？就是要牢固地掌握赏罚二柄，这是掌握权势的关键，“赏罚者，邦之利器也，在君则制臣，在臣则制君(《韩非子·喻老》)。”他认为尤应紧握赏罚二柄，不得分予臣下。否则，君将受制于臣。所谓“设势”，就是君主采取积极的措施以巩固和加强权势。韩非认为，对君权威胁最大的是那些手握大权的“重人”、“大臣”和“左右”，他们经常进行不法活动，“皆朋党比周以事其君，隐正道而行私曲，上逼君，下乱治，援外以挠内，亲下以谋上”，甚至“观时发事，一举而取国家”。在这种情况下，君主只有用术行法，严加禁止和防范才能巩固权势。所谓“用势”，就是要善于使用权势推行法治。君主应以法为准则行使赏罚权，“不引绳之外，不推绳之内，不急法之外，不缓法之内”，“赏不加于无功，罚不加于无罪”。“喜淫刑而不周于法”往往是亡国的征兆。

4. 兵家的管理思想

兵家思想主要以孙武为代表，其著作《孙子兵法》蕴含了丰富的管理思想，在中外管理界都到广泛推崇。《孙子兵法》全书共分 13 篇 ，重点强调了“谋略”的重要性，阐述了战争的“谋划与准备”(《始计篇》、《作战篇》、《谋攻篇》)；“战略选择”(《军形篇》、《兵势篇》、《虚实篇》、《军争篇》)，“战术应用”(《九变篇》、《行军篇》、《地形篇》、《九地篇》、《火攻篇》、《用间篇》)等内容。

(1)关于管理战略，孙武强调应该首先对管理环境做必要的分析，而后再做决策。他说，“兵者，国之大事，死生之地，存亡之道，不可不察也。故经之以五事，校之以计，而索其情：一曰道，二曰天，三曰地，四曰将，五曰法”，“主孰有道，将孰有能，天地孰得，法令孰行，兵众孰强，士卒孰练，奖罚孰明” (《孙子兵法·始计篇》)。君主做出是否发动战争的决策应该从上述的“经五事”、“校七计”入手分析环境，做到“知己知彼，百战不殆”。这些管理的战略思想，对于管理人员具有重要的启迪作用。

(2)关于管理的指挥和组织，孙武提出了文武兼施、德威并重的治军思想和治军原则。

他说："故令之以文，齐之以武，是谓必取。令素行以教其民，则民服；令不素行以教其民，则民不服。令素行者，与众相得也（《孙子兵法・行军篇》。"这句话的意思是说，要用"文"的手段即用政治道义教育士卒，用"武"的方法即用军纪来统一步调，这样的军队打起仗来就必定胜利。平素能认真贯彻命令，教育士卒，士卒就会养成服从的习惯；平素不认真贯彻命令，教育士卒，士卒就会养成不服从的习惯。命令平素能得以认真贯彻执行，是由于将帅与士卒相互取得信任的缘故。此外，孙子还提到军队建制的重要性。他说："凡治众如治寡，分数是也；斗众如斗寡，形名是也；三军之众，可使必受敌而无败者，奇正是也；兵之所加，如以碫投卵者，虚实是也（《孙子兵法•兵势篇》）。"

（3）关于管理效率，孙武强调"因利而动"的效率思想。在《作战篇》里，孙武曾把战争所耗与战争所得做对比，分析了战争拙速与巧久的利弊关系。他认为，作战要投入大量的人力、物力、财力，必须力求速胜。"故兵闻拙速，未睹巧之久也。"由此可见，孙武在投入与产出的关系上是极讲效益的。《用间篇》里还有一段颇具见地的论述："凡兴师十万，出征千里，百姓之费，公家之奉，日费千金；内外骚动，怠于道路，不得操事者，七十万家。相守数年，以争一日之胜，而爱爵禄百金，不知敌之情者，不仁之至也，非民之将也，非主之佐也，非胜之主也。"其大意是说，出兵作战耗力耗资巨大，国不得安宁，民不得生息，战事数年，是为了"争一日之胜"，如果吝啬爵禄金钱而不重用间谍，那就"不仁之至也，非民之将也，非主之佐也，非胜之主也"。今天在生产经营管理中，如何安排投入与产出，讲求经济效益；如何用尽可能少的活劳动消耗和物资消耗生产出更多的符合社会需要的产品；如何合理使用资金，敢于把巨金用在刀刃上？从孙武的因利而动的思想中，将会得到一定的启发。

（二）国外古代的管理思想

国外的管理实践和管理思想也有着悠久的历史。在奴隶社会，管理的实践和思想主要体现在指挥军队作战、治国施政和管理教会的活动之中。古巴比伦、古埃及、古希腊以及古罗马在这方面都有重要贡献。

1．古巴比伦的管理思想

巴比伦重新统一两河流域以后，国王汉谟拉比建立起了强大的中央集权国家，通过任命各级官员，管辖着各城市和各地区的行政、税收和水利灌溉。国王总揽国家的全部司法、行政和军事权力，官吏是贯彻国王政令的工具。汉谟拉比编制了《汉谟拉比法典》。《法典》共分为引言、法典正文和结语，正文共有 282 条，内容包括诉讼程序、保护私产、租佃、债务、高利贷和婚姻家庭等。该法典较全面地反映了当时的社会情况，并以法的形式来调节全社会的商业交往、个人行为、人际关系、工薪、惩罚以及其他社会问题。在汉谟拉比之后，古巴比伦国王尼布甲尼撒二世统治时期，出现了许多有效的管理实践案例，一些大的工程建设体现了当时的管理水平，如被誉为世界八大奇迹之一的"空中花园"。

2．古埃及的管理思想

在古埃及，建立了以法老为最高统治者的金字塔式的国家管理权力机构。在法老之下设置了各级官吏，最高者为宰相。由法老管理宗教，宰相管理社会性事务，辅佐法老处理全国政务。宰相之下设立一大批大臣，分级管理财政、水利建设以及各地方事务。上自法老、宰相，下至书吏、监工，各司其职，形成了以法老为最高统治者的金字塔式的国家管理机构。通过这种管理模式，古埃及建立了被誉为世界八大奇迹之一的金字塔，其工程之浩大、技术之复杂，至今仍被蒙上许多神秘的色彩。

3．古希腊的管理思想

古希腊是欧洲文明的摇篮。恩格斯说："只有奴隶制才使农业和工业之间的更大规模的分工成为可能，从而为古代文化的繁荣，即为希腊文化创造了条件，没有奴隶制，就没有罗马帝国。没有希腊文化和罗马帝国奠定的基础，也就没有现代的欧洲。"在古希腊，当时的思想家们对管理有许多精辟的见解，其中以号称古希腊三杰的苏格拉底、柏拉图和亚里士多德三人最具有代表性。苏格拉底曾提出管理具有普遍性的观点，认为管理技能在公共事务和私人事务之间是相通的。柏拉图则对劳动分工原理进行了阐述，他认为分工的产生是由于人的需要是多方面的，而人的天赋却是单方面的，如果一个人不做其他工作，只做适合其天赋的一种工作，而且在恰当时机去做，他就能做得更多、更好且更容易。亚里士多德不仅指出管理一个国家和管理一个家庭的相似之处，而且研究了国家制度的问题，提出了国家制度的多种形式以及采取各种形式的原则，描绘了以奴隶制为基础的"理想城邦"的轮廓。古希腊的另一名思想家色诺芬从使用价值角度考察了社会分工问题。他认为一个人不可能精通一切技艺，所以劳动分工是必要的，社会分工能使产品制作更加精美，更加提高产品的质量。同时，色诺芬依据市场上出现的现象和生活经验，了解到商品价格的波动依存于供给和需求的变化，也意识到由供求变动而产生的价格变动会影响到社会劳动的分配。

4．古罗马的管理思想

古罗马从城邦发展成为一个世界帝国，统治延续数世纪之久，主要得益于其国家制度。罗马帝国确立了严格的体制和权力层次来保证各种职能的履行，而且在各军政机构之间进行分工，实行分权管理。罗马共和时期，在管理体制上体现了立法、司法和行政的分离。在法律方面，罗马人制定了有名的《十二铜表法》，在私有财产的保护、债务、奴隶制度、财产继承、刑法和诉讼等方面都做了规定。古罗马没有管理方面的著作，但是从奴隶主政治家、思想家、哲学家的论述中我们可以发现其萌芽状态下的管理思想，概括如下：①古罗马首先意识到现代企业的某些性质。罗马人发展了一种类似工厂的体制，采取了类似于现代股份制公司的形式向公众出售股票。②罗马帝国的建立过程使其具有了集权、分权的实践经验，在不同的阶段，罗马人建立了相应的管理机构和政治体制。③罗马人在长期的军事扩张过程中，培养了遵守纪律的品格，又具备了以分工和权力层次为基础的管理职能的设计能力。正如雷恩所说："罗马人具有遵守秩序的天赋，而军事独裁政府以铁腕手段统治着整个帝国。"

（三）产业革命后新管理思想的出现

18 世纪 60 年代开始的工业革命，使西方世界在工业技术和社会关系上出现了巨大的变化，加速了资本主义生产的发展，但是也带来了一些新的问题，如工人的组织和相互间的配合问题，人和机器以及机器与机器之间的协调运转问题，劳资纠纷问题，劳动力的招募、培训与激励问题等，使传统的军队式、教会式的管理方式和手段遇到前所未有的挑战。在这种情况下，随着资本主义工厂制的建立和发展，不少对管理理论的建立和发展具有重大影响的管理实践与管理思想应运而生。其中具有较大影响的代表性人物有亚当斯密、小瓦特、查尔斯·巴贝奇和罗伯特·欧文。

1. 亚当·斯密的劳动分工与“经济人”假设

亚当·斯密（Adam Smith，1723—1790）是英国古典政治经济学家的杰出代表，其在1776 年发表了代表作《国富论》。该著作不但对经济和政治理论的发展有重要意义，对管理思想的发展也有重要的贡献。亚当·斯密在《国富论》中第一次提出了劳动分工的观点，并系统全面地阐述了劳动分工对提高劳动生产率和增进国民财富的巨大作用。斯密说：“一个劳动者，如果对于这职业没有受过相当训练，又不知怎样使用这职业上的机械，那么纵使竭力工作，也许一天也制造不出一枚扣针，要做 20 枚，当然是绝不可能了；但如果把制针的程序分为若干项目，每一个项目就变成了一门专门的工作，10 个工人每人从事一项专门的工作，每天能生产 48 000 枚针。”亚当·斯密认为分工之所以能够提高工作效率是因为：①分工使劳动者专门从事一项工作，从而提高劳动的熟练程度，提高了技能；②分工可以减少劳动者的工作转化时间，减少由一种工作转到另一种工作所损失的时间；③分工简化了劳动，使劳动者专注于一种特定的劳动对象上，有利于发现比较有效的工作方法，促进工具的改良和机器的发明。亚当·斯密劳动分工理论对于管理理论的发展起到了十分重要的作用，后来的专业分工、管理职能分工、社会分工等理论，都与斯密的这一学说有着“血缘关系”。

亚当·斯密另一个重要贡献是他的经济人假设。在其《国富论》中有这样一段话：“我们每天所需要的食物和饮料，不是出自屠户、酿酒家和面包师的恩惠，而是出于他们自利的打算，我们不说唤起他们利他心的话，而说对他们有好处[④]。”他认为，经济现象是有具有利己主义的人的活动产生的，人天生就是自私的，人们在经济行为中，追求的完全是私人利益。经济人的观点是资本主义生产关系的反映，对资本主义管理的实践和理论有着重要的影响。

2. 小瓦特和博尔顿的科学管理制度

1796 年蒸汽机的改进者詹姆士·瓦特（Janes Watt，1736—1819 年）与工程师马修·博尔顿（Mattew Boulton，1728—1809 年）于英国伯明翰创立了生产蒸汽机的索霍工厂。1800 年他们各自的儿子詹姆士·小瓦特（Janes Watt Jr.，1769—1848 年）与工程师马修·鲁宾逊·博尔顿（Mattew R. Boulton，1770—1842 年）接管了该厂。接管以后，小瓦特就着手改革该厂的组织和管理，而博尔顿则特别关注营销活动。他们采取了不少有效的管理方法，建立起许多管理制度。这些措施主要包括：①在生产管理和销售方面，根据生产流程的要求，配置机器设备，编制生产计划，制订生产作业标准，实行零部件生产标准化，工人按工种划分并都有固定的标准职务，研究市场动态，进行市场预测；②在会计的成本管理方面，建立起详细的记录和先进的监督制度，其中有 22 种定额的记载簿；③在人事管理方面，制订工人和管理人员的培训和发展规划；④实行工作研究，并按工作研究结果确定工资的支付办法，包括统一计件工资制、加班费、按产品大小或发动机马力制订的计件工资率等；⑤实行由职工选举的委员会来管理医疗福利费等福利制度。

④ 亚当·斯密.国富论.唐日松译，北京：华夏出版社，2005:24.

3. 查尔斯·巴贝奇的工作方法和报酬制度研究

查尔斯·巴贝奇（Charles Babbage，1792—1871）是产业革命后期对管理思想有巨大贡献的人物。他出生在英国一个富有的银行家家庭，是英国著名的数学家和机械专家。他和亚当·斯密一样重视劳动的分工，同时他对机器、工具、动力的有效使用以及原材料的节约等都有研究。他对管理的主要贡献有以下两方面：①对工作方法研究。他认为，一个体质较弱的人如果所使用的铲在形状、重量、大小等方面都比较适宜，那么他一定能胜过一个体质较强而工作方法不当的人。因此，要提高工作效率，必须仔细研究工作方法。②对报酬制度的研究。他主张按照对生产率贡献的大小来确定工人的报酬，提出了固定工资加利润分享的分配制度以及以技术水平和劳动强度为依据的奖金制度，从而建立起雇主和员工之间和谐的关系。

4. 罗伯特·欧文的人事管理实践和思想

罗伯特·欧文（Robert Owen，1771—1858）是欧洲伟大的空想社会主义者，也是19世纪最有成就的实业家之一。他在管理上的最大贡献是首次集中提出了关心人的管理哲学，1800—1828年，他担任了苏格兰新那拉克纺织厂经理，在管理工厂的实践中，推行了一系列管理改革措施。他的管理改革实践可分为两个阶段。

第一阶段，他致力于工厂条件和职工状况的改善：将劳动日由十几小时缩短为10.5小时；禁止使用不满9岁的童工；提高工资，危机时工厂停工而工资照发；开设工厂商店，向工人供应价廉质优的商品；扩建和新建工人住宅，改善工人居住条件；设立公共厨房和食堂；组织建立幼儿园和模范学校；创办互助储金会、保险部和医院；发放抚恤金等。

第二阶段，他致力于以工厂为中心的社区改革。他对新那拉克学校进行教育改革，提出教师对学生提出的问题不能不回答，不能惩罚学生，要用榜样示范来教育学生。他建立了晚间文娱中心，为工人晚间闲暇时间开展文娱活动提供条件。这方面他比美国类似的工作要早一百年。

欧文重视人的因素在工业生产中的重要作用，对管理思想的发展有很大的影响，是人事管理的先驱者，被人们称为“现代人事管理之父”。

尽管这些早期研究者们从不同的角度对管理提出了一些观点和看法，但他们的研究还没有形成一种系统化的理论体系。当时社会普遍关注于生产组织、增加产量、追求利润等具体的方法和措施，管理工作呈现如下特点：管理的重点是解决分工协作问题；管理的主体即企业管理者由资本家直接担任；管理的方法主要凭借个人经验。

二、古典管理理论阶段

产业革命以后，科学技术有了较大的发展，涌现出了许多新的发明，资本主义国家的社会生产力发展到了一个新的阶段。但是，经济社会生产的管理思想还依然被原来的经验主义和主观臆断所统治，由于缺乏科学的管理依据，传统的管理思想越来越不适应生产实践的发展需要。为了打破经验主义对生产管理的约束，进一步提升社会生产的效率，一些管理学者陆续开展了对一线工人操作的标准化研究、对一般性管理人员的工作内容研究以及对生产的组织结构研究。当时这些研究以泰罗的科学管理理论、法约尔的一般管理理论、马克斯·韦伯的组织理论最具有代表性。尽管他们的理论研究角度不同，表现形式各异，但其实质都是采用科学的方法和手段对管理活动进行探讨和实践。这些研究形成了以科学方法为依据的管理原理和方法，从而奠定了古典管理理论阶段的理论基础。

（一）泰勒的科学管理理论

弗雷德里克·温斯洛·泰勒（Frederick Winslow Taylor，1856—1915）出生于美国费城一个富裕的律师家庭。他年幼时就非常爱好科学研究和实验。家里希望他能子承父业，成为一名律师。家庭富裕使他受了很好的教育，勤奋学习又使他成绩优异，他考上了哈佛大学法律系。但由于他突然患上眼病和父亲去世，家道中落，不得不辍学。1875—1878 年，他在费城的一家小机械厂当学徒工，1878 年进入米德维尔钢铁厂当机械工人。在这里，他一直干到 1890 年。由于工作努力，成绩突出，他先后被提拔为车间管理员、技师、组长、工长、制图部主任，直至 1884 年被提升为总工程师。他坚持业余学习，获得机械工程学位。在工厂的实践中，他深深地感到企业管理当局不懂得用科学方法来进行管理，不了解工作程序，企业也普遍缺乏一整套科学合理的规章制度。而工人则缺少训练，没有正确的操作方法和适当的工具，这些都大大地影响了劳动生产率的提高。为了改进企业管理。从 1880 年开始，他和他的助手们在米德维尔钢铁厂进行了较长时间的实验。其中包括 “搬铁块工人的实验”，“铁砂和煤炭的铲掘实验”和“金属切削实验”等一些著名的实验，系统地研究和分析工人的操作方法和劳动所花费的时间。后来被称为“科学管理”或“泰罗制”的管理理论和管理制度就是在此基础上逐步形成的。1911 年出版的《科学管理原理》一书是泰勒的代表作，也是管理科学发展史上的一部重要文献，他被后人称为“科学管理”之父。

1．科学管理的目的

泰勒认为，整个科学管理的根本目的就是提高劳动生产率，所以，科学管理关心的是那些能够最大限度提高工人劳动效率的手段。

20 世纪初，美国企业的劳动生产率很低，其主要原因就在于当时企业经营者把精力主要放在与外界打交道，而不注重企业内部的生产管理。企业内部事务主要委托工长负责，而工长又不按科学方法进行管理。不论是经营者、工长或工人，对一个工人每天应做多少作业量都心中无数，制订定额也没有客观依据，只是凭一般印象或不完全的记录做出规定，带有很大的随意性，常常引起劳资纠纷甚至怠工。泰勒在工人搬运生铁块的作业研究中，通过改进作业和管理方法，使劳动生产率提高了 3.8 倍。泰勒由此认为，工人提高劳动生产率的潜力很大。

1912 年，泰勒在《在美国国会众议院委员会上的证词》一文中指出：“人的生产率的巨大增长这一事实，标志着文明国家和不文明国家的区别，标志着我们在一两百年内的巨大进步。正是由于生产率的增长，使得今日的劳动人民（尽管有人谈论着他们的悲惨处境和可怕遭遇）生活得几乎同 250 年以前的国王一样好。因为科学管理如同节省劳动的机器一样，其目的正在于提高每一单位劳动力的产量。”

2．科学管理的原则

为了提高劳动生产率，泰勒在总结前人经验的基础上，通过实验研究，提出了四条科学管理原则（见表 1–3）。

表 1-3 泰勒的四条管理原则

① 对工人工作的每一个要素开发出一种科学方法，用于代替老的经验方法
② 科学地挑选工人，并对他们进行培训、教育，使之成长
③ 与人们衷心地合作，以保证一切工作都按已形成的科学原则去办
④ 管理当局与工人在工作和职责的划分上几乎是相等的，管理当局把自己比工人更胜任的各种工作都承揽下来

资料来源：斯蒂芬・P.罗宾斯（Stephen P. Robbins）.管理学（第 9 版）.北京：中国人民大学出版社，2008 年，第 29 页.

以上四项原则也可做如下进一步的解释。

第一，理论概括原则。管理人员应有意识地搜集存在于工人头脑和体力技能中的大量传统知识，并将其记录下来编成表格，进而归纳成法则、规则，甚至数学公式，并付诸实施。该原则就是用科学来代替过去单靠工人经验和实践得来的知识。这种知识在许多情况下同管理人员最终获得的知识是一致的。

第二，培训工人原则。管理人员应科学地选择并不断地培训工人。管理人员的责任在于仔细地研究每个工人的性格、脾气和工作成绩，以便发现其局限性，更重要的是发现其发展的可能性，然后对其细心而系统地加以培训、帮助和教育，尽可能给予提升机会，使之最后胜任最适合于他的能力的、最高的、最有兴趣的和最有利的工作。这种科学地选择和培养工人的工作不是一次性的活动，而是年年要进行的，是管理人员要不断地加以研究的一个问题。

第三，科学用人原则。管理人员要使经过科学选择和培训的工人同作业的科学方法结合起来。因为，如果不使工人同科学方法结合起来，以前所付出的一切劳动都白费了。

第四，专业分工原则。把过去完全由工人承担的实际工作分为两大部分，其中一部分由管理人员承担，另一部分由工人承担。工作任务在工人同管理人员之间几乎平均分配，使得工人的活动同管理人员的相应活动密切结合在一起。

3．科学管理原理的主要内容

泰罗的科学管理理论主要包括以下几方面。

（1）作业管理。作业管理是科学管理最具特色的部分和主要内容，它由一系列的科学方法组成。

① 工作定额。要制订出有科学依据的工人的“合理的日工作量”，就必须进行时间和动作研究。方法是把工人的操作分解为基本动作，再对尽可能多的工人测定完成这些基本动作所需的时间。同时选择最适用的工具、机器，确定最适当的操作程序，消除错误的和不必要的动作，得出最有效的操作方法作为标准。然后，累计完成这些基本动作的时间，加上必要的休息时间和其他延误时间，就可以得到完成这些操作的标准时间，据此制订一个工人的“合理的日工作量”。这就是所谓的工作定额原理。

泰勒在伯利恒钢铁公司进行了有名的搬运生铁块实验。该公司有 75 名工人负责把 92 磅重的生铁块搬运 30 米的距离装到铁路货车上，他们每天平均搬运 12.5 吨，日工资为 1.15 美元。泰勒找了一名工人进行实验，实验搬运的姿势、行走的速度、持握的位置对搬运量的影响，以及多长的休息时间为好。经过分析确定装运生铁块的最佳方法和 57%的时间用于休息，使每个工人的日搬运量达到 47 ~ 48 吨，同时使工人的日工资提高到 1.85 美元。

② 标准化。要使工人掌握标准化的操作方法，使用标准化的工具、机器和材料，并使作业环境标准化，这就是所谓的标准化原理。

泰勒在伯利恒钢铁公司做过有名的铁锹实验。当时公司的铲运工人拿着自家的铁锹上班，这些铁锹各式各样，大小不等。堆料场中的物料有铁矿石、煤粉、焦炭等，每个工人的日工作量为 16 吨。泰罗经过观察发现，由于物料比重不一样，一铁锹的负载大不一样。如果是铁矿石，一铁锹有 38 磅；如果是煤粉，一铁锹只有 3.5 磅。那么，一铁锹到底负载多大才合适呢？经过实验，最后确定一铁锹 21 磅对于工人是最适合的。根据实验的结果，泰勒针对不同的物料设计不形状和规格的铁锹。以后工人上班时都不自带铁锹，而是根据物料情况从公司领取特制的标准铁锹，工作效率大大提高。堆料场的工人从 400~600 名降到 140 名，平均每人每天的操作量提高到 59 吨，工人的日工资从 1.55 美元提高到 1.88 美元。这是工具标准化的典型事例。

③ 制定培训工人的科学方法，做到能力与工作相适应。为了提高劳动生产率，必须为工作挑选第一流的工人。第一流的工人是指这样的工人，他的能力最适合做这种工作而且他愿意去做这种工作。要根据人的能力把他们分配到相应的工作岗位上，并进行培训，教会他们科学的工作方法，使他们成为第一流的工人，鼓励他们努力工作。

④ 刺激性工资制度。这一制度包含两个要点。一是通过工时研究和分析，制定一个作业的定额和标准，这样就把定额的制定从以估计和经验为依据改变为以科学为依据。二是采用差别计件工资制。所谓“差别计件工资制”，是指计件工资率随完成定额的程度不同而上下浮动。如果工人完成或超额完成定额，则定额内的部分连同超额部分都按比正常单价高 25%计酬；如果工人完不成定额则按比正常单价低 20%计酬。工资支付的对象是工人而不是职位，即根据工人的实际工作表现而不是根据工作类别来支付工资。泰罗认为，实行差别计件工资制会大大提高工人的积极性，从而大大提高劳动生产率。

（2）职能化组织管理。职能化原理包括计划职能与执行职能分开，实行职能工长制，实行例外管理等内容。

① 计划职能与执行职能相分离。泰勒认为应该用科学的工作方法取代经验工作方法。所谓经验工作方法，是指每个工人采用什么操作方法、使用什么工具等，都根据个人经验来决定。泰罗则主张明确划分计划职能与执行职能，由专门的计划部门制定标准和操作方法、工具和定额，拟定计划并发布指令。至于现场工人，则从事执行职能，按照计划部门制定的操作方法和指令，使用标准的工具从事实际作业，不得自行改变计划。

② 实行职能工长制。泰勒指出，在一个组织中，一位工长为了完满地履行他的职责，必须具备多方面的才能和很强的素质，但是一般人很难完全具备这些条件。这样，为了使工长能有效地履行职责，就必须把管理的工作予以细分，每一位工长只承担一种管理职能。那么工人就要从多个承担不同职能的上级那里接受命令。为此，泰勒设计出了八个职能工长（见图 1–7）。

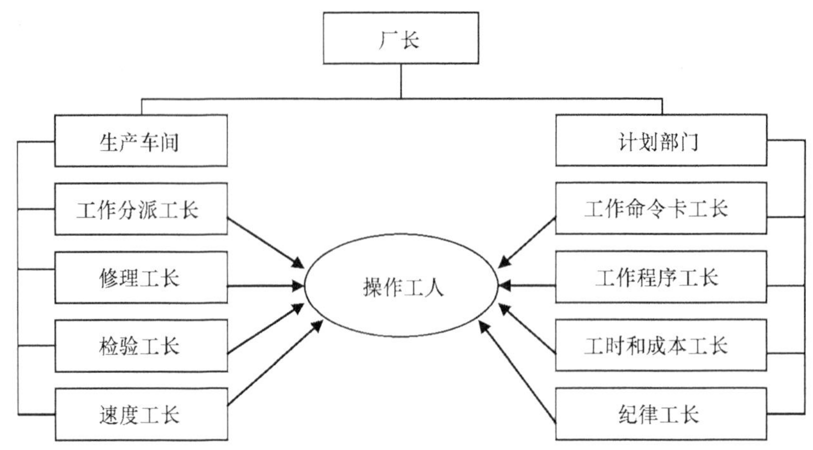

图 1-7 职能工长制

泰勒认为，这种职能工长制具有三个优点：对管理者（职能工长）的培养只要花费较少的时间，因为他们只需掌握某一方面的技能；管理者的职责明确，可以提高效率；由于计划和作业标准已经在计划部门制定了，现场工长只需要进行指挥和监督，因而低工资者也可以从事复杂的工作，从而降低生产费用。

③ 实行例外管理。泰勒认为，规模较大的企业不能只依据职能原则来组织和管理，还必须应用例外原则。所谓例外原则，就是企业的高级管理人员把一般的日常事务授权给下级管理人员去处理，自己只保留对例外事项（即重要事项）的决策和监督权，如有关重大政策的决定和重要人事的任免等。泰勒在《工场管理》一书中曾对此做过阐述。他说，在例外原则之下，“经理只接受有关超过常规或标准的所有例外情况的……特别好和特别坏的例外情况的……概括性的、压缩的及比较的报告，……以便使他有时间考虑重大政策问题并研究在他手下的重要人员的性格和合适性等问题”。

泰勒提出的这种以例外原则为依据的管理控制原则，后来发展成为管理领域的分权原则和事业部制等管理体制。

4．其他人的贡献

泰勒制创立之后，许多泰勒制的追随者在继承泰罗科学管理理论的基础上，进行了大量的实验研究，从而扩展了泰罗的科学管理理论。其中著名的有吉尔布雷斯夫妇、甘特等。

弗兰克·吉尔布雷斯（Frank Bunker Gilbreth，1868—1924）及其夫人莉莲·吉尔布雷斯（Lillian Moller Gilbreth，1878—1972）在动作研究和工作简化方面做出突出贡献。起初弗兰克·吉尔布雷斯在建筑行业中研究用哪种姿势砌砖省力、舒适、有效率，通过实验得出一套标准的砌砖方法，这套方法使砌砖的效率提高 200%以上。后来吉尔布雷斯夫妇在其他行业中进行动作研究，并把工人操作时手的动作分解为 17 种基本动作，他们把这些基本动作称为“therbligs”（吉尔布雷斯的英文字母倒写并把“t”和“h”两个字母互换一下）。他们的研究步骤是：①通过拍摄相片来记录工人的操作动作；②分析哪些动作是合理的、应该保留的，哪些动作是多余的、可以省掉，哪些动作需要加快速度，哪些动作应该改变次序；③制订标准的操作程序。与泰罗相比，吉尔布雷斯夫妇的动作研究更加细致、广泛。他们的研究成果反映在 1911 年出版的《动作研究》中。

美国管理学家、机械工程师甘特是泰勒在米德维尔钢铁公司和伯利恒钢铁公司的亲密合作者。他的最重要贡献是创造了“甘特图”。这是一种用线条表示的计划图表，这种图现在常被用来编制进度计划。甘特的另一贡献是提出了“计件奖励工资制”。即除了支付日工资外，超额完成定额的，超额部分以计件方式发给奖金；完不成定额的，只支付日工资。这种制度比泰罗的“差别计件工资制”好，可使工人感到收入有保证，劳动积极性因而提高。这说明，工资收入有保证也是一种工作动力。甘特的代表著作是《工业的领导》（1916 年）和《工作组织》（1919 年）。

（二）法约尔的一般管理理论

当泰勒等人在美国研究科学管理的同时，欧洲出现了对组织管理的研究。其中最为著名的是以法约尔为代表的组织管理理论。泰勒关注的是作业方面的问题，注重的是车间管理和科学管理的运用；而法约尔则关注整个组织，研究管理者干什么及怎样干才能干好等一般管理的问题，即注重管理者协调组织内部各项活动的基本原则的研究。

亨利·法约尔（Henri Fayol，1841—1925）生于法国一个富裕的家庭，是古典管理理论在法国的最杰出代表。发表于 1916 年的《工业管理与一般管理》是他的代表作，其中提出的一般管理理论对管理科学的发展具有重大的影响，成为后来管理过程学派的理论基础，也是以后各种管理理论和管理实践的重要依据之一。法约尔被公认为第一位概括和阐述一般管理理论的管理学家，被誉为“现代经营管理之父”，他的理论贡献主要包括对组织活动的划分、管理原则及管理五大要素的阐述方面。

1．组织活动的划分

法约尔指出，任何企业都存在六种基本活动，而管理只是其中之一，其关系如图 1-8 所示。

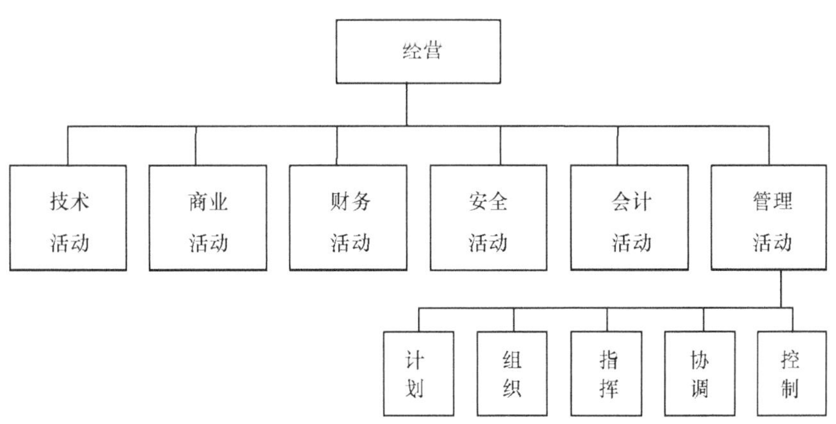

图 1-8 组织经营活动

这六种基本活动是：①技术活动，指生产、制造、加工等方面的专业技术；②商业活动，指购买，销售、交换等活动；③财务活动，指资金的筹集和运用；④安全活动，指设备和人员的保护，预防偷盗、火灾、水灾，消除罢工、行凶等案件；⑤会计活动，包括存货盘点，资产负债表的制作，成本核算、统计等；⑥管理活动，包括计划、组织、指挥、协调和控制等五大要素。这六种基本活动中，管理活动处于核心地位，即企业本身需要管理，同样地，其他五项活动也需要管理。

他认为，经营的六种活动，是企业各级管理人员和普通工人都要从事的。但由于每个人职务的高低和企业的大小不同而各有侧重。例如，一般工人侧重于技术活动；越到高层领导，管理活动所占的比重越大；大企业的高层领导又较小企业的高层领导有更多的管理活动，技术活动则较少。

2．管理的十四项原则

法约尔根据自己长期的管理经验，总结出指导管理活动的十四项理论原则。他将这些原则视为显示其管理理论的“灯塔”，但这些原则并不是固定不变的。他指出这些原则是可以适应于一切需要的尺度原则，这是一门很难掌握的艺术，因此由机智和经验合成的掌握尺度的能力是管理者的主要才能之一。法约尔提出的十四项理论原则如表 1–4 所示。

表 1-4　法约尔的管理 14 项原则

原则	内容
① 劳动分工	通过专业化使雇员的工作更有效率，从而提高工作的产出
② 权力责任	管理者必须有命令下级的权力，职权赋予管理者的就是这种权力，权力与责任必须统一，有权必有责
③ 纪律	雇员必须遵守和尊重组织规定
④ 统一指挥	每一个雇员应当只接受来自一位上司的命令
⑤ 统一领导	组织应当具有单一的行动计划指导管理者和工人
⑥ 个人利益服从整体利益	任何雇员个人或雇员群体的利益不应置于组织的整体利益之上
⑦ 报酬	对工人提供的服务必须付给公平的工资
⑧ 集权	集权是指下级参与决策制定的程度，应根据企业性质、条件、环境和员工素质来恰当决定集权和分权的程度
⑨ 等级链	从最高层管理到最低层管理的直线职权是一条等级链
⑩ 秩序	人员和物料应当在恰当的时间处在恰当的位置上
⑪ 公平	管理者应当和蔼和公平地对待下属
⑫ 人员的稳定	管理当局应当提供有规则的人事计划，并保证有合适的人选填补职位的空缺
⑬ 首创精神	允许雇员发起和实施计划将会调动他们的极大热情
⑭ 团结精神	鼓励团队精神将会在组织中建立起和谐与团结

资料来源：斯蒂芬·P.罗宾斯（Stephen P. Robbins）.管理学（第 9 版）.北京：中国人民大学出版社，2008 年，第 31 页.

其中“等级链”原则中，法约尔认为，等级链是指“从最高的权威者到最低层管理人员的等级系列”。它表明权力等级的顺序和信息传递的途径。为了保证命令的统一，不能轻易违背等级链，请示要逐级进行，指令也要逐级下达。有时这样做会延误信息，鉴于此，法约尔设计了一种“跳板”，便于同级之间的横向沟通。但在横向沟通前要征求各自上级的意见，并且事后要立即向各自上级汇报，从而维护了统一指挥的原则（见图 1–9）。

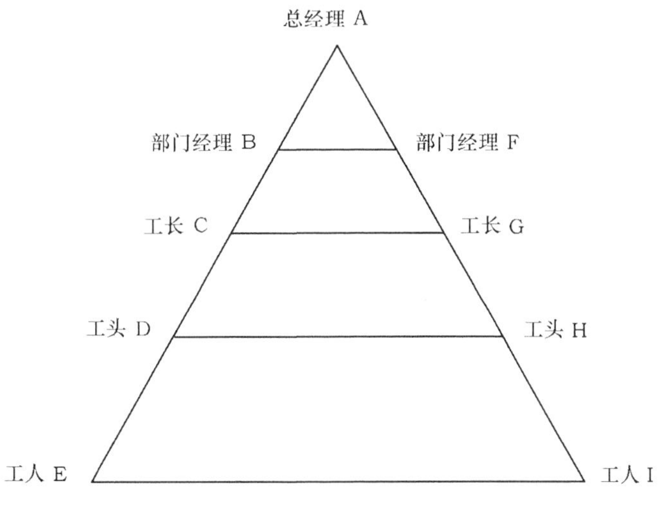

图 1-9 法约尔的“跳板原则”

图 1-9 中构成金字塔的斜线和横线都表示信息传递的渠道。“等级链”强调的是根据图中的斜线进行信息传递，所以，如果有一项信息需要 E 传递给 I，则需要通过组织等级链，由 E 逐级传递给 A，而后由 A 再逐级传达给 I，这样一来，组织的信息传递速度就很慢。有了“跳板原则”E 就可以直接横向与 I 传递信息，当然，在横向沟通前要征求各自上级的意见，并且事后要立即向各自上级汇报。

3．管理五大要素

法约尔具体阐述了管理活动的构成要素，这些构成要素包括计划、组织、指挥、协调、控制等五大要素。

（1）计划。这是法约尔十分重视的一项要素。他认为，计划表现在许多场合，并有各种不同类型。作为计划的明显标志和主要表现就是行动计划。行动计划既指出了所要达到的结果，又指出了所遵循的行动路线、通过的阶段和使用的手段。拟订行动计划的依据是企业的资源，目前正在进行的工作性质、重要性和企业未来的发展趋势，它部分地取决于技术的、商业的、财务的以及其他的条件。在制订计划时，还要考虑下级管理人员和一般工人的意见。一个良好的计划具有系统性、统一性、连续性、灵活性和精确性的特征。

（2）组织。法约尔认为，组织职能就是为了组织机构达到预定的目标而提供所需要的一切条件的活动。它主要是指组织结构的建立、职工的招募、培训以及规章制度的建立等。在组织形式上，法约尔着重分析了组织结构和参谋部门的作用。他认为，企业的基本形式取决于企业的人数，他还强调统一指挥和统一领导的原则，主张在组织内维持一种狭窄的管理幅度。

（3）指挥。各种组织需要通过指挥发挥作用。指挥的任务要分配给企业的各级领导者，每个领导者指挥他所负责的那个单位。指挥的目的就在于根据企业的利益，使本单位所有职工都能做出最大贡献。所以，负责指挥的管理人员必须做到以下八点：①对职工要有深入了解；②淘汰没有工作能力的人；③好好地拟订和实行企业同职工之间的合同；④树立一个好的榜样，引导员工；⑤用组织结构一览表定期检查组织结构；⑥召集主要助手开会，以便统一指挥，集中力量；⑦不要陷于琐事，应集中精力研究和处理重大问题；⑧尽力使职工团结、努力、忠诚和积极主动。

（4）协调。协调是指企业的一切工作都要和谐地配合，从而使企业的经营活动顺利进行并取得成功。协调包括各种社会组织机构和物资设备机构等职能机构之间保持一定比例，这种比例适合于每个机构有保证地、经济地完成自己的任务。协调还包括在企业的技术工作、商业工作、财务工作和其他各项工作中都注意自身对企业承担的责任，做到财务开支和收入相称、工厂和设备规模与生产要求相称、材料供应与消费相称、销售与生产相称。协调要求企业的规模不要太大或太小，使工具适应于应用、道路适应于车辆行驶、安全措施适应于防止危险。协调还要求在工作中分清轻重缓急。总之，协调就是使事情和行动都有合适的比例，方法适应于目的。

（5）控制。控制就是检验每一件事情同所拟订的计划、发出的指示和确定的原则是否符合，发现问题并及时采取措施加以改正，伴以恰当的奖惩。控制包括对人、物、行动的控制，适用于各种性质的工作和各级工作人员，因而有多种多样的方式。控制与其他的管理要素一样，在执行时需要有专心的工作精神和高超的艺术。控制使管理活动的周期得以完成。

（三）马克斯·韦伯的组织管理理论

马克斯·韦伯（Max Weber, 1864—1920）是德国一位社会学家和哲学家，古典管理学派在德国的代表，被称为“组织理论之父”。在 20 世纪早期，他发展了一种权威结构理论（也称为“理想的行政集权制理论”），并依据权威关系来描述组织活动。他描述了一种被称为官僚行政组织的理想组织模式，韦伯认为尽管这种“理想的官僚行政组织”在现实中并不存在，但它代表了一种可供选择的现实世界的重构模式（理论模式）。他把这种模式作为推理的基础，用来推论在一个组织中应当有哪些工作和应当如何从事这些工作。这一组织理论又被称为“官僚制”或“科层制”，该理论的核心内容如下。

1. 权威的类型

韦伯认为，任何组织都必须以某种形式的权威（权力）作为基础，才能变混乱为秩序，进而实现其目标。韦伯从历史的考察中归纳出管理体制的三种纯粹形态的合法权力（即被社会接受的权力）。

（1）法定权力，即理性——法律的权力。这种权力的依据是对标准规则的“合法性”的信念，或对那些按照标准规则被提升为指挥者的权力的信念，是一种对法律规定的职位或地位的权力的服从。法定权力要求服从命令，是因为人们都知道发命令的人是按照法律原则和条款办事的。

（2）传统权力。其依据是对古老传统的不可侵犯性和按传统执行权力的人的正统性的信念。传统权力主要表现为一种类似于“君主——臣民”关系，权力的所有者可以通过让人得到恩惠或失去宠幸而实施管理。

（3）超凡权力。其依据是对个别人的特殊性和超凡的神圣、英雄主义或模范品质的崇拜，或对这个人的启示或发布的标准模式和命令的崇拜，表现为一种“先知——信徒”关系。

他认为这三种纯粹形态的权力中，传统权力的效率较差，因为其领导人不是按能力来挑选的，其管理单纯是为了保存过去的传统而行事；超凡权力则过于带感情色彩，并且是非理性的，依据的不是规章制度，而是神秘的或神圣的启示。所以，这两种权力都不宜作为行政集权制的基础，只有理性——法律权力才能作为这种基础。

2．理想的行政集权制的管理规则特点

韦伯理想的行政集权制思想同泰罗的科学管理理论很相似。两者都认为管理就是意味着以知识为依据进行控制，领导者在能力上应该能胜任，领导应该依据事实而不是主观想法来进行等。

韦伯认为理想的行政集权制应遵循以下准则：①组织中的官员在人身上是自由的，只是在官方职责方面从属于上级权力。②这些官员按照明确规定的职务等级系列组织起来。③每一职务都有一个明确规定的职权范围。④职务是通过自由契约关系来承担的。因此从原则上讲，官员有自由选择的权力。⑤官员是以技术条件为依据从候选人中挑选的。在最合乎理性的情况下他们是依据考试结果，或表明其技术训练的证件，或两者兼而有之来挑选和被任命的。⑥他们有固定的薪金报酬且绝大多数享有养老金。雇佣当局只有在规定的情况下才有权解雇官员，而官员则始终有辞职的自由。工资等级基本上按等级系列中的级别来确定。除了这个标准以外，职位所负责任的大小和任职者的社会地位也要予以考虑。⑦这个职务是任职者唯一的或至少是主要的工作。⑧它成为一种职业，并存在着一种按年资或成就或两者兼而有之的由上级判断决定的升迁制度。⑨官员同组织的生产资料所有权完全无关，并且不能滥用职权。⑩官员从事职务要受到严格而系统的纪律约束和控制。

3．理想的行政组织体系的特点

依据上述的管理准则，韦伯 “理想的行政集权组织体系”或理想组织形式具有以下一些特点（见表 1–5）。

表 1–5　韦伯理想的行政组织体系的特征

特征	内容
① 劳动分工	工作应当分解为最简单、例行的和明确的任务，明确规定每一个人的职责和权力
② 职权等级	职位应当按照等级来组织排列，每一个下级应当接受上级的控制和监督。即按照不同职位权力的大小，确定其在组织中的地位，形成有序的等级
③ 正式选拔	所有组织成员都是依据经过培训、考试或正式考核所取得的技术资格选拔的，即根据技术资格挑选组织成员
④ 正式的规章制度	为了确保一贯性和全体雇员的活动，管理者必须倚重正式的组织规则。即管理人员根据法律制度赋予的权力处于拥有权力的地位，原则上所有的人都服从制度规定，而不是服从于某个人
⑤ 非人格化	组织的规章制度是每一个成员都必须遵守的，它不受个人情感和个人背景的影响
⑥ 职业导向	组织中的管理者是职业化的官员而不是该组织的所有者，他们领取固定的工资，并在组织中谋求职业生涯的发展

韦伯认为，这种高度结构化的、正式化、非人格化的理想行政组织体系是强制控制的合理手段，是达到目标、提高效率的最有效形式。这种组织形式在精确性、稳定性、纪律性和可靠性等各方面都优于其他形式，能适用于各种行政管理工作及当时日益增多的各种大型组

织，如教会、国家机构、军队、政党、经济组织和社会团体。韦伯的这一理论，对泰勒、法约尔的理论是一种补充，对后来的管理学家、特别是组织理论家产生很大的影响。

三、行为科学管理理论阶段

20 世纪初，随着生产规模的扩大，社会化大生产的程度进一步提高，新的技术被广泛应用到生产中。同时，社会经济中的劳资关系进一步紧张，一些新的矛盾不断出现并日益突出，原来以“标准化”、“严格化”为主要内容的生产管理方式已经不能满足社会生产形势的发展。一些管理学者开始将目光转移到工人的行为方面，运用社会学、心理学等理论对工人的行为方式及行为动机开展研究，以期进一步提高劳动的生产效率，从而逐渐步入了行为科学理论的阶段。这个阶段先后涌现了梅奥的人际关系学说、马斯洛的需求层次理论、麦克雷格的 XY 理论等具有代表性的行为科学理论。

（一）梅奥的霍桑实验与人际关系学说

1．梅奥及其霍桑实验

乔治·埃尔顿·梅奥（George Elton Mayo，1880—1949）是美国著名的管理学家，早期的行为科学——人际关系学说的创始人，美国艺术与科学院院士。他出生在澳大利亚的阿得雷德，20 岁时在澳大利亚阿得雷德大学取得逻辑学和哲学硕士学位，应聘至昆士兰大学讲授逻辑学、伦理学和哲学。1922 年在洛克菲勒基金会的资助下，埃尔顿·梅奥移居美国，在宾夕法尼亚大学沃顿管理学院任教。其间，埃尔顿·梅奥曾从心理学角度解释产业工人的行为，认为影响因素是多重的，没有一个单独的要素能够起决定性作用，这成为他后来将组织归纳为社会系统的理论基础。1926 年，埃尔顿·梅奥进入哈佛大学工商管理学院专事工业研究。1927 年冬，梅奥应邀参加了开始于 1924 年但中途遇到困难的霍桑实验，霍桑实验是一项以科学管理的逻辑为基础的实验。从 1924 年开始到 1932 年结束，在将近 8 年的时间内，前后共进行过两个回合：第一个回合是从 1924 年 11 月至 1927 年 5 月，在美国国家科学委员会赞助下进行的；第二个回合是从 1927 年至 1932 年，由梅奥主持进行。整个实验前后经过了四个阶段。

第一阶段，工作场所照明实验——照明实验（1924—1927 年）

照明实验的目的是为了弄明白照明的强度对生产效率所产生的影响。研究人员选择一批工人，并把他们分成两组：一组是实验组，变换工作场所照明强度，从而工人在不同照明强度下工作；另一组是控制组，工人在照明强度保持不变的条件下工作。该实验最后以失败告终，但从中可以得出两个结论：①工作场所的照明只是影响工人生产率的微不足道的因素；②由于牵涉因素较多，难以控制，且其中任何一个因素都足以影响实验的结果，所以照明对产量的影响无法准确衡量。

第二阶段，继电器装配室实验——福利实验（1927 年 8 月—1928 年 4 月）

福利实验的目的是为了能够找到更有效地控制影响职工积极性的因素。从这一阶段起，梅奥参加了实验。研究人员选择了五名女装配工和一名画线工在单独的一间工作室内工作（一名观察员被指派加入这个工人小组，记录室内发生的一切，以便对影响工作效果的因素进行控制。这些女工们在工作时间可以自由交谈，观察员对她们的态度也很和蔼）。在实验中分期改善工作条件，如改进材料供应方式、增加工间休息、供应午餐和茶点、缩短工作时间、实行集体计件工资制等。这些条件的变化使产量上升。但一年半后，取消了工间休息和供应的午餐和茶点，恢复每周工作六天，他们的产量仍维持在高水平。经过研究，发现其他因素对产量无多大影响，而监督和指导方式的改善能促使工人改变工作态度，增加产量，于是决定进一步研究工人的工作态度和可能影响工人工作态度的其他因素，这成为霍桑实验的一个转折点。

第三阶段，大规模访谈计划——访谈实验（1928—1931 年）

既然实验表明管理方式与职工的士气和劳动生产率有密切的关系，那么就应该了解职工对现有的管理方式有什么意见，为改进管理方式提供依据。于是梅奥等人制定了一个征询职工意见的访谈计划，在 1928 年 9 月到 1930 年 5 月不到三年的时间内，研究人员与工厂中的两万名左右的职工进行了访谈。在访谈计划的执行过程中，研究人员对工人在交谈中的怨言进行分析，发现引起他们不满的事实与他们所埋怨的事实并不是一回事，工人在表述自己的不满与隐藏在心里深层的不满情绪并不一致。比如，有位工人表现出对计件工资率过低不满意，但深入地了解以后发现，这位工人是在为支付妻子的医药费而担心。根据这些分析，研究人员认识到，工人由于关心自己个人问题而会影响到工作的效率。所以管理人员应该了解工人的这些问题，为此，需要对管理人员，特别是基层的管理人员进行训练，使他们成为能够倾听并理解工人的访谈者，能够重视人的因素，在与工人相处时更为热情，更为关心他们，这样能够促进人际关系的改善和职工士气的提高。

第四阶段，接线板接线工作室实验——群体实验（1931—1932 年）

这是一项关于工人群体的实验，其目的是要证实在以上的实验中研究人员似乎感觉到在工人当中存在着一种非正式的组织，而且这种非正式的组织对工人的态度有着极其重要的影响。该工作室有 9 名接线工、3 名焊接工和 2 名检查员。在这一阶段有许多重要发现。①大部分成员自行限制产量。公司规定的工作定额为每天焊接 7 321 个接点，但工人们只完成 6 000~6 600 个接点，原因是怕公司再提高工作定额，也怕因此造成一部分人失业，他们这样做就保护了工作速度较慢的同事。②工人对不同级别的上级持不同态度。把小组长看作小组的成员，对于小组长以上的上级，级别越高，越受工人的尊敬，工人对他的顾忌心理也越强。③成员中存在小派系。工作室存在派系，每个派系都有自己的一套行为规范。谁要加入这个派系，就必须遵守这些规范。派系中的成员如果违反这些规范就要受到惩罚。

2．人际关系学说的基本思想

梅奥对其领导的霍桑实验进行了总结，成就了《工业文明中人的问题》一书，该书于 1933 年出版。在书中，梅奥阐述了与古典管理理论不同的观点——人际关系学说，该学说主要有以下一些内容。

（1）职工是“社会人”，而不是“经济人”。古典管理理论把人看作只是追求高工资和高福利而工作的“经济人”，因此，对职工只能用绝对的、集中的权力来管理。梅奥等人以霍桑实验的成果为依据，提出了“社会人”的观点。他提出：对社会和个人来讲，重要的是人与人之间的合作，而不是在无组织的人群中互相竞争；所有的个人主要是为保护自己在集团中的地位，而不是只为自我利益而行动；人的思想和行动更多地是由感情，而不是由逻辑来引导的；小组的合作、小组的感情超过了效率的逻辑，工作条件和工资报酬并不是影响劳动生产率高低的首要原因。

梅奥认为，由于人是社会性动物，所以个人只有完全投入集体之中，才能实现彻底的“自由”。工厂中的工人不是单纯追求金钱收入，还有社会方面、心理方面的需求。就是追求人与人之间的友情、安全感、归属感、受人尊重等。因此，不能单纯从技术和物质条件着眼，必须首先从社会、心理方面来鼓励工人提高生产率。

（2）企业中存在着“非正式组织”。所谓“正式组织”就是为了有效地实现企业的目标，规定企业各成员之间相互关系和职责范围的一定组织体系，其中包括组织图、方针政策、规划、章程等。古典管理理论所注意地也只是人群组织的这一方面。但是，梅奥指出，人是社会的动物，人们在共同劳动、共同生活中，由于相互之间的联系而产生的共同感情自然形成一种无名集体，并产生一种不成文的非正式的行为准则或惯例，要求个人服从，但没有强制性。这就是“非正式组织”。这种非正式组织对工人起着两种作用：①它保护工人免受内部成员的疏忽所造成的损失，如生产得过多以致提高生产定额，或生产过少以致引起管理当局不满，并加重同伴负担；②它保护工人免受非正式组织以外的管理人员的干涉所形成的损失，如降低工资率或提高生产定额。

梅奥等人认为，不能把非正式组织在正式组织内形成看成是一件坏事，而必须看到它是必然会出现的，并且起着有利的作用。它同正式组织相互依存，并对生产率的提高有很大的影响。非正式组织同正式组织有重大的差别：①在正式组织中，以效率的逻辑为重要标准，所谓效率的逻辑是指企业中各成员为了提高效率而保持正式的协作关系；②非正式组织以感情的逻辑为重要标准，所谓感情的逻辑则指人群组织中非正式的行为标准，如对非正式组织的忠诚等。假如管理人员和技术人员只是根据效率的逻辑来管理，忽视了工人感情的逻辑，就会使“管理人员的逻辑”同“工人的逻辑”发生冲突，从而影响生产率的提高和企业目标的实现。至于解决这种冲突的办法，梅奥认为，企业管理当局要充分重视非正式组织的作用，注意在正式组织的效率逻辑同非正式组织的感情逻辑之间保持平衡，以便使管理人员同工人之间、工人相互之间能互相协作，充分发挥每个人的作用，提高效率。

（3）新型的领导能力在于提高职工的满足度。梅奥等人认为，依据“社会人”和“非正式组织”的观点，企业中新型的领导能力在于提高职工的满足度，以提高职工的士气，从而提高劳动生产率。所谓职工的满足度主要是指职工的安全的感觉和归属的感觉等社会需求方面的满足程度。按梅奥等人的观点，工人劳动生产率的提高最主要地同工人的共同态度（即士气）有关，而士气又同工人的满足度有关。工人的满足度越高，士气就越高；士气越高则劳动生产率越高。企业中管理人员的新的领导能力在于，要同时具有技术——经济的技能和人际关系的技能。满足企业效率逻辑的能力同满足工人感情逻辑的能力是不同的。所以，要对各级管理人员进行训练，使他们学会了解人们的各种行为，学会通过同工人交谈来了解其感情的技巧，以便在正式组织的经济需求同非正式组织的社会需求之间保持平衡。平衡是取得高效率的关键，如果技术变化过于迅速而管理当局不了解工人的感情，正式组织的经济需求同非正式组织的社会需求之间就会产生不平衡，所谓新型的领导能力，就是能够区分事实和感情，能够在经济的逻辑同感情的逻辑之间取得平衡。这种新的领导能力就可以弥补古典管理理论的不足，解决劳资之间，以至工业社会的矛盾和冲突，提高生产率。

因此，人际关系学说强调“人”的因素，采用以“人”为中心的管理理念，改变了古典管理理论以“物”为中心的管理理念。人际关系学说的问世，弥补了古典管理理论的不足，开辟了管理和管理理论一个新的领域，更为以后行为科学的发展奠定了基础。

（二）马斯洛的需求层次理论

亚伯拉罕·马斯洛（Abraham Harold Maslow，1908—1970）美国社会心理学家、人格理论家和比较心理学家，人本主义心理学的主要发起者和理论家，心理学第三势力的领导人。他在 1943 年发表的《人类动机的理论》一书中提出了需要层次论。这种理论的构成根据三个基本假设：①人要生存，他的需要能够影响他的行为。只有未满足的需要能够影响行为，满足了的需要不能充当激励工具。②人的需要按重要性和层次性排成一定的次序，从基本的（如食物和住房）到复杂的（如自我实现）。③当人的某一级的需要得到最低限度满足后，才会追求高一级的需要，如此逐级上升，成为推动继续努力的内在动力。

他把人的需要归纳为五大类。分别是生理上的需要、安全上的需要、感情和归属上的需要、地位或受人尊敬的需要、自我实现的需要。他认为，这五类需要互相关联，按照其重要性和发生的先后次序，依次逐级排列。管理组织员工首先要了解员工的需要，只有满足人的需要才有巨大的激励作用。

（三）麦克雷格的 X—Y 理论

道格拉斯·麦格雷格（Douglas M·McGregor. 1906—1964）是美国著名的行为科学家，1935 年取得哈佛大学哲学博士学位，1948—1954 年在安第奥克学院任院长。其间，麦格雷格对当时流行的传统的管理观点和对人的特性的看法提出了疑问，并于 1957 年在美国《管理评论》杂志上发表了《企业的人性方面》一文，提出了有名的“X 理论—Y 理论”。

麦格雷格认为，每一位管理者对职工的管理都基于一种对人性的认识，或者一套假定。他把传统管理对人的观点和方法叫作“X 理论”。其要点是：①一般人的本性是懒惰的，他会尽可能地少做工作。②人缺乏进取心，不愿承担责任，宁愿被别人领导。③人天生以自我为中心，对别人、组织的需要漠不关心，本能地反对变革、革新。④要使人们真正想干活，就必须采用严格的控制、威胁和经常不断地施加压力。

在他看来，传统企业管理人员在从事管理活动时往往采取两种办法：或者采用“强硬的”办法，包括强迫和威胁、严密的监督，以及对行为的严格控制；或者采用“松弛的”方法，包括采取随和态度，顺应职工要求，一团和气。这两种管理办法都不太理想，原因是：①强硬的办法引起了职工的反抗，如磨洋工、敌对行动、组织好斗工会，以及对管理目标进行巧妙而有效的破坏；②松弛的办法导致管理人员放弃管理，大家一团和气，工作马马虎虎，以及提出越来越多的要求，而做出的贡献却越来越少。于是，管理当局往往采取软硬兼施，推行一种“温和地讲话，但手上拿着大棒”的所谓“严格而合理”的管理方法。但这种管理方法同上述两种管理办法一样，指导思想仍是 X 理论。如果把科学管理看成是“强硬的”X 理论，那么人际关系学说就是“温和的”X 理论，实质上都是 X 理论。在人们的生活还不够丰裕的情况下，胡萝卜加大棒的管理方法可能暂时有效，但当人们达到了丰裕的生活水平时，这种管理方法就无效了。在这种情况下，仍用监督和控制来进行管理，无论是强硬的还是松弛的，都不足以激励人们的行为了。

麦格雷格认为，由于上述的以及其他许多原因，需要有一种新的管理理论。这种新理论必须建立在对人的特性和行为动机更为恰当的认识基础上。于是他提出了不同于 X 理论的 Y 理论。Y 理论的基本要点如下：①一般人并不是天性就不喜欢工作的，工作中体力和脑力的消耗就像游戏和休息一样自然。②外来的控制和惩罚，并不是促使人们为实现组织的目标而努力的唯一方法。人们愿意实行自我管理和自我控制来完成应当完成的目标。③人的自我实现的要求和组织要求的行为之间是没有矛盾的。如果给人提供适当的机会，就能将个人目标和组织目标统一起来。④一般人在适当条件下，不仅学会了接受职责，而且学会了谋求职责。逃避责任、缺乏抱负以及强调安全感，通常是经验的结果，而不是人的本性。⑤大多数人，而不是少数人，在解决组织的困难问题时，都能发挥较高的想象力、聪明才智和创造性。⑥在现代工业生活的条件下，一般人的智慧潜能只是部分地得到了发挥。⑦管理的基本任务是安排好组织工作方面的条件和作业方法，使人们的潜能发挥出来，更好地实现组织目标和个人目标。这是一个创造机会、挖掘潜能、排除障碍、帮助引导的管理过程。

根据以上“Y 理论”的假设，麦格雷格提出了以下相应的管理措施。

（1）管理者的重要任务是创造一个使人得以发挥才能的工作环境，发挥出职工的潜力，并使职工在为实现组织的目标贡献力量时，也能达到自己的目标。此时的管理者已不是指挥者、调节者或监督者，而是起辅助者的作用，给职工以支持和帮助。

（2）对人的激励主要是给予来自工作本身的内在激励，让他担当具有挑战性的工作，担负更多的责任，促使其工作做出成绩，满足其自我实现的需要。

（3）在管理制度上给予工人更多的自主权，实行自我控制，让工人参与管理和决策，并共同分享权力。

有些行为科学家指出 Y 理论的一些缺陷。他们认为，Y 理论的人性假设有其积极的一面，为管理人员提供了一种对人的乐观主义的看法，有利于争取职工的协作和支持。但是麦格雷格只看到问题的一面。虽然不能说所有的人天生就是懒惰而不愿承担责任，但现实生活中的确有这样的人，而且不愿改变。对于这些人，应用 Y 理论进行管理难免会失败。而且，要发展和实现人的智慧潜能，就必须有合适的工作环境。这种合适的工作环境并不是经常有的，而要创造这样一种环境成本也较高。所以，Y 理论并不是普遍适用的。

行为科学的理论还有很多，我们在领导和激励章节中将做详细论述。

四、现代管理理论丛林阶段

二战以后，人类从战争的旋涡中解脱出来，投身于战后的经济建设中。随着自然科学与技术日新月异的发展，社会生产急剧增长，企业的组织规模也不断扩大，生产的社会化程度不断提高，管理理论对生产效率的重要贡献得到人们的普遍认可。越来越多的管理学者和实际工作者在前人的管理思想和管理理论的基础上，结合各自的专业领域知识，结合经济社会发展的实际，陆续开展了相应的理论研究，出现了不同的管理主张和流派，从而形成了现代管理理论的丛林。

（一）管理过程学派

管理过程学派，又叫管理职能学派、经营管理学派，是当代管理理论的主要流派之一。其理论观点来源于法约尔的一般管理理论。该学派的代表人物有哈罗德·孔茨（Harold Koontz, 1908—1984）、詹姆斯·穆尼（James D. Mooney，1884—1957）、拉尔夫·戴维斯（Ralph C. Davis，1894—1986）。他们继承了法约尔的理论，并把法约尔的理论更加系统化、条理化，使管理过程学派成为管理各学派中最具有影响力的学派。

管理过程学派将管理理论同管理人员所执行的管理职能，也就是管理人员所从事的工作联系起来。他们认为，无论组织的性质多么不同（如经济组织、政府组织、宗教组织和军事组织等），组织所处的环境有多么不同，管理人员所从事的管理职能都是相同的，管理活动的过程就是管理的职能逐步展开和实现的过程。管理过程理论的基本研究方法包括两个部分。

（1）把管理人员的工作划分成一些职能。不同的人有不同的划分。如孔茨划分为计划、组织、用人、领导、控制五项职能；戴维斯划分为计划、组织、控制三项职能；穆尼划分为计划、组织、指挥、协调、控制、人事、通信联系七项职能。

（2）对这些管理职能进行研究，并从丰富多彩的管理实践中探求管理的基本规律，以便详细分析这些管理职能。他们主张对每项职能提出一些基本问题，并加以分析归类。这些基本问题包括：每项职能的特点和目的是什么？每项职能的结构如何？存在些什么组织要素？每项职能有些什么过程、技术和方法？各自的优缺点是什么？有效实施每项职能的障碍是什么？如何排除这些障碍？等等。他们认为，应用这种研究方法可以把管理工作的一切主要方面加以理论概括，建立起管理理论，用以理解和指导管理实践。

综观管理过程学派，面对“管理理论的丛林”，孔茨等人一直致力于管理理论的“统一”，这对探索管理的规律性具有重要的意义。①相对于其他学派而言，管理过程学派是最为系统的学派。他们首先从确定管理人员的管理职能入手，并将此作为他们理论的核心结构。孔茨认为管理学这样分类具有内容广泛、能划分足够多的篇章、有利于进行逻辑性分析等优点。②管理过程学派确定的管理职能和管理原则，为训练管理人员提供了基础。把管理的任务和非管理的任务（如财务、生产以及市场交易）加以明显区分，能使经理集中于经理人员的基本工作上。管理过程学派认为，管理存在着一些普遍运用的原则，这些原则是可以运用科学方法发现的。管理的原则如同灯塔一样，能使人们在管理活动中辨明方向。

管理过程学派的观点也存在着一定的缺陷。①管理过程学派所归纳出的管理职能不能适用所有的组织。其所归纳出的管理职能对静态的、稳定的生产环境较为合适，而对动态多变的生产环境难以应用，其适用性须视情况而定。②管理过程学派所归纳的职能并不包括所有的管理行为。实际生产中，管理者所承担的工作往往要比该学派所归纳的职能要多一些，而且有时很难分辨管理者真正从事的是哪一项具体的职能。③在管理者日常管理中，一定是先有了目标和组织，然后进行管理，而不是先有一套典型的职能，能够普遍运用于不同的组织中去。

（二）社会系统学派

社会系统学派的代表人物是美国著名的管理学家切斯特·巴纳德（C.D.Baranard，1886—

1961）。1938 年，他发表了《经理的职能》一书，在这本著作中，他对组织和管理理论的一系列基本问题都提出了与传统组织和管理理论完全不同的观点。由于他把各类组织都作为协作的社会系统来研究，后人把由他开创的管理理论体系称作社会系统学派。

社会系统学派的基本观点是，组织是一个复杂的社会系统，应当用社会学的观点来分析和研究管理的问题。在巴纳德看来，梅奥等人的人际关系学说研究的重点只是组织中人与人之间的关系，这种人际关系强调的是行为个体相互之间的关系，并没有研究行为个体与组织之间的关系协调问题。而如果将组织看作一个复杂的社会系统，要使系统运转有效，则必然涉及组织中个人与组织间的协调问题。当时的管理实践中也暴露出了某些单纯以人际关系学说为理论指导而不能解释的管理问题。正是基于这样的历史背景，社会系统学派得以产生，并将协调组织中个人与组织之间的关系作为其研究的主导方向。归纳起来看，该学派的理论内容有以下一些要点。

（1）组织是一个由个人组成的协作系统，个人只有在一定的相互作用的社会关系下，同他人协作才能发挥作用。

（2）组织作为一个协作系统都包含三个基本要素：①能够互相进行信息交流的人们；②这些人们愿意做出贡献；③实现一个共同目的。因此，一个组织的要素是信息交流、做贡献的意愿，以及共同的目的。

（3）组织是两个或两个以上的人所组成的协作系统，管理者应在这个系统中处于相互联系的中心，并致力于获得有效协作所必需的协调。因此，经理人员要招募和选择那些能为组织目标的实现而做出最好贡献并能协调地工作在一起的人员。

（4）经理人员的作用就是在一个正式组织中充当系统运转的中心，并对组织成员的活动进行协调，指导组织的运转，实现组织的目标。经理人员的主要职能有三个方面：①提供信息交流的体系；②促成必要的个人努力；③提出和制定目标。

社会系统学派主要以组织理论为研究对象，虽然组织理论并非全部的管理理论，但它对管理理论所作的贡献是巨大的，并对其他学派的形成（如系统管理学派、决策理论学派、社会技术系统学派）有很大的影响。

（三）系统管理学派

系统管理学派是在系统科学发展的基础上形成的一种流派，主要代表人物有约翰逊（Johnson，R. A.）、弗里蒙特·E.卡斯特（Fremont E.Kast）、詹姆斯·E.罗森茨韦克（James E.Rosenzweig）等人。他们于 1963 年合作出版的《系统理论和管理》一书，从系统概念出发，建立了企业管理系统模式，成为系统管理理论最初的代表作。

系统管理学派将系统科学理论和方法用于经营管理领域，从社会系统论出发，重点研究企业系统与外界环境的关系。他们以系统理论为指导，分析管理系统的内在机制，寻求最优方案。在约翰逊和卡斯特看来，随着企业组织规模日益扩大，企业内部的组织结构也更加复杂，管理者不得不面对一个重要的管理新课题，即如何从企业整体的要求出发，处理好企业组织内部各个单位或部门之间的相互关系，保证组织整体的有效运转。而以往的管理理论都只侧重于管理的某一个方面，它们或者侧重于生产技术过程的管理，或者侧重于人际关系，或者侧重于一般的组织结构问题。为了解决组织整体的效率问题，系统理论学派随之产生。该学派的主要观点如下。

（1）组织是由许多子系统组成的。这些不同的分系统包括：①目标与价值分系统；②技术分系统；③社会心理分系统；④组织结构分系统；⑤管理分系统。这些分系统之间既相互独立，又相互作用，不可分割，从而构成一个整体。这些系统还可以继续分为更小的子系统。

（2）企业是由人、物资、机器和其他资源在一定的目标下组成的一体化系统，它的成长和发展同时受到这些组成要素的影响。在这些要素的相互关系中，人是主体，其他要素则是被动的。管理人员需力求保持各部分之间的动态平衡、相对稳定以及一定的连续性，以便适应情况的变化，达到预期目标。同时，企业还是社会这个大系统中的一个子系统，企业预定目标的实现，不仅取决于内部条件，还取决于企业外部条件，如资源、市场、社会技术水平、法律制度等，它只有在与外部条件的相互影响中才能达到动态平衡。

（3）管理就是把本来没有关系的人、机器、物资、货币等资源集合起来的过程。但这种集合不是这些部分的堆积，而是为达到一定目标而形成的一个整体系统。管理实际上也就是组织、协调、综合。因此，经理必须从企业的整体出发，研究企业与环境之间的关系，研究企业各组成要素（子系统）之间的关系，组织、协调、综合企业内一切方面的活动和工作，使企业有效用地、有效率地达到组织目标，而不是孤立地研究和处理某一部分、某一过程、某一问题。

系统管理理论是在一般系统论的影响下形成的，它体现了管理哲学的改变。它是有关管理工作的一种思维方法，提供了把内部和外部环境的各种因素看作一个有机整体的一种框架。然而，由于它的实用性不强，对于希望获得具体行动指南的管理人员来说太抽象，可变因素太多，不便进行研究。

（四）决策理论学派

决策理论学派是由社会系统学派发展而来的，其主要代表人物是赫伯特·西蒙（Herbent Simon，1916—）和詹姆斯·马奇（James G. March，1916—）。他们主要著作分别有《管理行为》、《组织》、《管理决策的新科学》和《决策是如何产生的》。该学派将决策定义为管理的一项职能，并强调了管理行为执行前分析的必要性和重要性。其主要的理论观点可以归纳如下。

（1）强调了决策的重要性。认为管理就是决策，决策贯穿于管理的全过程。组织中经理人员的重要职能就是做决策。任何作业开始之前都要先做决策，制定计划就是决策，组织、领导和控制也都离不开决策。

（2）系统阐述了决策原理。指出决策过程包括 4 个阶段：①搜集情况阶段；②拟定计划阶段；③选定计划阶段；④评价计划阶段。这四个阶段中的每一个阶段本身就是一个复杂的决策过程。

（3）提出了决策应遵循的准则。他们主张用“令人满意”的准则代替“最优化”准则。以往的管理学家往往把人看成是以“绝对的理性”为指导，按最优化准则行动的理性人。决策理论学派用“管理人”假设代替“理性人”假设，认为“管理人”不考虑一切可能的复杂情况，只考虑与问题有关的情况，采用“令人满意”的决策准则，从而可以做出令人满意的决策。

（4）归纳了决策的类型。一个组织的决策根据其活动是否反复出现可分为程序化决策和非程序决策。程序化决策是指反复出现和例行的决策；非程序化决策是指那些从未出现过的，或者其性质和结构还不很清楚，甚至相当复杂的决策。经常性的活动的决策应程序化以降低决策过程的成本，只有非经常性的活动，才需要进行非程序化的决策。

决策理论尽管具有许多其他理论所不具备的优点，但仍存在以下缺陷：①管理是一种复杂的社会现象，仅靠决策无法给管理者有效的指导，实用性不大。②决策学派没有把管理决策和人们的其他决策行为区别开来。决策并非只存在于管理行为中，人们的日常活动中也普遍存在决策。决策学派没有把管理决策和人们的其他行为区别开来，其根本原因是没有认识到管理的本质。

（五）社会技术系统学派

社会技术系统学派是在社会系统学派的基础上进一步发展而形成的。该学派的主要代表人物是英国管理学家特里司特（E. L. Trist），其代表著作有《长壁采煤法的某些社会学的和心理学的意义》、《社会技术系统的特性》。该学派主要集中于研究科学技术对个人、群体行为方式以及对组织方式和管理方式的影响，因此，特别注重于工业工程、人机工程等方面的研究。

社会技术系统学派的基本观点是，管理过程中只分析企业中的社会方面是不够的，还必须注意其技术方面。他们认为，组织既是一个社会系统，又是一个技术系统，并非常强调技术系统的重要性，将技术系统看作组织同环境进行联系的中介。企业中的技术系统（如机器设备和采掘方法）对社会系统有很大的影响，个人态度和群体行为都受到人们在其中工作的技术系统的重大影响。因此，必须把企业中的社会系统同技术系统结合起来考虑，而管理者的一项主要任务就是确保这两个系统相互协调。该学派的主要观点可以归纳如下。

（1）阐述了社会系统和技术系统之间的关系。认为社会系统与技术系统之间不是简单的一一对应关系，它们之间是相互适应、相互影响的，必须把企业组织的社会系统同技术系统紧密结合起来进行考察。

（2）强调社会技术系统与环境的协调关系。传统的管理理念主要强调系统自身的完整性和持续性，将企业看成是独立于环境之外的孤立体；而社会技术系统理论则强调企业管理必须把企业与外界环境联结起来，以企业同外界环境的联系为背景，从事企业管理活动。该学派指出，企业系统是社会大系统的一个子系统，企业领导必须随着技术和市场的变动不失时机地调整企业原有状况。否则，企业就不能适应这种变动而危及自己的生存。

（3）提出了“工作人”假设。随着行为科学的内容不断丰富和发展，社会系统学派认为，如果单纯从“社会人”的观点出发，从人性、道德和心理方面去考虑工作的人道化，效果不一定好，而要从“工作人”的观点来考虑问题。所谓“工作人”观点，是指从工作和社会经济需要出发，将企业技术系统和社会系统紧密结合起来，既能提高生产效率和经济效果，又能实现工作的人道化，使企业组织和职工双方都能得到充分满足的观点。

（六）经验主义学派

经验主义学派又称惯例管理学派、经济主义学派或案例学派，主要代表人物是美国的彼得·德鲁克（Peter F. Drucker）和欧内斯特·戴尔（Ernest Dale）。该学派的学者从企业管理的实际出发，以大企业的管理经验为主要研究对象，采用案例比较研究的方法，得出一般性的理论。

经验主义学派的基本观点是，管理学就是研究管理经验，通过对管理人员在个别情况下成功的和失败的经验教训的研究，使人们懂得在将来相应的情况下如何运用有效的方法解决管理问题。其主要理论内容大致如下。

（1）主张采用实际案例研究的方法研究问题。该学派认为，管理应侧重于实际应用，而不是纯粹理论的研究。管理学如同医学、法律学和工程学一样，是一种应用学科，而不是纯知识的学科。但管理又不是单纯的常识、领导能力或财务技巧的应用，管理的实际应用是以知识和责任为依据的。

（2）阐述了管理者的主要职责和任务。德鲁克认为，管理者的任务是了解本机构的特殊目的和使命，使工作富有活力并使职工有成就，以及处理本机构对社会的影响和对社会的责任。作为企业主要管理者的经理，有两项别人无法替代的职责：①创造出一个大于其各组成部分的总和的真正的整体，创造出一个富有活力的整体，把投入其中的各项资源转化为较各项资源的总和更多的东西；②在其每一项决定和行动中协调当前的和长期的要求。为此，每一个经理都必须：制定目标和措施并传达给有关的人员；进行组织工作；进行鼓励和联系工作；对工作和成果进行评价；使员工得到成长和发展。

（3）实行目标管理的管理方法。德鲁克认为传统管理学派偏于以工作为中心，忽视人的一面，而行为科学又偏于以人为中心，忽视了同工作相结合。目标管理则结合以工作为中心和以人为中心的管理方法，使职工发现工作的兴趣和价值，从工作中满足其自我实现的需要，同时，企业的目标也因职工的自我实现而实现，这样就把工作和人性二者统一起来了。目标管理在当今仍是运用最多的管理方法。

经验主义学派的方法可以说在管理理论丛林中较具特色，其中的一些研究反映了社会化大生产的客观要求。但经验主义学派由于强调经验而无法形成有效的原理和原则，无法形成统一完整的管理理论，管理者可以依靠自己的经验，而无经验的初学者则无所适从，而且，过去所依赖的经验未必能运用到将来的管理中。这也在一定程度上受到其他一些管理学家的批评。

（七）权变理论学派

权变理论学派是 20 世纪 60 年代末 70 年代初在美国经验主义学派基础上进一步发展起来的管理理论。其主要的代表性人物有美国管理学家弗雷德·菲德勒（Fred E. Fiedler）、卢桑斯（Fred Luthans）。他们的主要著作有：《让工作适合管理者》、《领导方式与有效的管理》（菲德勒）；《管理导论：一种权变学说》、《权变管理理论：走出丛林的道路》（卢桑斯）。

权变理论学派的基本观点是，管理没有一成不变、普遍适用的“最好的”管理理论和方法，要根据企业所处的内外条件随机应变。该学派是从系统观点来考察问题的，它的理论核心就是通过组织的各子系统内部和各子系统之间的相互联系，以及组织和它所处的环境之间的联系，来确定各种变数的关系类型和结构类型。它强调在管理中要根据组织所处的内外部条件随机应变，针对不同的具体条件寻求不同的最合适的管理模式、方案或方法。管理的任务在于归纳出管理的环境是由哪些因素组成的，它们有多少种存在状态，又有多少种管理方法。

权变理论学派认为，对管理过程中的各种可变因素，可以从以下六个方面加以考虑。

（1）企业规模的大小。组织中人数越多，所需要协调的工作量就越大。当一个组织的规模发展以后，就应当发展或修正更加高级的、规范的协调技术。

（2）工艺技术的复杂程度。为了达到组织的目标，就要采用一些技术，将资源投入，转化成用户满意的产品或服务。工艺越复杂，其稳定性受到影响的可能性就越大。

（3）决策层次的高低。决策层次的高低直接影响管理方式的效果和影响力。例如，所有的管理者都要制订计划，但是处于高层的管理者和基层的管理者所制定的计划类型是不一样的，其对组织未来发展的影响程度也不同。

（4）组织目标的一致性。这种目标的一致性包括：成员个人和组织之间的目标的一致性；组织内各子系统之间的目标的一致性；组织整体目标和社会期望目标的一致性等。组织的目标一致性程度越高，组织的管理效果就越好。

（5）组织成员之间的素质差异。由于教育、家庭环境、个人态度和性格等方面的不同，造成了组织成员之间的素质差别，这些差别直接影响到管理效果。

（6）环境的不确定性程度。管理者要受到组织外部环境的影响，环境的不确定性对管理者的管理方式造成了冲击。有的管理方式可能适用于较稳定的外部环境，而不适合动荡的外部环境。总之，权变理论要求管理者根据组织的实际情况来灵活选择适用的管理方式。

五、当代管理理论新发展阶段

进入 20 世纪 90 年代以后，随着信息化、网络化、科技化和全球化的发展，企业面临的竞争环境发生了急剧变化。企业如何适应新环境的变化，增强和提高自身的竞争力，成为企业界普遍关注的焦点，也给管理理论的研究和实践提出了挑战。针对现代企业经营管理面临的新环境、新问题和新要求，理论界的研究者们结合时代特征，先后提出了许多新的管理理论，其中具有代表性的理论包括企业流程再造、学习型组织与核心竞争力等理论。

（一）企业流程再造理论

企业再造的概念来源于美国著名管理学家迈克尔·哈默（Michael Hammer）和詹姆斯·钱皮（James Champy）合著并于 1993 年出版的《再造公司——企业革命宣言》一书。该书一经出版便引起了管理学界和企业界的高度重视，并引发了当时美国各大公司业务流程再造的热潮。

哈默和钱皮认为，工业革命两百多年以来，亚当·斯密的分工理论始终主宰着社会中的一切组织，而大部分组织的效率却依然还是比较低下。面对当今的信息社会，企业应该彻底改变组织的本质，抛开分工的旧包袱，将硬被拆开的组织架构，如生产、营销、人力资源、财务、信息管理等部门，按照自然跨部门的作业流程，重新组装回去。这种重新的组装是对过去组织运作体系与程序的革命，这种革命是组织面向未来的唯一选择。

1．企业再造的含义

所谓企业再造，是指为了获取可用诸如成本、质量、服务和速度等方面的绩效进行衡量的显著成就，对企业的经营过程进行根本性的再思考和关键性的再设计。这一定义包括以下四个方面的含义。

（1）企业人员在着手再造之前，必须对企业经营过程中的一些基本问题进行再思考。例如，我们做事情要达到什么目的？为什么要干预这些工作？我们怎样做好我们所做的事情？通过这些基本问题的思考，促使人们关注困扰组织工作的那些因素。

（2）业务流程的重新设计是从企业的根本入手，而不是对现有事物的表面进行变动。再造的目的不是修修补补，不是对现有的东西稍做改良。再造就是要治本，要割舍旧的东西，重新做，从头做，要脱胎换骨。要做到脱胎换骨，就要求从根本上改变思路。

（3）显著的改善是指企业再造追求的不是某些意义上的业绩提升或好转，而是要有显著的增长或极大的飞跃。强调企业的每一个环节都可以实现最大化的增值，减少无效的活动，从而实现整体流程的全局最优，而不是局部最优。

（4）企业再造是围绕业务流程展开的。所谓业务流程就是企业为顾客创造价值的一系列相互关联的活动。而大多数企业并不是以业务流程为导向，他们关注本位主义和局部的业绩改良，而不是流程。

2．企业再造的方法和程序

哈默认为，企业“再造”就是重新设计和安排企业的整个生产、服务和经营过程，使之合理化。通过对企业原来生产经营过程的各个方面、每个环节进行全面的调查研究和细致分析，对其中不合理、不必要的环节进行彻底的变革。在具体实施过程中，可以按以下程序进行。

（1）对原有流程进行全面的功能和效率分析，发现其中存在问题。根据企业现行的作业程序，绘制细致、明了的作业流程图。一般地说，原来的作业程序是与过去的市场需求、技术条件相适应的，并由一定的组织结构、作业规范作为其保证的。当市场需求、技术条件发生的变化使现有作业程序难以适应时，作业效率或组织结构的效能就会降低。因此，必须分析现行作业流程存在的问题。

（2）设计新的流程改进方案，并进行评估。为了设计更加科学、合理的作业流程，必须群策群力，集思广益，鼓励创新。对于提出的多个流程改进方案，还要从成本、效益、技术条件和风险程度等方面进行评估，选取可行性强的方案。

（3）制定与流程改进方案相配套的组织结构、人力资源配置和业务规范等方面的改进规划，形成系统的企业再造方案。企业业务流程的实施，是以相应组织结构、人力资源配置方式、业务规范、沟通渠道甚至企业文化作为保证的，所以，只有以流程改进为核心形成系统的企业再造方案，才能达到预期的目的。

（4）组织实施与持续改善。实施企业再造方案，必然会触及原有的利益格局。因此，必须精心组织，谨慎推进。既要态度坚定，克服阻力，又要积极宣传，形成共识，以保证企业再造的顺利进行。企业再造方案的实施并不意味着企业再造的终结。在社会发展日益加快的时代，企业总是不断面临新的挑战，这就需要对企业再造方案不断地进行改进，以适应新形势的需要。

（二）学习型组织理论

学习型组织是美国学者彼得·圣吉（Peter M. Senge）在其著作《第五项修炼——学习型组织的艺术与实践》一书中提出的管理观念。他认为，所谓学习型组织是指能够持续学习、适应变化并有创新能力的组织。彼得·圣吉在其著作中构建了创建学习型组织的五项修炼模型。

1．第一项修炼：自我超越

自我超越的修炼是五项修炼的基础，强调要认识真实世界并关注自己最理想境界，并由这两者之间的差距产生不断学习的意愿，不断地自我创造和自我超越。彼得·圣吉认为此项修炼兼容并蓄了东方和西方的精神传统，修炼时首先需要培养耐心，集中精力，不断厘清自己的真正意愿；其次是要在不断学习中，客观观察现实，了解目前的情况；其三是要设计出鼓励其成员不断成长的职业生涯设计。

2．第二项修炼：改善心智模式

所谓心智模式是过去的教育、经历、习惯、价值观等形成的固定思维、认知方式和行为习惯。心智模式一旦形成，将使人自觉或不自觉地从某一个固定的角度认识和思考现有的问题，并用习惯的方式加以解决。每一个人的心智模式都有缺陷。改善心智模式的修炼主要落实在对自己心智模式的反思和对他人心智模式的探寻上。

彼得·圣吉认为改善心智模式要求我们把自己的工作组织看成学习的场所，把自己工作组织看作转向自己的镜子，要学习发掘内心世界的潜在能力，使这些能力表现出来，并严加审视。它还包括培养一种有学习效果的、兼顾质疑与表达的交谈能力——有效地表达自己的想法，并以开放的心灵容纳别人的想法。

3．第三项修炼：建立共同愿景

共同愿景指的是能鼓舞组织成员共同努力的愿景或理想。这种愿景或理想能够形成组织巨大的凝聚力，主要包括三个要素：共同的目标、价值观与使命感。彼得·圣吉认为，共同愿景对学习型组织是至关重要的，因为它为学习提供了焦点与能量。在缺少愿景的情形下，充其量只会产生“适应型的学习”，只有当人们致力于实现某种他们深深关切的事情时，才会产生“创造型的学习”。企业中的共同愿景会改变成员与组织间的关系，不再是“他们的公司”，而是“我们的公司”。共同愿景是使互不信任的人一起工作的第一步，它产生一体感。

4．第四项修炼：团队学习

团队学习就是通过开放式交流，集思广益，相互学习，取长补短，以达到共同进步并使团队的力量得以充分发挥的目的。团队学习的修炼从“深度汇谈”开始。“深度汇谈”是一个团体的所有成员谈出心中的假设，而进入真正一起思考的能力，让想法自由交流，以发现远较个人更深入的见解。彼得·圣吉认为，在现代组织中，学习的基本单位是团体而不是个人，团体的智慧总是高于个人的智慧。当团体在真正学习的时候，不仅团体能产生出色的效果，其个别成员的成长速度也比其他的学习方式更快。

5．第五项修炼：系统思考

系统思考是五项修炼的核心。企业和人类的其他活动一样，也是一种系统，也会受细微且息息相关的行动所牵连，彼此影响着，因此必须进行系统思考修炼。系统思考要求用系统的观点来看待组织的发展，从看局部到综观全局，从描述事物的表面到洞察其内在的本质，从静态的分析到认识各因素之间的相互影响，进而寻求一种动态的平衡。

彼得·圣吉认为系统思考也需要用“建立共同愿景”、“改善心智模式”、“团队学习”与“自我超越”四项修炼来发挥其潜力。少了系统思考，就无法探究各项修炼之间如何互动。系统思考强化了其他每一项修炼，并不断地提醒我们，融合整体才能得到大于各部分加总的效力。

（三）核心竞争力理论

核心竞争力（Core Competence）也被称为核心能力，是由英国著名战略学家普拉哈德（C.K.Prahalad）和英国学者哈默（Gary Hamel）在 1990 年发表于《哈佛商业评论》的《公司核心竞争力》文章中提出的。他们认为企业战略能力的根源在于由自身资源产生的核心能力，这种能力是造成企业与企业之间存在区别，以及左右一个企业生存发展的核心，它不同于企业的资源，而是隐藏在企业资源的背后。

普拉哈德和哈默首次提出“核心竞争力”概念的时候，就对核心竞争力进行了定义。他们认为企业的核心能力是“一个组织的积累性学识，特别是关于协调不同生产技能和有机结合多种技术交流的学识”。这是最初对于核心竞争力的定义，被后来的理论界称为“整合观”的核心竞争力理论。之后，不同的研究者基于研究的不同角度对核心竞争力进行了不同的定义，例如以巴顿为代表的“知识观”的核心竞争力理论，以拉法（Raff）和佐罗（Zollo）为代表的“文化观”核心竞争力理论以及以梅约（M.H.Meger）为代表的“组合观”核心竞争力理论。

所有这些基于不同角度表达的观点尽管不尽相同，但对核心能力是企业在市场竞争中获取持续的竞争优势的能力，是企业在竞争中的制胜之本，是实现企业可持续发展的基础的认定则是完全一致的。核心竞争力理论认为，可以从以下几个方面去识别企业的核心能力。

1．价值性

价值性一方面是指核心能力必须要具备能为顾客提供核心利益价值的能力，能够为顾客提供比较其他同类企业更好的、更有独特性的价值；另一方面是指核心能力要能为企业提高效率、节约成本等方面做出价值贡献。

核心竞争力理论认为，顾客的需求是复杂多变的，企业的核心竞争力必须要具备能够充分满足消费者需求的能力，以帮助消费者获得更多的“消费者剩余”，而这种满足能力常常表现在企业核心产品服务所占的市场份额，以及产品在消费者心中的形象。也就是说价值性高的产品和服务，通常都可以获得更多的消费者的货币投票，产品的忠诚度也比较高。另一方面，核心竞争力也应当具备对企业效率和利益提高的能力，能够帮助企业提供更多的竞争优势。这种能力是可以为企业提供更多持续的“生产者剩余”的，可以帮助企业以更低的成本、更高的市场效率提供产品和服务。所以说核心竞争力的价值性具有双重性，核心竞争力的价值性是核心竞争力的最基本的特性，也是识别核心竞争力的首要判断要素。

2．独特性

独特性是指核心能力是企业具备的独一无二的、特有的能力，不是多数企业都拥有的某种能力，而是具有不可模仿性和不可替代性的独特性。这种独特性保证了企业能够基于拥有该核心能力从而创造出相对的竞争优势。

核心竞争力理论认为，企业的核心竞争力是企业自身通过不断学习积累、创新和磨炼形成的，具有一定的路径依赖性，不可能短期内就促成。正是这种长期的积累，使得核心竞争力深深地打上了企业独特的烙印，而又正是这种不可复制的独特性才又使得竞争对手难以模仿，从而获得比较竞争优势。

3．延展性

延展性是指核心能力不单是企业在原有产品领域展开竞争的基石，而且也具备辐射到其他产品领域或职能活动环节的功能。核心竞争力如同企业的“技能源”，支持企业向新业务领域延伸或扩展，将企业能力不断地拓展至相关产品上，为消费者不断提供创新性产品，使消费者需求得到不断的满足。

核心竞争力理论认为，核心竞争力具备很强的溢出效应，除了使企业在原来的竞争范围中保持持久的竞争优势，还支持企业进行相关产品市场或服务领域的拓展，将核心能力融入持续的企业创新中，从而构成企业新的成长和发展的基础。企业可以从核心能力中衍生出一系列新产品和服务，具有开发企业潜在市场机会的能力，具备能力杠杆作用。核心能力支撑的不是单项产品，而是包括多项产品的多种业务，通过把现有产品或业务中的核心能力应用于新的市场机会，可以在很大程度上降低企业开拓新市场的进入成本。所以，核心能力是通向未来市场的基石。

按照普拉哈德和哈默的观点，一项能力可以界定为企业的核心能力，在综合上述三项特征的前提下，必须同时具备五个条件：①这项能力不是单一的技术或技能，而是一簇相关的技术和能力的整合；②不是物理性资产；③必须能够创造顾客看重的关键价值；④与对手相比，竞争上具有独特性；⑤超越特定的产品或部门范畴从而为企业提供通向新市场的通道。

第三节　组织的管理环境研究

一、组织的管理环境概述

任何组织都是在一定的社会条件下开展管理活动的。各种环境因素的变化既可以给管理活动带来机遇，也可以给组织的管理活动造成威胁。管理活动要重视环境的研究，采取一定的分析方法，发挥优势，避开威胁，使组织获得更好的发展。

（一）管理环境的分类

管理环境是指存在于社会组织内部与外部的影响管理实施和管理效果的各种条件和因素的总和。

管理环境包括外部环境和内部环境。管理的外部环境是指存在于组织之外，并对组织的管理活动产生影响的外界客观情况和条件。外部环境可以分成宏观环境和微观环境。宏观环境包括政治和法律环境、经济环境、社会文化环境和技术环境。而产业环境则属于组织外部环境的微观环境，其主要因素包括资源供应商、同行业竞争者、采购商、替代品和潜在的进入者等五个方面。管理的内部环境则存在于组织内部，并对组织的管理活动产生重要的影响。组织的内部环境一般包括物质环境和文化环境。

（二）组织管理环境的性质

分析企业的管理环境，不仅要了解环境因素的过去和现状，更重要的是面对不确定性的未来，把那些不确定的因素归纳、简化为可以理解和可以为之采取行动的形式，这就需要分析环境的性质。

所谓环境的性质是指未来环境变换的不确定性有多大，不确定的来源是什么，如何处理这些不确定性。

一般来说环境的不确定性随环境的变动性和复杂性的增加而增加。环境的变动性又可以归纳为不同的变动速度和变动频率。绝大部分组织（企业）都处在一个动态多变的环境之中。有些变化是可以预测的，有一定的规律可循；而有些变化是不可预测的，突发的。环境的复杂性体现为影响组织的环境因素纷繁多样、各因素之间相互关联以及处理环境因素所需的知识量的不断增加。

静止而简单的环境的不确定性程度最低，组织只需要考虑为数不多且直接起作用的因素就够了。当环境因素易于改变且复杂性提高时，不确定性就增加了，这时就需要用比较复杂而灵活的方法来应对环境的变化。

（三）组织与管理环境的关系

组织不只是被动地适应管理环境，同时也反作用于环境。环境是多变的，如果组织单纯被动地适应环境，将无法跟上环境变化的速度。因为从环境变化到组织识别并做出应对措施，存在着时间差，也就是说，组织采取的措施往往要滞后于环境变化。因此，为了使组织的管理行为获得理想的效果，实现既定的管理目标，组织就必须设法主动去预测环境，选择环境，甚至创造适合组织发展需要的环境。也就是说，组织可以反作用于管理环境。例如，很多企业主动地向供应商提供资金帮助，技术扶持等，进而提升供应商所提供服务或原材料的质量。

二、组织的外部环境分析

组织作为一个开放的系统，需要不断地与外界进行物资和信息的交换，外界环境的发展和变化，必将对组织的存在和发展产生深刻的影响。对组织外部环境分析的目的是确认有限的可以使组织获益的机会和应当回避的威胁。通过制定利用外部机会或减轻潜在威胁的战略，使组织能够对这些因素做出及时和适当的反应。

（一）一般环境

组织的一般环境又称宏观环境，包括政治法律（Political and Law）环境、经济（Economic）环境、社会文化（Society And Cultural）环境和技术环境（Technological）。对组织宏观环境的分析，一般采用 PEST 分析法（见图 1-10）。

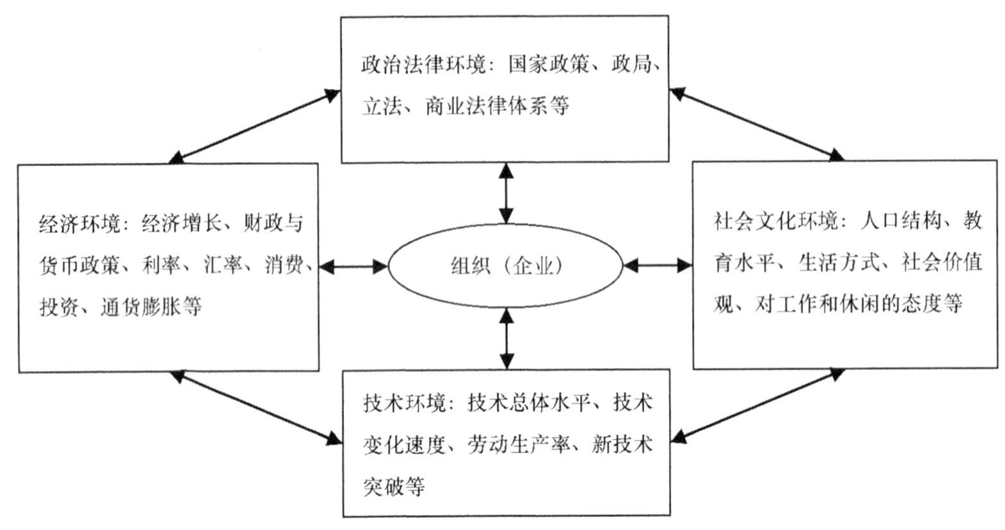

图 1-10　PEST 要素分析模型

1．政治法律环境

政治法律环境是指一个国家或地区的政治制度、体制、方针政策、法律法规等方面情况的总和。不同的国家有着不同的社会制度，不同的社会制度对组织活动有着不同的影响。政治法律环境的组成要素包括：①企业所在地区和国家的政局稳定状况；②政府对组织行为的态度；③法律法规对组织行为的规范；④各种政治团体对组织的影响等。这些因素常常制约、影响组织的行为，它规定了组织可以做什么，不可以做什么，同时也保护了组织的合法权益和合理竞争，促进公平交易。管理者必须对此进行分析和研究，了解环境变化所造成的机会和威胁，明确组织的活动范围，以便使组织活动符合社会利益并受到有关方面的保护和支持。

2．经济环境

经济环境是指组织运行所处的经济系统的情况。一个组织所处的经济环境可以分成宏观的经济环境和微观的经济环境两个不同的层次。宏观的经济环境因素包括 GDP 的增长趋势、货币供应量、市场利率和汇率、失业与通货膨胀指数、经济发展周期等。这些宏观的经济因素或指标反映了经济总体的发展水平。一个繁荣或衰退的经济背景显然对组织的经营行为有着重要的影响。微观的经济环境因素包括消费者的偏好、原材料价格、社会的平均工资水平、消费者的收入水平等。这些微观经济因素对组织的行为具有直接的影响。随着世界经济进入全球化阶段，组织面临的经济环境变得更加复杂多变，这就要求管理者必须密切注意经济环境因素的变化，及时做出适当的反应。

3．社会文化环境

社会文化环境主要包括一个国家或地区的传统文化、社会价值观念、风俗习惯、宗教信仰、人口结构等因素。其中，传统文化会影响和制约人的行为，管理者要尊重当地的传统文化，将组织的行为、产品或服务融入传统文化中。社会价值观念是存在于人们头脑中的有关价值的追求，它反映了人们对事物的基本看法和观点，代表着社会对组织“应该做什么”的期望以及对组织行为的伦理要求。宗教信仰影响着消费者的行为，不同的宗教信仰者有不同的价值观念和行为准则，从而产生不同的需求和消费方式。宗教禁忌限制了人们的行为。人口结构对组织的影响也比较明显，人口结构因素中的人口数量和密度、性别比率、年龄分布、地理分布以及人口受教育的程度等对组织的行为产生影响。例如一个地区的人口密度比较大，数量比较多，常常表示当地的消费市场比较大，而人口受教育的水平不但可以反映出该地区的市场消费层次，还可以反映出劳动力资源的丰富程度。管理者要充分重视对社会文化环境的分析，从中发现机会和潜在的威胁。

4．技术环境

技术是第一生产力，是组织在投入—产出的过程中，使用的一切技术和设备的总称。它既包括生产技术，还包括生活技术和服务技术。技术对组织及其管理工作具有重要的影响。任何组织为了实现其既定的目标，都必须进行生产经营活动，而一切生产经营活动都与一定的技术密切相关。不同的产品或服务标志着不同的技术水平，从而对劳动者和劳动条件提出了不同的技术要求。因此，技术发展的速度和水平始终是制约组织经营行为的一个重要环境因素。技术条件变化了，可能会使得原来的产品被反映新技术的竞争产品所替代，可能会使得组织原来的生产工艺和设施显得落后，或使得生产作业人员的操作技能和知识结构不符合要求。技术上的落后带来的是组织经营管理上的落后，最终表现为市场竞争力上的落后。成功的管理者应该关注社会生产技术的变动，尤其是社会新技术的突破，积极开展技术环境研究。

（二）特殊环境

特殊环境又被称为任务环境、微观环境，是指那些对组织的影响更频繁、更直接的外部环境因素，这些因素与组织的目标制定和实施直接相关。美国管理学者迈克尔·波特提出了企业产业竞争结构的分析模型，通过对五种基本的竞争力的研究，分析组织面临的任务环境。迈克尔·波特发现，在企业经营环境中，能够经常对企业提供机会或产生威胁的因素主要有下列五种：①供应商的议价能力。这是指企业的供应者在向企业提供资源的过程中讨价还价的能力。②服务对象，即买方的议价能力。这是指顾客和用户在产品交易中的讨价还价能力。③替代品的威胁。这是指能够提供和企业相同或相近功能产品或服务的替代可能性。④潜在进入者的威胁。这是指潜在的竞争对手进入本行业的可能性。⑤现有企业之间的竞争。即当前处在本行业内生产经营企业之间的正面竞争性程度（见图 1–11）。

波特认为，该模型既适合于企业，也适用于其他类型的组织。通过“五力模型”可以帮助管理者深入分析组织所受到的竞争力的真正来源，使管理者更加清楚地认识到组织的优势和劣势，以便充分发挥组织的优势，弥补自身的不足。再者，这五种力量也会影响管理者获取资源、提供产品或服务的能力，从而对组织决策产生重大的影响。

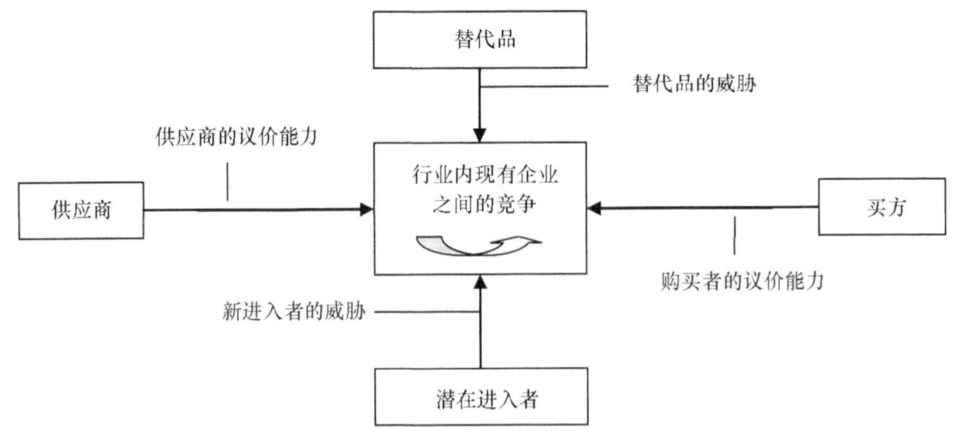

图 1-11　迈克尔·波特的五力模型

1．供应商研究

供应商是指为组织从事生产经营活动提供所需各种资源的个人和组织。这里的各种资源既包括原材料、设备、人力、资金，也包括信息和技术等一切组织输入的要素。供应商往往采取提高价格或降低质量的手段，向产业链的下游组织施加压力，以此来获取尽可能多的利润。由此可见，供应商的讨价还价能力越强，现有组织的盈利空间就越小；反之亦然。因此，对供应商的研究内容包括以下方面。

（1）供应商所在行业的集中度。如果供应商所在行业集中度比较高，即意味着该行业由少数几家集中控制，则供应商很容易联手操纵市场，迫使购买者在价格、质量、付款条件、交货方式等方面接受有利于供应商的条款。

（2）本行业对于供应商的重要性。这种重要性可以从供应商在本行业的销售量或销售比例来判断。如果供应商在本行业的销售数量较少或销售比例较低，则供应商有较强的议价能力。如果本行业是供应商很重要的客户，供应商就会通过合理的定价以及协助研究开发等方式来保护该行业，也就是说，此时，供应商的议价能力较弱。

（3）该资源对于本行业的重要性。如果供应商的资源是本行业业务中的一项重要投入，则供应商具有较强的讨价还价能力，特别是这种资源不能储备时，供应商的议价能力会更强。

（4）前向一体化的可能性。如果上游供应商实现前向一体化的可能性较大，则对本行业施加的竞争压力就比较大，反之亦然。

2．买方（用户）研究

作为用户，自然希望所购买的产品物美价廉，服务周到。用户的讨价还价能力诱发了本行业内部的价格竞争，从而影响了组织的获利能力。因此，用户研究的内容应该包含以下方面。

（1）用户的集中程度。用户的集中程度决定了其购买量的大小。如果用户集中度较高，则购买量比较大，企业的主要顾客会意识到其购买对企业销售的重要性，而拥有较强的价格谈判能力。

（2）用户购买的产品支出占其成本的比重。如果用户从企业购买的产品支出在其成本中占的比重比较大，则用户在购买时会异常谨慎，同时其讨价还价的欲望也会非常强烈；反之，如果用户从企业购买的产品在其成本中占比较小的比重，则用户在购买时对价格不会十分敏感，花力气去讨价还价的可能性也不大。

（3）转换成本。转换成本越小，用户因放弃原有企业产品带来的损失就越小，因此用户就越有可能去选择其他企业的产品，用户对企业施加的压力就越大，从而讨价还价的能力就越强。

（4）用户后向一体化的可能性。后向一体化是指企业将其经营范围扩展到原材料、半成品或零部件的生产。如果用户是生产性企业，购买企业产品的目的在于再加工，且具备自制的能力，则会以此为手段向企业施加压力。

3．替代品的威胁研究

替代品是指那些与本企业产品具有相同或相似功能的产品。当本行业生产的产品存在替代品时，生产替代品的企业就给本行业的现有企业带来了一定的竞争压力。决定替代品压力大小的主要因素有以下方面。

（1）相对价值价格比，即通常所说的性能价格比。当价格的差异与价值相符时，就会发生替代。因此，替代品的存在使替代品和被替代品之间相互设立了价格上限。当一方降低价格或提高价值时，就会对另一方产生替代；同样，当一方过高地提高价格，就会面临另一方的替代威胁。

（2）顾客的替代欲望，也称为顾客的替代倾向，是顾客需求的变化。顾客可能由于其自身的各种原因而产生替代的欲望和一定的替代倾向。例如，企业用户如果受到竞争压力，可能希望使用替代品来获取竞争优势。顾客的替代欲望越强烈，则对本行业的压力就越大。

（3）用户转向替代品的转换成本。如果用户预计转向替代品的过程中发生的损失大于其从替代品获取的收益，用户就会放弃替代品的转换，从而减弱对本行业的压力；反之，如果用户预计转向替代品的过程中得到的收益大于其从被替代品获取的收益，用户就会做出替代品的转换行为，从而加强对本行业的压力。

4．潜在进入者的威胁研究

产业之外的潜在进入者的进入威胁受到包括产业进入障碍等多个因素的影响。一个企业在进入新产业领域时，都会受到这个产业内部竞争力量的抵御。从产业外部看，这些力量构成了制约进入该产业的进入障碍。从产业内部看，这些力量是保护产业内部企业利益的有效屏障。显然，进入障碍越大，进入威胁就越小，反之就越大。除了进入障碍之外，产业的吸引力、发展风险和产业内部企业的集体报复可能性等，都影响着进入威胁的大小。而其中最重要的影响因素还是产业的进入障碍，进入某个行业的难易程度通常受到下列因素的影响。

（1）规模经济。规模经济是指随着经营规模的扩大，单位产品成本下降的产业特征。如果产业内的企业都达到了相当的规模，并通过规模经济获取到明显的成本优势，那么规模经济就会成为抵御潜在进入者的制约因素。

（2）产品差异。产品差异是由于客户对企业产品的质量和品牌信誉的忠诚度不同而形成的产品之间的差别。产品差异形成了进入障碍，迫使新进入者必须在产品开发、广告和用户服务等方面进行大量的投资，才有可能树立自己的信誉和克服客户对原有产品的忠诚，取得一定的市场份额。这样无疑会增加新进入者的成本支出，从而形成进入障碍。

5．现有企业之间的竞争研究

对于大多数行业来说，行业的利润率高低主要取决于现有企业之间的竞争。在有些行业，企业之间竞争激烈，以至于有时行业的产品价格低于生产成本，从而造成全行业亏损。而在另一些行业，企业之间不进行激烈的价格竞争，而在广告、创新和其他非价格形式下进行竞争。行业内部现有企业之间竞争的激烈程度取决于以下因素。

（1）行业市场集中度的大小。一个行业内企业数量越多，企业间的竞争就会越激烈。因为任何一个企业都想改善其地位并因此采取某些竞争行动（如降价），而且认为由于行业内企业数量众多，对手无暇顾及自己，所以自己的某些行动不会引起对手的反应，但实际上每个企业都会这么做，从而导致行业的竞争激烈程度急剧上升。

（2）市场增长率。通常在产业快速成长期，市场增长潜力大，每个企业都可以容易地在市场中找到自己的位置，因此，企业更多的精力是集中在如何发展壮大自己，而不会过多考虑竞争对手的情况，因而企业间的竞争相对缓和。当市场增长缓慢时，现有企业为寻求出路，势必集中力量争夺现有市场份额，从而使竞争激烈化。

（3）行业内生产能力的增加幅度。基于行业的技术特点或规模经济的要求，如果行业内企业在一定时间内迅速大幅度提高生产能力，由于生产能力的提高已经提前透支未来的增长，从而导致在一段时间内生产能力相对过剩，最终会使竞争加剧。反之，如果行业内每一个企业都按部就班地逐步扩大生产能力，竞争激烈程度就不会太高。

三、组织的内部环境分析

组织内部环境是指组织内部的物质、文化环境的总和，包括组织资源、组织能力、组织文化等因素，也称企业内部条件。如果说外部环境分析是通过发现机会和威胁，回答组织“可以做什么”问题的话，那么对组织内部环境的分析则是通过识别组织的自身能力，回答组织“能做什么”的问题。组织的内部环境分析涉及的因素比较多，除了考虑战略层面的问题，也要考虑战术层面的问题；除了考虑组织各个业务单位的共同问题，也要分析组织战略业务单位的具体问题；等等。组织内部环境或条件分析的目的在于掌握组织历史和目前的状况，明确所具有的优势和劣势。它有助于组织制定有针对性的策略，有效地利用自身资源，发挥优势，同时避免劣势，或采取积极的态度改进组织劣势。

组织的内部环境可以大致划分为两种类型，即资源环境与文化环境。

（一）资源环境

“资源基础观”把组织看成一个独一无二的、拥有同质性资源和能力的组合，这些资源和能力是组织建立竞争优势的基础，也是盈利能力的主要决定因素。分析组织的资源存量常常十分困难，组织的核算体系或管理信息体系中很少有这样的资料，而且，有些资源是很难衡量或明确定义的。一般将组织的资源分成三类，即有形资源、无形资源和组织能力。

1．有形资源

有形资源是指可见的、能用货币直接计量的资源，主要包括物质资源和财务资源。物资资源包括组织的固定资产、机械设备、土地、厂房、生产设备、原材料等，是企业的实物资产。物质资源主要通过其表现的价值、规模数量等指标来衡量其水平差异。财务资源是组织可以用来投资或生产的资金，包括应收账款、有价证券以及组织的借款能力等，是组织的金融资产。财务资源主要通过一系列相关的财务性指标来衡量其水平，如权益负债率、流动性、回报率等。

2．无形资源

组织的无形资源包括创新资源（如技术和科学专门知识、创新理念）、声誉（如品牌、在行业中的经营管理形象和信誉）以及人力资源（如员工的经验、能力、信任、管理技能）等。与组织的有形资源一样，它们都是稀缺的，都代表了组织为创造一定的经济价值而必须付出的投入。在现代市场竞争中，无形资源的作用越来越受到管理者的重视。无形资源大部分被排除在资产负债表之外，或被过低地估计，这是导致组织的账面价值与市场价值之间出现巨大差异的主要原因。（组织文化也可以称为无形资源，由于文化对组织的管理活动具有极其重要的功能，我们把组织文化环境的研究分析单独作为一个部分进行详细的论述。）

3．组织能力

组织能力不是特定的有形或无形资源，而是组织用来把投入转化成产出的能力和技能。它可能出现在特定的职能中，也可能与特定技术或产品设计相联系，或者存在于管理价值链各要素的联系之中。资源本身通常不能产生竞争优势，组织的竞争优势取决于资源以及使用资源的能力的结合。组织能力要求把不同员工的知识与技能和资本设备、技术等资源整合在一起。竞争优势关键在于组织对其资源和能力的应用技巧，一个组织的资源禀赋只与其能力有间接的联系，组织能力的关键在于对其资源和能力进行杠杆利用。评价和发展组织能力的一个有效的方法是样板化（设立标杆），通过以样板对象为标杆，带动整个组织内部各部门能力的提升。

以上所述的是对组织资源的通常分类和评价方法。不过，不同的理论研究者和管理实践者出于不同的目的，往往对资源进行不同的分类和评价。例如美国管理学家罗伯特·格兰特（Robert M.Grant）对组织的资源类型就有不同观点（见表 1–6）。在格兰特列出的资源中，除了资金和原材料等属于对所有组织有着同等意义的同质资源外，其他资源则包含有活性因素，如知识、经验、技能、判断力、适应力以及组织系统内外的各种联系等，使每一项资源都富于变化而呈现出千差万别的形态。也就是说，这些资源基本上属于异质性资源，同一种资源在任何两个组织中都不尽相同。不仅商誉资源和人力资源、组织资源如此，就连设备资源也会表现出一定的异质性。认识到资源这一根本属性十分重要，它将有助于发现不同的组织之间存在哪些差别，从而揭示引起组织竞争地位发生变化的内在原因。

表 1-6 组织资源的分类和评估

资源	主要特征	关键指标
金融资产	公司的借款能力和内部筹资能力决定了投资能力，并使它能够应付需求和利润随时间而发生的波动	① 权益负债率； ② 净现金流量与资本支出的比率； ③ 贷款利率
物质资产	① 厂房与设备的大小、位置和技术先进性； ② 土地、建筑物的位置和替代用途	① 固定资产的变现价值； ② 资本设备的寿命； ③ 厂房的规模； ④ 厂房和设备的灵活性；
技术	① 以专有技术（专利、版权、商业秘密）形式保有的技术设备、技术运用中的专业知识（方法）； ② 用于创新的资源，如研究设备、科技人员	① 专利的数量和意义； ② 来自专利许可的收益； ③ 研发人员占总人数的比率；
商誉	① 通过商标所有权、与顾客的关系而建立的信誉； ② 公司因产品服务的质量、可靠性而享有的声誉； ③ 公司在供应商（包括零部件供应商、银行及其他借款人、雇员及潜在雇员）、政府机构，以及所在社区中的信誉	① 品牌识别； ② 与竞争品牌的差价； ③ 重复购买率； ④ 公司业绩的水平和持续程度； ⑤ 对产品性能的目标测量
人力资源	① 对雇员的培训和雇员拥有的专业知识决定了公司可以利用的技能； ② 雇员的适应性是决定公司战略灵活与否的关键因素； ③雇员的投入和忠诚决定了公司能否实现并保持竞争优势	① 雇员在教育、技术方面的合格证； ② 相对于同行业的损失赔偿水平； ③ 关于劳动争端的记录； ④ 雇员换岗率

资料来源：罗伯特·格兰特. 公司战略管理. 北京：光明日报出版社，2004.

（二）文化环境

1. 组织文化含义和特征

从广义上说，组织文化是指组织在建设和发展中形成的物质文明和精神文明的总和，包括组织管理中的硬件和软件，外显文化和内隐文化两部分。从狭义上讲，组织文化是组织在长期的生存和发展中所形成的为组织所特有的、且为组织多数成员共同遵循的最高目标价值标准、基本信念和行为规范等的总和。

组织文化一旦形成，就会在很大程度上对管理者的思维和决策施加影响。组织文化有先进与落后之分，组织文化又是多元的，不同的组织文化很难区分对错，具有不同的特色。组织文化是社会文化的组成部分，既有社会文化和民族文化的共同属性，也有自己本身的特点。它的主要特征表现在以下几个方面。

（1）独特性。组织文化具有鲜明的个性和特色，具有相对独立性，每个组织都有其独特的文化积淀。这是由组织的生产经营管理特色、组织传统、组织目标、员工素质以及内外环境不同所决定的。

（2）相融性。组织文化的相融性体现在它与组织环境的协调和适应性方面。组织文化反映了时代精神，它必然要与组织的经济环境、政治环境、文化环境以及社区环境相融合。

（3）系统性。组织文化由共享价值观、团队精神、行为规范等一系列内容构成一个系统，各要素之间相互依存，相互联系。因此，组织文化具有系统性。同时，组织文化总是以一定的社会环境为基础的，是社会文化影响渗透的结果，并随社会文化的进步和发展而不断地调整。

（4）凝聚性。组织文化总可以向人们展示某种信仰与态度，它影响着组织成员的处世哲学和世界观，而且也影响着人们的思维方式。因此，在某一特定的组织内，人们总是为自己所信奉的哲学所驱使，它起到了“黏合剂”的作用。良好的组织文化同时意味着良好的组织气氛，它能够激发组织成员的士气，有助于增强群体凝聚力。

（5）可塑性。组织文化并不是生来就有的，而是在组织生存和发展过程中逐渐总结、培育和积累而形成的。组织文化是可以通过人为的后天努力加以培育和塑造的，而对于已形成的组织文化也并非一成不变，是会随组织内外环境的变化而加以调整的。

2．组织文化的结构

组织文化的结构划分有多种观点。组织文化一般划分为三个层次，即物质层、制度层和精神层（见图 1–12）。

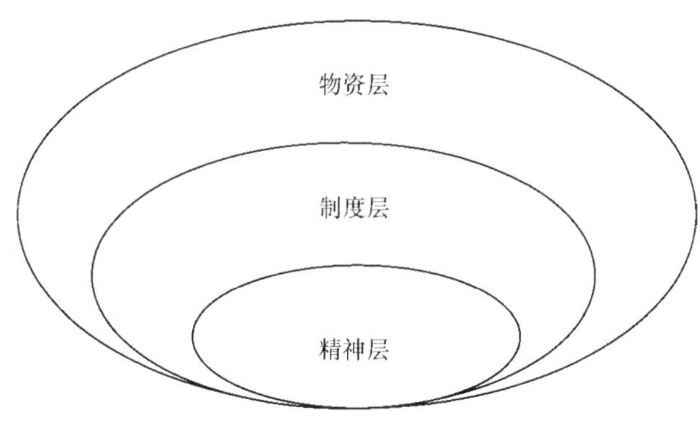

图 1–12　组织文化的结构

（1）物质层。这是组织文化的表层部分，主要由组织成员的行为和生产活动，以及这些行为和活动的各种物化状态所构成，如产品的外观和质量、厂容厂貌、机器设备等。它是组织创造的物质文化，是一种以物质形态为主要研究对象的表层组织文化，是形成组织文化精神层和制度层的条件。

（2）制度层。这是组织文化的中间层次，把组织物质文化和组织精神文化有机地结合成一个整体，主要是指对组织和成员的行为产生规范性、约束性影响的部分，是具有组织特色的各种规章制度、道德规范和员工行为准则的总和，如厂纪厂规、工作制度、责任制度，以及人际交往方式等。它集中体现了组织文化的物质层和精神层对成员和组织行为的要求。制度层规定了组织成员在共同的生产经营活动中应当遵守的行为准则，主要包括组织领导体制、组织机构和组织管理制度等三个方面。组织领导体制的产生、发展和变化，是组织生产经营发展的必然结果，是组织文化进步的产物；组织结构是组织文化的载体；组织管理制度是组织在经营管理的过程中制定的，对组织成员的行为起到规范保证作用的各种规定和条例，既是组织文化的主要内容，也是组织文化的载体之一。

（3）精神层。这是组织文化的核心层，即组织精神文化。它是组织在长期实践中所形成的员工群体心理定势和价值取向，是组织的道德观、价值观即组织哲学的综合体现和高度概括，反映全体员工的共同追求和共同认识。组织精神文化是组织价值观的核心，是组织优良传统的结晶，是维系组织生存发展的精神支柱。

3．组织文化的功能

组织文化的功能是指组织文化发生作用的能力，也就是组织文化对于组织这一系统在进行生产、经营、管理过程中所发挥的作用。组织文化对于组织的功能主要表现在以下几个方面。

（1）导向功能。组织文化的导向功能是指组织文化能够对整个组织和组织内部每一个成员的价值取向和行为取向起引导作用，使之符合组织目标。组织文化的导向功能具体表现在两个方面：①对组织成员个体思想和行动的导向作用；②对整个组织的价值取向和行为起导向作用。组织文化之所以具有导向功能，是因为组织文化一旦形成，就会建立起自身系统的价值观和规范标准。当组织群体成员在价值取向和行为出现违背组织文化的系统标准时，组织文化将发挥导向作用。但这种导向作用是一种软性的理智约束，通过组织的共同价值观不断地向个人价值观渗透和内化，使组织自动生成一套自我调控机制，以一种适应性文化引导着组织的行为和活动。

（2）约束功能。组织文化的约束功能，是指组织文化对每个员工的思想、心理和行为具有约束和规范的作用。组织文化的约束既是制度式的硬约束，也是一种道德规范的软约束，企业文化的约束功能主要是通过完善管理制度和道德规范来实现：①有效规章制度的硬约束。企业制度是企业文化的内容之一，是企业内部的法规，企业的领导者和企业职工必须遵守和执行，从而形成约束力。②道德规范的软约束。道德规范是从伦理关系的角度来约束企业领导者和职工的行为。如果人们违背了道德规范的要求，就会受到舆论的谴责，心理上会感到内疚。如同仁堂药店“济世养生，精益求精，童叟无欺，一视同仁”的道德规范约束着全体员工必须严格按工艺规程操作，严格管理质量，严格执行纪律。

（3）凝聚功能。组织文化的凝聚功能，是指当一种价值观被该组织员工共同认可之后，它就会成为一种黏合剂，从各个方面把其成员团结起来，从而产生一种巨大的向心力和凝聚力。组织文化实际上是组织成员共同创造的群体意识，它包含组织目标、组织精神、价值观念等内容，寄托着全体成员的共同理想和愿景。组织成员由此产生“认同感”，乐于参与组织的事务，发挥自己的聪明才智，为组织做出自己的贡献。而这正是组织获得成功的主要原因，“人心齐，泰山移”，凝聚在一起的员工有共同的目标和愿景，推动组织不断前进和发展。

（4）激励功能。组织文化的激励功能，是指组织文化具有使组织成员从内心产生一种高昂情绪和发奋进取精神的效应，它能够最大限度地激发员工的积极性和首创精神。共同的价值观念使每个职工都感到自己的价值，自我价值的实现是人的最高精神需求的一种满足，这种满足必将形成强大的激励。组织文化把尊重人作为它的中心内容，以人为管理的中心。它对人的激励不是一种外在的推动，而是一种内在的引导。特别是领导对职工的关心，职工会感到受人尊重，自然会振奋精神，努力工作。另外，企业精神和企业形象对企业职工有着极大的鼓舞作用。特别是企业文化建设取得成功，在社会上产生影响时，企业职工会产生强烈的荣誉感和自豪感，他们会加倍努力，用自己的实际行动去维护企业的荣誉和形象。

（5）辐射功能。企业文化关系到企业的公众形象、公众态度、公众舆论和品牌美誉度。组织文化的辐射功能，是指组织文化一旦形成较为固定的模式，它不仅会在组织内发挥作用，对本组织员工产生影响，而且也会通过各种渠道对社会产生影响。组织文化向社会辐射的渠道是很多的，主要可分为利用各种宣传手段和个人交往两大类。

组织文化除了具有以上几项主要的正向功能之外，其对组织的发展有时也体现出一定的负面影响，例如组织文化可能会成为组织变革的障碍、组织多样化生产经营的障碍，以及组织进行兼并和收购的障碍等。成功的管理者必须全面认识组织文化对组织的影响，只有在识别了组织文化具体功能及影响机理的基础上，才可能建立起符合组织发展目标要求的组织文化。

（三）价值链分析

前面提到，组织可以通过分析和评价内部的环境条件来间接了解组织在市场竞争中是否具备竞争优势，但实际上组织内部所拥有的资源本身并不能直接提供竞争优势。只有通过一系列与收益或成本相关联的活动的开展，才能够体现组织资源在竞争力层面上的优劣。

1．价值链和价值活动

美国著名的战略管理学家迈克尔·波特在 1985 年就如何对组织内部环境进行分析提出了价值链分析法。他把价值链视为分析组织内部环境竞争力状况的一项重要工具。所谓价值链，是指组织从事设计、生产、营销、交货以及对产品起辅助作用的各种价值活动的集合（见图 1-13）。价值链概念的提出基于如下基本逻辑关系，即经营资源—价值活动—竞争优势。

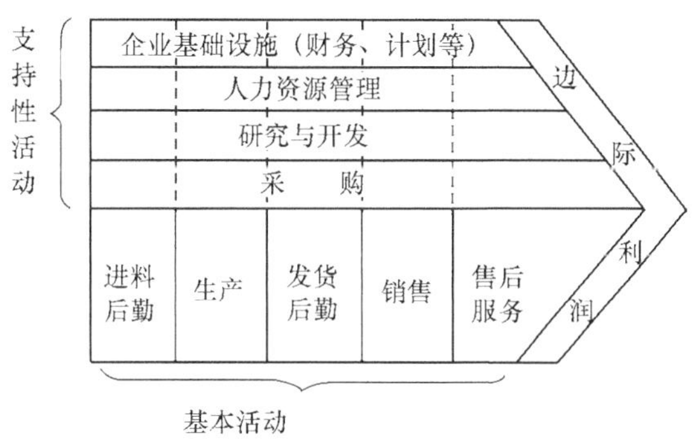

图 1-13　价值链模型

依据价值链，可以将组织的价值活动分为基本活动和辅助活动两大类：基本活动是涉及产品的物质创造及销售、交货和售后服务的各种活动；辅助活动是辅助基本活动并通过提供外购投入、技术、人力资源以及各种公共职能以相互支持的活动。

按照价值活动的工艺顺序，基本活动由五个部分组成。①进料后勤：与接收、存储和分配相关联的各种活动，如原材料搬运、仓储、库存控制、车辆调度和向供应商退货。②生产作业：与将投入转化为最终产品形式相关的各种活动，如机械加工、包装、组装、设备维护、检测等。③发货后勤：与集中、存储和将产品发送给买方有关的各种活动，如产成品库存管理、原材料搬运、送货车辆调度等。④市场销售：与提供买方购买产品的方式和引导他们进行购买相关的各种活动，如广告、促销、销售队伍、渠道建设等。⑤售后服务：与提供服务以增加或保持产品价值有关的各种活动，如安装、维修、培训、零部件供应等。

支持性活动主要包括下列四个方面。①基础设施：包括总体管理、计划、财务、会计、信息系统等价值活动。基础设施通常支持的是整个价值链，而不是单项活动。虽然组织的基础设施有时仅仅被看作间接费用，但它也能成为竞争优势的一种有力来源。②人力资源管理：包括对各类人员招聘、雇佣、培训、开发和薪酬管理等。人力资源管理决定着组织成员的技能和积极性，以及雇佣和培训的成本，从而对组织的竞争优势构成重要的影响。③技术开发：包括基础研究、产品设计、媒介研究、工艺与装备设计等价值活动。④采购：包括购买原材料、储备物资和其他易耗品，也包括各种资产的引进，例如机器、实验设备、办公设施和建筑物。像其他价值活动一样，“采购”也需要技术，例如与卖方打交道的程序、资格审定原则和信息系统。改进后的购买行为对于外购投入的成本和质量产生重要影响。

2．竞争优势分析

通过分析组织的价值链，可以更好地理解组织的成本变化以及引起变化的原因和方法。组织的经营可以认为是一个由设计、生产、销售、交货等价值活动所组成的集合。组织的部分优势就是来源于组织能比竞争对手以更低的成本、更高的效率完成那些具有战略意义的活动。组织竞争优势的来源主要有以下几方面。

（1）价值活动本身。它是构筑竞争优势的基石，也是价值链分析的重点。组织从事着各种不同的价值活动，虽然这些活动对于组织目标的实现是必不可少的，但是确认哪些活动支持组织的竞争地位仍然很重要。对组织而言，在关键价值活动的基础上建立和强化这种优势可以帮助组织获得成功。

（2）价值链内部联系。价值链不是一些独立活动的集合，而是相互依存的活动构成的一个系统。在这个系统中，各项活动之间存在着一定的联系。这些联系体现在某一价值活动进行的方式与成本之间的关系，或者与另一种活动之间的关系。例如加工企业购买高质量的已剪切好的钢板，可以简化生产流程并减少废料。由此看来，组织的竞争优势既可以来自单独的活动本身，也可以来自各活动的联系。

（3）价值链间的联系。价值活动的联系不仅仅存在于组织的内部，而且存在于组织与组织的价值链之间。供应商、渠道和买方的各种活动进行的方式会影响组织活动的成本和收益，反之亦然。这种联系使得将产品或劳务提供给消费者的所有上下游组织形成网络，即供应链。供应链的集成管理将给链上的组织带来竞争优势。例如，组织的采购和原材料供应活动如果与供应商的订单处理系统相互作用，供应商的产品特点以及其他方面就会明显地影响组织的成本和差异化。

3．价值链的构造

价值链分析是价值链构造的基础和前提。组织为了诊断自己的竞争实力，需要根据价值链的一般模型构造具有组织自身特点的价值链。组织在构造价值链时，需要根据价值链分析的目的以及自己生产经营活动的经济性，将每一项活动进行分解。分解后的每项子活动要有自己的经济内容，即或者具有高度差别化的潜力，或者在成本中有重要的百分比。组织应将可以充分说明竞争优势和劣势的子活动单独列出来，以供分析使用。活动的顺序可以按照生产的工艺流程进行，也可以根据需要进行安排。

总之，价值链法为组织对现实或潜在的竞争优势和劣势进行内部分析提供了有效的指导方法，也为组织如何进一步提升自身优势或有效弥补劣势提供了途径。

四、管理环境的综合分析

组织的生存和发展受到组织内外部环境的综合影响，任何组织的经营过程，实际上都是不断调整其内部环境、外部环境及其经营目标三者之间关系的动态平衡的过程。管理者必须立足于组织自身竞争力的客观事实，充分利用外部环境的机会或有效规避威胁，科学制定和实施符合组织目标要求的策略。

如何进行管理环境的综合分析，美国旧金山大学的管理学教授海因茨·韦里克（Heinz Weihrich）在 20 世纪 80 年代初提出了 SWOT 分析法，又称战略态势分析法。它是一种对组织的优势（Strengths）、劣势（Weaknesses）、机会（Opportunities）和威胁（Threats）进行综合分析的方法。因此，SWOT 分析法实际上是将企业内外部条件各方面内容进行综合和概括，进而分析组织的优劣势、面临的机会和威胁的一种方法。在分析了组织外部的机会和威胁、内部的优势和劣势之后，将外部的机会和威胁分别与内部的优势和劣势相匹配，可以得到四种类型的战略，即 SO、WO、ST 和 WT 战略（见表 1-7）。

表 1-7　SWOT 战略矩阵

外部环境	内部条件	
	优势（Strengths）	劣势（Weaknesses）
机会（Opportunities）	SO 战略	WO 战略
威胁（Threats）	ST 战略	WT 战略

（1）优势—机会（SO）战略。它是一种发挥组织内部优势的同时利用外部机会的战略。这是一种最为理想的状态，也是不容易达到的一种状态。当组织存在重大弱点时，它将努力克服这一弱点将其变成优势；而当组织面临威胁时，它也将努力回避这些威胁以便利用机会。

（2）劣势—机会（WO）战略。它是通过利用外部机会来弥补内部弱点的战略。通常组织内部的劣势会阻碍组织对于机会的利用，这就迫使组织必须通过一些措施来排除内部的障碍，变弱势为优势，才能更好地利用机会。

（3）优势—威胁（ST）战略。它是利用本组织的优势回避或减少外部威胁的影响的一种战略。

（4）劣势—威胁（WT）战略。它是一种旨在减少弱点，同时回避外部环境威胁的防御性战略。

SWOT 矩阵是管理学上重要的一个分析工具，因其直观、有效而得到大量的应用，不仅可以应用于分析不同的单元，如管理者和决策者个人、团队、项目、产品和服务等，同时也可以应用于组织不同的管理层次。SWOT 分析法不需要使用定量的数据就可以对组织的经营管理环境提供比较综合全面的分析框架，从而得到多种可供选择的策略。当然，SWOT 分析法也存在一定的缺陷，它更多的情况下只是一个描述性的分析模型，并不能为管理者做深入的、定量的分析，其提供的策略和建议也比较粗略。

案例分析

案例一　升任公司总裁后的思考

郭宁最近被一家生产机电产品的公司聘为总裁。他在大学时学的是工业管理，大学毕业后就到该公司工作，最初担任液压装配单位的助理监督。当时他对液压装配所知甚少，在管理工作上也没有实际经验。可是他认真好学，一方面仔细参阅该单位的工作手册，并努力学习有关的技术书刊；另一方面监督长也对他主动指点，使他渐渐摆脱了困境，胜任了工作。经过半年多的努力，他已有能力独自承担液压装配的监督长工作。公司当时没有提升他为监督长，而是直接升他为装配部经理，负责包括液压装配在内的四个装配单位的领导工作。

当助理监督时，他主要关心的是每天的作业，技术性很强，而他担任装配部经理时，他发现自己不能只关心当天的装配工作状况，还得做出此后数周乃至数月的规划，因而没有多少时间去从事自己喜欢的技术工作。担任装配部经理不久，他发现原有的装配工作手册已过时，因为公司已经安装了许多新的设备，吸收了一些新的技术。于是他花了整整一年时间去修订工作手册，使之切合实际。在修订手册的过程中，他发现要使装配工作与整个公司的生产作业协调起来是有很多讲究的。为此，他还主动到几个工厂去访问，学到了许多新的工作方法，并且把这些新方法吸收到修订的工作手册中。工作了几年后，他不但自己学会了这些工作，而且还学会了如何把这些工作交给助手去做。这样他可以腾出更多时间用于规划工作和帮助他的下属，以及花更多时间去参加会议、批阅报告和完成自己向上级的工作汇报。

郭宁担任装配部经理 6 年之后，他自信拥有担任新职位的能力。在同另外 5 名竞争者较量之后，郭宁被正式提升为规划工作副总裁。由于此高级职务工作的复杂性，他在刚接任时碰到了不少麻烦。例如他感到很难预测 1 年之后的产品需求情况。可是一个新工厂的开工，乃至一个新产品的投入生产，一般都需要在数年前做准备。而且在新的岗位上他还要不断地处理市场营销、财务、人事、生产等各部门之间的协调问题，这些他过去都不熟悉。他在新岗位上认识到，越是职位上升，越难以仅仅按标准的工作程序去进行工作。但是他还是渐渐适应了，并做出了成绩，之后又被提升为负责生产工作的副总裁，而这一职位通常是由该公司资历最深的、辈分最高的副总裁担任的。到了现在，郭宁又被提升为总裁。他知道，当上公司最高主管时，他应该相信自己有处理可能出现的任何情况的才能，但他也明白自己尚未达到这样的水平。因此，一想到明天就要上任，他不免为此而担忧！

资料来源：管理学案例集.卢望平.长春：吉林大学出版社，2011 年，第 2 版.

问题

1. 你认为郭宁当上公司总裁后，他的管理责任与过去相比有了哪些变化？应当如何去适应这些变化？

2. 你认为郭宁要成功地担任公司总裁的工作，哪些管理技能是最重要的？你觉得他具有这些技能吗？

案例二　福美乐的成功

1985 年，当艾柯公司组建福美乐——一家连锁旅店的时候，在该行业内存在着两个明显的市场部分：一个部分包括了非星级和一星级旅店，它们每个房间的平均价格在 60 法郎到 90 法郎之间，顾客光顾这些旅店的唯一理由是廉价；另一个部分则是二星级旅店，其每个房间的平均价格为 200 法郎，它们吸引顾客的地方是能提供比那些非星级和一星级旅店更好的睡眠环境。人们也早已明白他们付出的价格所能得到的是什么——他们或者多付点钱得到一晚舒适的休息，或者少付点钱但得容忍糟糕的床铺和嘈杂声。

艾柯经理们通过分析得出结论，所有顾客——非星级的、一星级的和二星级的——需要的是以较低的价格获得一夜舒适的睡眠。注意到那些广泛的需求，艾柯的经理们发现了一个机遇，因为目前该行业在迫使顾客做出妥协。他们向自己提出了以下四个问题：①我们这个行业认为理所当然的因素中哪些应该摒弃？②哪些因素应该被提升到大大高于行业平均的水平？③哪些因素应该被降低到远远低于行业平均的水平？④哪些行业内尚未存在的因素应该被创造出来？

第一个问题迫使经理们考虑公司现在为之竞争的那些因素是否真的能给顾客带来价值。这些因素通常被认为是理所当然的，即使它们根本没有价值甚至带来负面价值。有时候，顾客们的偏好已经根本改变了，但互相参照来进行竞争的公司却没有相应改变，甚至没能察觉到这种变化。第二个问题有助于经理们发现并消除那些因行业原因而迫使顾客做出的妥协。第三个问题让经理们考虑一下在追赶或打败竞争对手的过程中，产品和服务是否已经开发过头了。第四个问题则帮助经理们打破行业边界，为顾客们发现全新的价值源泉。

在回答这些问题的过程中，艾柯公司促成了后来福美乐的创立，并提出了关于旅店的新概念。首先，公司消除了诸如昂贵的饭店和引人注目的休息室之类的标准旅店的特点。艾柯认为，即使这可能会失掉一部分顾客，大多数顾客则不会介意这些东西。

艾柯的经理们相信，旅店在一些方面提供的服务也是过头了的。在那些方面，福美乐提供的甚至比许多非星级旅店还少。比如说，接待员仅仅在入住和结账高峰时段才会提供，其他时间里则由顾客使用自动答话器来完成。福美乐的房间很小，里面仅备有一张床和其他不加装饰的必需品——没有文具、书桌及装饰物。屋子里也没有镜框和壁橱，只是在一个角落里有几个架子和一个挂衣服的杆柱。房间本身也是由工厂按标准尺寸生产的套间，这是一种可以带来生产规模经济、较高质量控制和良好隔音效果的方法。

福美乐给艾柯带来了极大的成本优势。公司在每个房间的建造成本上可平均节省一半的费用，在员工支出方面，其占销售额的比重也从行业平均的 25%至 35%下降到 20%至 23%。公司可以凭借节省下来的这些费用将顾客最看重的几个方面提高到超过一般二星级旅店的档次，而其价格只不过比一星级旅店稍稍高出一点儿而已。

顾客们对艾柯的价值创造给予了回报。公司不仅吸引了法国旅店顾客中的很大部分，而且还扩大了整个市场容量。从原先在自己车上睡觉的卡车司机到仅仅需要几个小时休息时间的生意人，新的顾客被吸引进了这个市场。福美乐使得竞争不再是你死我活的了。在上次统计中，它在法国的市场份额比其他五个较大竞争对手的总和还要大。

问题

1. 福乐美的经营管理体现了哪些管理原理？
2. 用核心竞争力的理论来解释，为什么福美乐能获得这么优良的业绩？
3. 福乐美的优势是什么？劣势是什么？在我国类似的连锁旅店是否可行？

案例三　抵制听课说明了什么

立人中学规模不算大，生源基础参差不齐，师资业务素质总体水平不高，教学质量始终上不去，学生家长反映强烈，领导也有意见。新学期开始后，市教育委员会针对该校情况决定调教育办公室李主任到该校任校长。李校长任校长一周后，召开了学校领导班子会议，他谈了对提高教学质量的初步设想。他说："要提高质量，摘掉落后帽子，就必须加强教学管理，狠抓教学工作各个环节的检查，尤其是课堂教学的检查，因为这是提高教学质量的关键。我想通过经常性突击听课，促使教师钻研教材，改进教法，提高授课水平，向 45 分钟要质量。过去，我们学校班子没有重视这项工作，致使少数责任心不强的教师混课甚至旷课，这是突出的薄弱环节。因此，我提议，从明天起，所有校长、主任按自己所学专业，分学科到班级随时听课，事先一律不与教师打招呼，希望大家不要走漏风声。" 会议后的第二天，校长、主任根据原定方案，自带凳子分头到班级进行不打招呼的听课。

第一次听课后，部分校长、主任肯定了这种做法。有的说："这次不打招呼的听课，确实发现了不少问题，有的教师未备课，就是读读书，有的新教师根本就不会讲课。"有地说："这次听课也发现了不少教师授课能力强，水平高，以后要注意重点使用。"还有地说："这样的听课今后每过一段时间进行一次，是很有好处的。"当然，也有一部分干部提出疑问，认为这种听课方式不够妥当，对教师不够尊重，易造成逆反心理。

虽说有不同意见，第二天仍按事先分工，继续进行这项未完的工作，不料情况与前一天截然不同。这位教师说："我这节课主要是让学生做作业。"那个老师说："我这堂课主要是让学生背书。"一句话，就是不愿让领导听不打招呼的课。可想而知，这次校长、主任真的坐冷板凳了。这样的听课已无法进行下去了。

教师的不满、明里暗里的软抵抗行动，李校长耳闻目睹。面对这意想不到的情况，他陷入了沉思。

问题

1. 人性假设理论对人性的假设有哪些内容？
2. 运用人性假设理论分析立人中学教师为何会抵制被听课？
3. 教师抵制听课说明了什么？你给李校长提供的建议有哪些？

实践训练

走访企业的管理者

1．实训项目

走访某家企业的一位管理者。

2．实训目的

了解管理工作的重要性；理解管理的四项基本职能；认识管理者扮演的三类角色；运用管理的相关理论为管理者的工作提供改进建议。

3．实训内容

通过与管理者交流，对管理的重要性和基本职能有大概的了解，对管理者具有的素质和人格魅力有初步认识，知道管理在社会生产实践中的大量应用。学生在交流的过程中可以参考如下问题：你（管理者）是如何管理你的企业的？你在管理中从事的主要工作有哪些？遇到的主要困难有哪些？就你的本职工作而言，应该具备的管理技能有哪些？你的企业最需要哪种类型的人才？

4．实训组织

本练习可以要求班级学生以组建参观小组的方式进行，每组可允许 4～6 人参加。每一个小组自行选择一家企业的管理者作为走访对象。要求事先写好走访计划，交给指导教师，同时要求参观小组事后及时制作实践报告，对实践训练项目做好总结。

5．实训考核

教师对学生的走访计划要进行指导，对每一个小组参观计划预计的成果做出评价。组织一次实训项目总结汇报交流会，每一个小组推荐一位代表陈述本小组的实训项目，展示实训成果。由教师和学生一起对每一个小组的实训情况进行评估打分。

本章小结

1. 所谓管理就是为实现既定的组织目标，在一定的范围内，由管理者或是管理机构，采用科学、经济的方法，对组织所拥有的资源（人、财、物、信息等）进行计划、组织、领导、控制等活动的过程。

2. 管理的职能有计划、组织、领导、控制。管理的特征包括动态性、科学性、艺术性、创新性、经济性。管理者在履行管理职能的过程中扮演者人际关系角色、信息角色和决策角色。

3. 不同层次的管理者所要求的工作技能是不同的。基层管理人员主要需要的是技术技能，其次是人际技能；中层管理人员主要需要的是人际技能，其次是技术技能；高层管理者则尤其需要具备概念技能，其次是人际技能以及技术技能。管理者在管理的过程要遵循效益原理、人本原理和系统原理等管理原理，灵活采用不同的管理实践方法履行管理职责。

4. 管理理论的发展过程先后经历了管理理论的萌芽阶段、古典管理理论阶段、行为科学管理理论阶段和现代管理理论丛林阶段。进入 20 世纪 90 年代以后，随着信息化、网络化、科技化和全球化的发展，管理理论步入了新的历史发展阶段，先后出现企业再造理论、学习型组织理论、核心竞争力理论等具有代表性的管理理论。

5. 任何组织都是在不断变化的环境条件下运行的。外部环境的改变既给组织的发展带来机会，也伴随着相应的威胁。我们可以把组织的外部环境分为两大类：一是对组织产生间接影响的因素，我们称之为一般环境或宏观环境，包括政治法律因素、经济因素、社会文化因素、技术因素，宏观环境分析可采用 PEST 模型法；二是对组织的经营管理产生直接影响的因素，我们称之为特殊环境或微观环境，包括行业内部竞争因素、供应商因素、顾客因素、替代品因素、潜在进入者因素等，微观环境分析可以采用“五力模型法”。组织的生产经营活动是以其自身拥有的资源和能力为基础的。内部环境既可能给组织带来优势，也可能给组织带来劣势。我们把组织内部的环境分为资源环境和文化环境两大类。分析组织内部的环境条件常用的一种分析方法是价值链分析法，它将组织的活动分为基本活动和辅助活动，从组织的价值活动、价值链内部联系和价值链之间的联系三个角度分析组织内部竞争优势的来源。

复习思考题

1. 管理的基本职能有哪些？各项职能之间的关系如何？
2. 管理者有哪些类型？他们承担着哪些管理角色？
3. 管理的技能有哪些？对于不同层次的管理者有何具体的要求？
4. 泰勒制的主要内容是什么？其实质是什么？
5. 法约尔提出的一般管理理论有哪些主要内容？
6. 韦伯的官僚行政组织体系有哪些特点？
7. 现代管理学的主要观点有哪些？
8. 简述组织外部环境所包含的主要因素。
9. 简述迈克尔・波特的“五力分析模型”。
10. 什么是组织文化？其结构和功能有哪些表现？
11. 什么是价值链？如何运用价值链分析组织的内部环境？
12. 简述 SWOT 分析法及其在管理实践中的意义。

第二章　决　策

学习目标

通过本章的学习，熟悉决策的定义、原则以及类型，了解决策理论，掌握决策的程序与方法，并能将决策思想运用于生活与工作中。

引入案例

一群老鼠吃尽了猫的苦头，他们召开全体大会，号召大家贡献智慧，商量对付那些猫的万全之策，争取一劳永逸地解决事关大家生死存亡的大问题。

众老鼠们冥思苦想。有的提议培养猫吃鱼吃鸡的新习惯，有的建议加紧研制毒猫药，最后还是有一只老奸巨猾的老鼠出的主意让大家佩服得五体投地，连呼高明。那就是给猫的脖子上挂个铃铛，只要猫一动就有响声，大家就可事先得到警报，躲起来。

这一决议终于被一举通过，但决策的执行者却始终产生不出来。高薪奖励、颁发荣誉证书等等办法又被一个一个提议出来，但无论出什么高招，好像都无法将这一决策执行下去。至今，老鼠们还在自己的各种媒体上为此争论不休，也经常举行会议。

这故事告诉我们，不能够执行的决策，再好也是没有意义的。决策不在于有多英明,而在于能否实行。管理者不仅是个决策者，还是个不折不扣的执行者。

第一节　决策的定义、原则及类型

一、决策的定义

关于决策的定义，最早由巴纳德在组织的研究中正式提出，他认为有意识的、经过计算和思考的行为过程可以归结为决策。西蒙则指出决策的特征是“在任何时候，都存在着大量（实际）可能的备选行动方案；一个人可以选择其中任何一个方案；通过某种过程，这些大量的备选方案，被缩减为实际采用的一个方案了”。在本书中，我们借用芮明杰关于决策的定义。芮明杰在其《管理学——现代的观点》中提出“所谓决策，就是为了实现一定的目标，提出解决问题和实现目标的各种行动方案，依据评定准则和标准，在多种备选方案中，选择一个方案进行分析、判断并付诸实施的管理过程”　。

这一定义包含了以下内容。

第一，决策前需明确目标。如果缺乏目标或目标模糊，将会导致决策盲目或决策过程偏离方向，决策结果不正确等结果。

第二，决策是一个多方案选择的过程。决策需要有两个或两个以上的备选方案，如果仅有唯一的方案，那就不存在决策。且多个方案应各自具有优缺点及风险。决策的过程就是对每个可行方案进行分析、比较、评判，选出较好方案并实施。在方案的选择中，决策者应收集掌握充分的信息，利用科学的方法进行分析，从中选择较好的合理方案。

第三，决策具有连续性、整体性。从信息的收集、筛选到方案的分析、评判再到实施、反馈，决策的整个过程具有连续性和整体性。在实际的管理活动中，反馈结束后又面临着新一轮的决策，决策贯穿整个管理活动的始终。

二、决策的原则

（一）两种决策模式

1．决策的理想模式

决策的理想模式将管理者假设为经济人，此模式也称古典模式，认为管理者在决策中总是能够凭借理性，从组织的最大利益出发，寻找最优决策。

管理者要达到这种理性状态，至少必须满足以下条件：①获得与决策有关的全部信息；②正确评估信息的价值并有效筛选；③有能力找出所有的备选方案；④准确预期每个方案在未来的执行结果。

2．决策的管理模式

这一模式由赫伯特·西蒙提出。他认为决策的理想模式存在两个缺陷：第一，人不可能完全理性；第二，决策中由于受能力、时间、成本、技术等各方面的限制，不可能将所有的备选方案都一一列举出来。西蒙认为决策者是“管理人”，即介于完全理性与非理性之间的有界理性。有界理性指决策者在做决策过程中因受到习惯、价值观、知识、不完全信息、组织因素等各方面的限制，从而只能做到有限或有界的理性。虽然每个决策者在主观上都希望自己是个理性的决策者，但客观上其理性是有限的。在实际的决策中，有界理性表现为：决策者无法获得与决策有关的全部信息；无法寻找出全部备选方案；无法完全预测全部备选方案的执行结果等。

（二）决策的原则

满意是西蒙等人提出的另一个重要概念。这一概念是指人们不会为得到一个最佳的方案而苦苦追寻，在找到一个满意的方案后就会停下来而不再寻找更优方案。

在现实中，决策遵循的是满意原则而非最优原则。这是因为组织内外存在的一切或多或少都会对组织的现在及未来产生直接或间接的影响，决策者很难收集到反映这一切情况的信息；且由于知识、客观环境等因素的限制，决策者对收集到的信息的利用能力也是有限的；此外，任何方案都要在未来实施，由于组织的内外部环境等都在发生变化，从而决策时所预测的未来状况可能与实际的未来状况有出入。

三、决策的类型

按照不同的划分标准，决策可以分成许多类型。了解各种不同类型决策的特点，有助于管理者做出合理的决策。下面介绍几种主要的分类。

（一）按决策影响的时间长短分类

根据决策影响的时间长短划分，一般可把决策分为长期决策与短期决策。

1．长期决策

长期决策是指关于组织今后发展方向的长期性、全局性的重大决策，又称长期战略决策，如投资方向的选择、人力资源的开发和组织规模的确定等。

2．短期决策

短期决策是为实现长期战略目标而采取的短期策略手段，又称短期战术决策，如促销方案的选择、物资储备等问题的决策都属于短期决策。

（二）按决策的范围及影响程度分类

根据决策的范围及影响程度划分，可把决策分为战略决策、管理决策与业务决策。

1．战略决策

战略决策是对组织最重要，对组织目标、战略规划等关系到组织生存和发展的根本问题进行的决策活动，具有长期性、全局性和战略性的特点。战略决策者一般为组织的高层管理者。如企业经营方向和经营方式的确定、品牌的塑造、领导班子的构建等都属于战略决策。

2．管理决策

管理决策又称战术决策，是对组织中的人、财、物等资源进行合理有效的配置以实现组织各环节协调统一的决策活动。管理决策是战略决策执行过程中的具体决策。管理决策者一般为组织的中层管理者。管理决策的制定应紧扣战略决策，为实现组织的战略目标服务。如市场营销策略的制订、设备的更新、员工的培训以及资金的筹措与分配等都属于管理决策的范畴。

3．业务决策

业务决策又称执行性决策，是组织中的一般管理和处理日常业务而做出的决策，牵涉范围较窄，只对组织产生局部影响。业务决策者一般为组织的基层管理人员。日常工作分配、员工休假安排、日常安全措施等属于业务决策。

（三）按决策所涉及的问题不同分类

组织中的问题可被分为两类，一类是例行问题，另一类是例外问题。例行问题是指那些重复出现的、日常的管理问题，如管理者日常遇到的产品质量、设备故障、现金短缺、供货单位未按时履行合同等问题。例外问题则是指那些偶然发生的、新颖的、性质和结构不明的、具有重大影响的问题，如组织结构变化、重大投资、开发新产品或开拓新市场、长期存在的产品质量隐患、重要的人事任免以及重大政策的制订等问题。

赫伯特·A.西蒙（Herbert A. Simon）根据问题的性质把决策分为程序化决策与非程序化决策。

1．程序化决策

程序化决策是指针对那些例行问题、按照一定的频率或间隔重复进行的决策，处理的主要是常规性、重复性问题。处理这些问题的关键是要预先建立相应的规章制度、规范，使处理过程程序化。

2. 非程序化决策

非程序化决策是指针对那些例外、偶尔出现的、无章可循的问题做的决策。由于做该种决策时缺乏信息，无例可参照，无固定模式，往往需要决策者进行创造性思维。

（四）按决策问题所面临的条件分类

根据决策问题所面临的条件分类，可把决策分为确定型决策、风险型决策与不确定型决策。

1. 确定型决策

确定型决策是指在稳定（可控）条件下进行的决策。在确定型决策中，决策者确切知道自然状态的发生，每个方案只有一个确定的结果，最终选择哪个方案取决于对各个方案结果的直接比较。

2. 风险型决策

风险型决策也称随机决策。在这类决策中，自然状态不止一种，决策者不能知道哪种自然状态会发生，但能知道有多少种自然状态以及每种自然状态发生的概率。

3. 不确定型决策

不确定型决策是指在不稳定条件下进行的决策。在不确定型决策中，决策者可能不知道有多少种自然状态，即便知道，也不能知道每种自然状态发生的概率。

（五）其他分类

对于决策的类型，还可以有很多种分类方法。比如：按决策的主体的不同，可把决策分为集体决策与个人决策；从决策的起点看，可把决策分为初始决策与追踪决策；按决策者所处的层次，可分为高层决策、中层决策和基层决策；按决策问题所在的专业领域，可分为生产决策、人事决策、营销决策等。

第二节 决策理论

一、古典决策理论

古典决策理论又称规范决策理论，主要盛行于 20 世纪 50 年代以前，是基于“经济人”假设提出来的。古典决策理论认为，应该从经济的角度来看待决策问题，即决策的目的在于为组织获取最大的经济利益。

古典决策理论的前提假设包括以下四点。

（1）组织要实现的目标是明确的，且问题可以识别并精确地表述出来。

（2）信息完全。即决策者可以收集完全信息，决策在确定性的状态下做出，并且所有可行性方案和可能的结果都可以量化和评估。

（3）方案评估标准是明确的或是可以确定的。

（4）完全理性。即决策者是理性的，在充分了解有关信息的基础上，能够做出使组织利益最大化的决策。

根据古典决策理论的前提假设，其主要内容是：

（1）决策者必须全面掌握有关决策环境的所有信息情报；

（2）决策者要充分了解有关备选方案的情况并正确评估；

（3）决策者应该建立一个合理的自上而下的执行命令的组织体系；

（4）决策者进行决策的目的始终是组织利益最大化。

古典决策理论在一定时期内对管理活动起着指导作用，但是该理论忽视了非经济因素在决策中的作用。随着经济发展越来越迅速，其缺点逐步显现出来，已不能很好地指导实际的经营活动，从而逐渐被更为全面的行为决策理论代替。

二、行为决策理论

行为决策理论的发展始于 20 世纪 50 年代，是对古典决策理论中的不足和弊端进行的探索。对古典决策理论的"经济人"假设发出质疑的第一人是美国管理学家赫伯特·A.西蒙。他在其《管理行为》一书中指出，现实生活中个人和组织的决策需要一定程度的主观判断，这种判断都是在有限理性的条件下进行的，理想中的完全理性会导致人们寻求决策的最优解，而现实生活中的有限理性则导致人们寻求满意解。即西蒙提出了"有限理性"标准和"满意度"原则。其他学者也对决策者行为做了进一步的研究。他们在研究中同样发现，影响决策者进行决策的不仅有经济因素，还有其个人的行为表现，如情感、态度、经验和动机等。

行为决策理论的主要内容如下。

（1）人的理性介于完全理性和非理性之间，即人是有限理性的。

（2）决策者在识别和发现问题中容易受知觉上的偏差的影响，而在对未来的状况做出判断时，直觉的运用往往多于逻辑分析方法的运用。

（3）由于受决策时间和可利用资源的限制，决策者不可能了解和掌握决策的所有信息，因此决策者选择的理性是相对的。

（4）在风险型决策中，决策者对待风险的态度会在很大程度上影响决策。

（5）决策者因为能力、成本等因素的限制在决策中往往只求满意的结果，而不愿费力寻求最佳方案。

行为决策理论抨击了把决策视为定量方法和固定步骤的片面性，主张把决策视为一种文化现象。行为决策理论指出决策不能只遵循一种固定的程序，而应根据组织内外环境的变化进行适时的调整和补充。

三、当代决策理论

继古典决策理论和行为决策理论之后，决策理论有了进一步的发展，即产生了当代决策理论。当代决策理论的核心内容是，决策贯穿于整个管理过程，决策程序就是整个管理过程。

组织是由作为决策者的个人及其下属、同事组成的系统。整个决策过程从研究组织的内外环境开始，继而确定组织目标、设计可达到该目标的各种可行方案、比较和评估这些方案进而进行方案选择（即做出择优决策），最后实施决策方案，并进行追踪检查和控制，以确保预定目标的实现。这种决策理论对决策的过程、决策的原则、程序化决策和非程序化决策、组织机构的建立同决策过程的联系等做了精辟的论述。

对当今的决策者来说，在决策过程中应广泛采用现代化的手段和规范化的程序，应以系统理论、运筹学和电子计算机为工具，并辅之以行为科学的有关理论。这就是说，当代决策理论把古典决策理论和行为决策理论有机地结合起来，它所概括的一套科学行为准则和工作程序，既重视科学的理论、方法和手段的应用，又重视人的积极作用。

第三节　决策的过程和影响因素

一、决策的过程

决策过程是一个整体性的过程。管理者为有效解决问题，实现组织目标，在做决策时一般应遵循以下几个步骤。

（一）辨别和确定决策问题

辨别和确定问题是决策过程的第一步，所有决策都要围绕决策者提出的问题来展开。这里提到的问题是指现实状态与期望状态之间存在的差异。差异的存在构成了管理者做决策的动因，需要通过某种决策来消除现实和期望之间的不一致。识别和确定问题并不总是简单的，因为要考虑组织中人的行为。有时候，问题可能是由于组织中人的因素如价值观等引起的，也有可能是由于组织本身的因素如组织结构等带来的，或者是人和组织的混合因素而产生的。因此，管理者要尽可能精准地找出关键问题并认准问题的要害。

信息的精确程度在很大程度上决定了识别和确定决策问题的精准度。所以管理者要在全面调查研究，系统收集尽可能精确、可信赖的信息的基础上发现差距，确认问题，抓住问题要害。低质量的或不精确的信息除浪费时间外，如果管理者不及时发现，还有可能会导致决策中其他问题的出现，最终使得决策结果出现大的偏差或错误。

管理者明确了决策问题后，还应该对问题进行准确的定义，以便在解释的过程中，不发生问题被不理解或误解等现象，提高做出正确决策的概率。管理者必须明确面临的问题究竟是什么，其原因有哪些，问题与各原因之间存在着怎样的关系。

（二）确定决策目标

决策目标是管理者想要通过决策活动获得的结果，是选择和评价决策方案时的依据，也是衡量决策行动有效与否的尺度。决策目标既要确定数量，也要确定质量，因为决策目标一旦确定，将指导整个决策过程。根据时间的长短，可把决策目标分为长期目标、中期目标和短期目标。长期目标通常用来指导组织的战略决策，中期目标通常用来指导组织的战术决策，短期目标通常用来指导组织的业务决策。

在确定决策目标时应注意以下几点：①目标要明确具体。越是短期目标，越需要清晰明确。②目标要务实。切忌好高骛远，也要防止偏低。③出现多目标时，应有主次之分。一项决策往往会有多个目标，目标之间可能会存在冲突的现象，所以应尽可能地剔除那些从属性或不重要的目标，使目标数量减少，并有效把握剩下目标间的主次关系。

（三）拟订备选方案

决策问题和决策目标确定后，管理者就要拟定达到目标和解决问题的各种方案。这是决策过程中非常重要的一个步骤，它直接决定了决策的质量。决策的本质就是选择，选择的前提是有多个可选的方案。拟定备选方案需要管理者利用创造力和想象力，借助管理经验、个人经历等，围绕决策目标提出尽可能多的方案。

拟定备选方案时，应注意：第一，拟定的备选方案要把所有的可能性尽可能地包含其中，在主观上尽力追求最优；第二，不同的备选方案之间应具有一定的排斥性，即各个方案之间应有差异和相互排斥，选择了其中一个便要舍弃其他方案；第三，要善于征询和听取他人意见，尤其是批评性的。

（四）评价和选择方案

拟定好了备选方案，接下来要做的工作就是在备选方案中选择出最好的方案。为了从多个备选方案中选出最理想的方案，需要管理者采取科学的态度和方法，对备选方案进行比较和评价。评价备选方案，通常有三种方法，即经验判断法、数学分析法和试验法。经验判断法即决策者根据自身经验或集群体经验，用一些关键的评价标准来决定备选方案的淘汰；数学分析法则是建立数学模型进行科学测算后对方案加以选择；试验法就是通过一系列试验后最终确定方案。

此外，在选择方案时，要注意以下几点：①最后选定的方案，应能较好地实现决策目标；②考虑方案实施的成本收益问题；③考虑方案可能带来的负面效果；④客观评价风险。

（五）实施方案

方案选定之后，就要开始实施方案，这也是决策过程中至关重要的一步，如果实施过程中出现了大的问题，就会直接影响决策目标的实现。因此，管理者要制定好实施方案的具体措施和步骤，并有效执行。切不可出现“只决不行”的情形。

（六）监督与控制

在方案实施执行中，管理者要做好监督和控制工作。方案的实施需要一段较长时间，而在这段时间内，组织内外部环境都有可能会发生较大的变化，这些变化可能会使决策方案偏离决策目标。这就要求管理者在决策执行过程中，不断对方案进行修改和完善，实施控制反馈，进行追踪检查和监督。当发现现有方案的执行表明决策目标难以实现时，管理者需要做追踪决策，对目标或方案进行根本性修正。

二、决策的影响因素

决策的影响因素是指对决策过程中各个阶段产生影响的因素。

（一）环境

环境对决策的影响是不言而喻的，主要表现在两个方面。①环境推动决策。内外部环境的变化使组织面临新的问题，为应对这些问题，管理者就要进行决策。②环境影响、制约决策。决策者在进行决策时，要考虑各种环境因素，决策过程受其制约。如果决策者对环境认识不足，那么实施决策时就可能会碰到困难，产生偏差，甚至决策无法执行。

（二）过去的决策

过去的决策总是在不同程度上影响着现在的决策。在实际管理工作中，有部分决策是程序化决策。此外，组织决策也不是在一张白纸上进行初始决策，而是对初始决策的完善、调整或改革，即追踪决策。过去的决策是目前决策过程的起点，有形或无形地对现在的决策造成影响。过去的决策对目前决策的影响程度主要受它们与现任决策者的关系的影响。这种关系越紧密，其对现在决策的影响就越大。如果现任决策者也是过去决策的决策者，则必然会考虑过去的决策，且容易形成思维定势，现在决策受过去决策的影响就大。相反，现任决策者与过去的决策没有渊源关系，则易于接受重大改变。

（三）决策者的素质和风格

决策者的战略眼光、领导能力、价值观、文化水平、对待风险的态度等会直接影响决策。如决策者爱好风险，愿意承担风险，则会在面对环境变化时，主动采取进攻性行动，且善于进行新的探索。此外，决策者的风格不一样，也会影响决策。如命令型风格的决策者重视决策效率和逻辑性，关注决策的短期结果，比较依赖过去决策，考虑较少的信息量。而分析型风格的决策者则会在决策过程中尽可能多地收集信息，深入分析研究，谨慎地选择决策方案。

（四）组织文化

组织文化制约着组织及其成员的行为以及行为方式，对决策的影响主要是通过影响人们对组织、对改变的态度而发生作用。任何决策的制定，都是对过去在某种程度上的否定；任何决策的实施，都会给组织带来某种程度的变化。团结、和谐的组织文化会鼓励成员积极参与决策，而集权、等级森严的组织文化则容易使组织成员对决策漠不关心。在偏向保守、怀旧的组织中，组织成员更容易对将要发生的变化产生怀疑、害怕和抵触的心理与行为，总是害怕新的变化会让自己失去得更多；相反，在具有开拓、创新气氛的组织中，组织成员更倾向于渴望变化，欢迎变化，支持变化，总是以发展的眼光来分析决策的合理性，总是希望在可能发生的变化中得到什么。显然，欢迎变化的组织文化有利于新决策的实施，而抵触变化的组织文化则可能给任何新决策的实施带来灾难性的影响。所以，在决策中不能不考虑现有组织文化的影响，并且考虑为实现决策目标，改变现有组织文化而必须付出的代价。

（五）时间

时间紧迫与否会影响决策者对信息的掌握程度，以及备选方案的数量和质量等。时间压力还会诱使人们偏重消极因素，忽视积极因素，仓促决策。

美国学者威廉·R.金和大卫·I.克里兰把决策类型划分为时间敏感决策和知识敏感决策。时间敏感决策是指那些必须迅速而尽量准确做出的决策。知识敏感决策则是指时间相对宽裕，要求人们充分利用知识，尽可能做出正确选择，重视决策质量的决策。军事中碰到的决策绝大部分属于时间敏感决策。企业在发生危机时需要做的应对决策也属于这一类。而组织关于活动方向与内容的决策，即前面提到的战略决策，基本属于知识敏感决策。这类决策着重于运用机会，而不是避开威胁，着重于未来，而不是现在。

第四节　决策方法

一、集体决策方法

（一）头脑风暴法

头脑风暴法又称畅谈法，是比较常用的集体决策方法。这种方法是把对某一问题有兴趣的成员召集在一起，营造一种宽松、不受约束的氛围，参与者敞开思路，畅所欲言。本方法的创始人英国心理学家奥斯本（A. F. Osborn）为该决策方法的实施提出了四项原则。

（1）禁止相互批判。无论想法多么突发奇想，多么不合理，都不允许对别人的建议做任何评判，不允许相互攻击。

（2）鼓励自由奔放。鼓励参与者尽可能发挥想象力，尽可能多层次、多角度、多因素、多变量地考虑问题，摆脱传统思维习惯等的束缚，尽力捕捉在大脑中闪现的思想火花。

（3）鼓励多多益善。鼓励参与者尽量发挥，给出的建议越多越好。在这个阶段，参与者不要考虑自己建议的质量，想到什么都说出来。

（4）允许补充。参与者除了提出自己的意见外，还可在吸收别人思想的基础上，补充和完善已有的建议以使它更具说服力。

头脑风暴法虽然有很多一般讨论起不到的效果，但也有局限性，主要表现在参与者给出的建议的数量及质量会受到他们经验、知识、业务水平、思维能力等的限制。在这种方法的运用中，会议时间一般以 1 到 2 个小时为宜，会议参与者为一般 5 到 6 个人。

在实际运用中，还有一种反头脑风暴法，又称质疑风暴法，即在召开头脑风暴法会议的基础上，针对提出的各种点子、建议、方案等进行质疑性评论而组织的质疑性会议。

（二）名义小组技术

名义小组技术，又称名义群体法、名义团体技术等，是决策中的一种定性分析方法。与德尔菲法一样，名义小组技术也是对复杂的决策问题通过群体意见的征询与集结两个分立的阶段，最终形成群体判断的一种行为方法。在集体决策中，如对问题的性质不完全了解且意见分歧严重，则可采用名义小组技术。在这种技术下，小组的成员互不通气，也不在一起讨论、协商，从而小组只是名义上的。这种名义上的小组可以有效地激发个人的创造力和想象力。

在这种技术下，管理者先召集一些有相关知识的人，把要解决问题的关键内容告诉他们，并请他们独立思考，要求每个人尽可能地把自己的备选方案和意见写下来。然后再按秩序让他们一个接一个地陈述自己的方案和意见。在此基础上，由小组成员对提出的全部备选方案进行投票，根据投票结果，赞成人数最多的备选方案即为所要的方案。当然，管理者最后仍有权决定是接受还是拒绝这一方案。

（三）德尔菲法

德尔菲法最早由兰德公司提出，用来听取有关专家对某一问题或机会的意见。它是通过综合专家们独立表达意见来对方案做出评价、选择的集体判断法。运用该种方法的步骤如下。

（1）选择专家。要设法取得有关专家的合作，在专家的人选构成上要充分考虑专家的各方面特质，专家的人员构成应合理匹配。

（2）告诉专家要解决的关键问题。问题的描述不能模棱两可，向专家们递送的材料应详细，设计的调查表应简明扼要。此外，请专家单独发表自己的意见并对实现新技术突破所需的时间做出估计。

（3）收集专家意见，综合后反馈，要给每位专家至少一次以上修改自己主观意见的机会。管理者收集并综合各位专家的意见，再把综合后的意见反馈给各位专家，让他们再次进行分析并发表意见。在此过程中，如遇到差别很大的意见，则把提供这些意见的专家集中起来进行讨论并综合。如此反复多次，最终形成代表专家组意见的方案。

运用该技术时要注意以下几点。①选择好专家，这主要取决于决策所涉及的问题或机会的性质；②决定适当的专家人数，一般以 10 ~ 50 人为好；③拟订好意见征询表，因为它的质量直接关系到决策的有效性。

二、确定经营活动方向的决策方法

有关经营活动方向的决策方法主要有经营单位组合分析法和政策指导矩阵等。

（一）波士顿矩阵图法

波士顿矩阵图法由美国波士顿咨询公司创建，又称为经营单位组合分析法，其目的是确定企业的某项业务的经营状况，并对业务的活动方向进行决策。

该方法认为，衡量一项业务的经营状况主要有两项指标，一项是业务增长率，另一项是相对市场占有率。业务增长率的高低表明该项业务的发展潜力，市场占有率的高低表明该项业务的市场地位和获得资金的能力。高的市场占有率可以为企业带来较高的销售量和销售利润，从而给企业带来较多的现金流量。

根据业务增长率和市场占有率的高低，可以把企业的业务划分为四种类别，如图 2-1 所示。企业可根据各类业务的特征，选择合适的活动方向。

“吉星”业务拥有较大的市场占有率和较高的业务增长率，因而是企业有获利机会并可长期发展的支柱业务。该业务所需要的和所产生的现金都很多。根据这一特征，企业应果断对

"吉星"业务增加必要的资金投入，扩大它的生产规模，加强其在市场中的地位。

"金牛"业务市场占有率较高，而业务增长率较低。较高的市场占有率为企业带来较多的利润和现金，而较低的业务增长率需要较少的投资，因而具有投入少、产出高的特点。之所以被称为"金牛"，是因为其创造的利润超过其所需要的投入。"金牛"业务所产生的大量现金可以用来支持"吉星"、"问题"业务。企业应努力设法维持"金牛"业务的稳定发展，保持其优势地位。

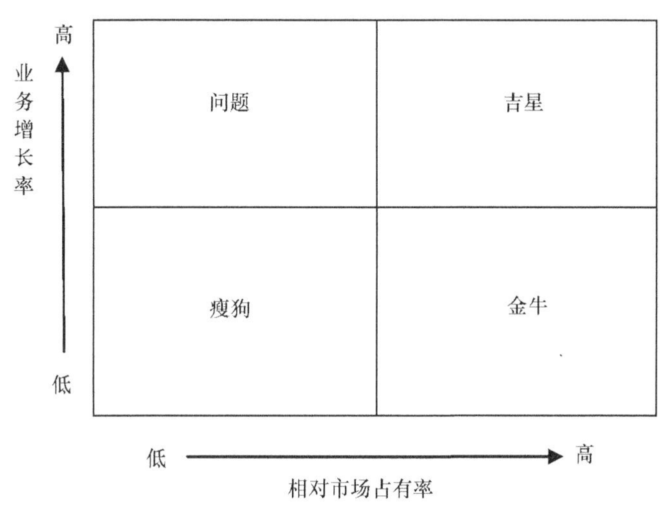

图 2-1　波士顿矩阵图

"问题"业务是高增长——低市场占有率的业务，这可能是企业刚刚开发的很有前途的领域。这类业务由于增长速度快需要大量投资，而较低的市场占有率只能提供少量的现金，因此具有投入高、产出少的特征。对于这类业务，企业要慎重考虑。对于有前途的、有可能转变为"吉星"的问题产品，要敢于投入。但如果认为这类业务增长潜力有限，不能转变成"吉星"，则应及时放弃该业务。

"瘦狗"业务的特征是既没高的增长率，也没有高的占有率，是企业的边缘业务。该类业务既无市场潜力可挖，也无竞争力，带来较少的现金和利润，而维持生产能力和竞争地位所需的资金甚至可能超过其所提供的现金，从而可能成为资金的陷阱。因此，对这种不景气的业务，企业应采取收缩或放弃的战略。

（二）政策指导矩阵

政策指导矩阵由荷兰皇家壳牌公司创立，它从企业业务的市场前景和相对竞争能力两个角度，分析企业各业务的现状和特征，并把它们标示在矩阵上，据此指导企业经营活动方向的选择。市场前景取决于盈利能力、市场增长率等因素，分为强、中、弱三种；相对竞争能力取决于企业业务在市场上的地位、生产能力等因素，分为强、中、弱三种。根据上述对市场前景和相对竞争能力的划分，可把企业的业务分成九大类（见图 2-2）。

管理者可根据业务在矩阵中所处的位置来选择企业的经营活动方向。

8 和 9 区域中的业务竞争能力较强，市场前景也较好，要优先发展这部分业务，确保该区域业务需要的一切资源，以维持其市场地位。

6 区域中的业务市场前景较好，但资源缺乏，应分配更多的资源给这些业务以提高其竞争能力，使其尽量往 9 区域发展。

3 区域中的业务市场前景虽好，但竞争能力弱。对于这部分业务，要进行筛选。最有前途的业务应得到迅速发展，其余的则需逐步淘汰。

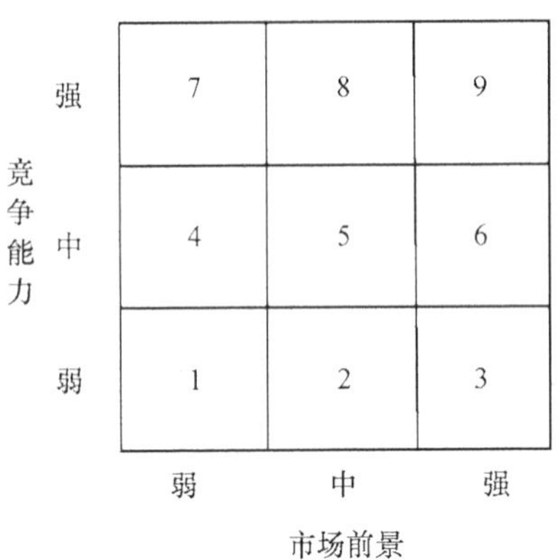

图 2-2 政策指导矩阵

5 区域中的产品在市场上一般会遇到较强劲的竞争对手，但没有一个企业的业务在市场上处于领先地位。对于这部分业务，应分配足够的资源，使其随着市场的发展而发展。

2 区域中的业务有较多的竞争者，其自身竞争能力弱。对于该部分业务应密切关注，使其能带来尽可能多的收入，但要停止一切资金投入。

4 区域中的业务市场前景差，且竞争力不强，应对其采取分期缓慢退出的策略，以便把收回的资金投入到盈利能力更强的业务中去。

7 区域中的业务竞争能力强但市场前景不容乐观。可行的策略是利用它们的较强竞争能力为其他快速发展的业务提供资金支持。

1 区域中的业务市场前景暗淡且竞争能力较弱，应尽快放弃，把资金抽出来并转移到更有利的业务方向。

三、选择活动方案的决策方法

（一）确定型决策方法

在比较和选择活动方案时，如果未来情况只有一种并为管理者所掌握，则采用确定型决策方法。常用的确定型决策方法有直观比较法、线性规划法、盈亏平衡分析法等。

1．直观比较法

确定型决策中一个方案只有一种确定结果，只要通过比较各个方案的结果状态就可以做出决策。如果可行方案数量不多，方案中变量较少，问题比较直观，每个方案的结果都可以反映出目标的实现程度，就可以通过简单的判断找到最优方案。例如，某企业在现有的资源条件下拟生产一种产品，现有 A、B 两种产品供选择，市场前景都有景气和不景气两种状况。

景气情况下，A、B 产品的月销售量分别是 1 000 件、800 件；不景气的情况下，A、B 产品的月销售量各是 200 件、400 件。决策中追求销售量最大。该企业通过调查分析，非常肯定未来三年市场前景很好，那么，应该选择投产 A 产品。

2．线性规划法

线性规划法是在一些线性模型的约束条件下，求解线性目标函数的最大值或最小值的方法。运用线性规划建立数学模型的步骤是：①确定影响最值的变量；②列出限制条件下的目标函数方程；③找出实现目标的约束条件；④找出实现最优的解。

例：某公司计划在今年同时出售变频空调和智能洗衣机，由于这两种产品的市场需求量非常大，有多少就能销售多少，因此该公司要根据实际情况（如资金、劳动力）确定产品的月供应量，以使得总利润达到最大。已知对这两种产品有直接限制的因素是资金和劳动力，通过调查得到关于这两种产品的有关数据如表 2-1 所示。试问，怎样确定两种货物的月供应量，才能使总利润达到最大，最大利润是多少？

表 2-1　某企业的有关资料

	单位产品所需资金（百元）		月资金供应量（百元）
	空调	洗衣机	
成本	30	20	300
劳动力工资	5	10	110
单位利润	6	8	

这是一个典型的线性规划问题。

第一步，确定影响目标大小的变量。在本例中，目标是总利润 π，影响总利润的变量是空调的供应量 X 和洗衣机的供应量 Y。

第二步，列出目标函数方程：$\pi=6X+8Y$。

第三步，找出约束条件。在本例中，两种产品在每月的成本和劳动力工资总和不能超过对应的月资金供应量，即成本 $30X+20Y\leqslant300$，劳动力工资：$5X+10Y\leqslant110$。

除此之外，还有两个约束条件，即非负约束 X≥0，Y≥0。

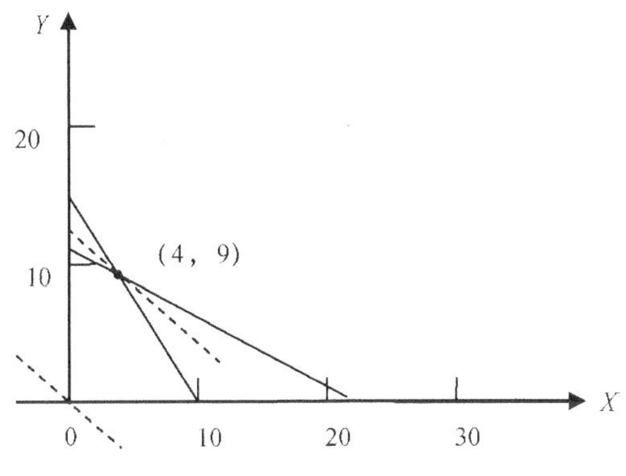

图 2-3 线性规划图

从而线性规划问题成为如何选取 X 和 Y，使 π 在上述四个约束条件下达到最大。

第四步，求出最优解——最优产品组合。通过图解法（见图 2-3），求出上述线性规划问题的解为 $X=4$ 和 $Y=9$，即月供应 4 台空调和 9 台洗衣机，企业的利润最大，此时利润为 9 600 元。

3．盈亏平衡分析法

盈亏平衡分析法又称为量本利分析法或保本分析法，是通过考察产量（或销售量）、成本和利润的关系以及盈亏变化的规律来为决策提供依据的方法。

任何企业的产品成本都由固定成本和变动成本两部分构成。固定成本不随产量变动，产量越少，每件产品分担的固定成本就越高。在竞争市场上，如果单位产品分摊的成本高于市场价格（竞争市场中，产品价格由市场决定）时，企业就会发生亏损。只有当产量达到一定水平时，才能收支相抵。超过这个水平，才能实现盈利。表示产量、成本和收益关系的平面坐标图就称为盈亏平衡图。在应用盈亏平衡分析法时，关键是找出企业不盈不亏时的产量（称为保本产量或盈亏平衡产量，此时企业的总收入等于总成本）。

假设 P 代表单位产品价格，Q 代表产量或销售量，F 代表总固定成本，V 代表单位变动成本。则盈亏平衡点的计算如下：

$P \times Q=F+Q \times V$（销售收入=生产总成本）

根据上式算出的 Q 的具体数值则为保本产量，即盈亏平衡点对应的产量。企业生产的产量大于该产量时，则实现盈利。

例：某快餐店每天的固定成本是 1 000 元，每份快餐的变动成本是 10 元，价格为 20 元。问这家快餐店每天应卖多少份快餐才能保本？

解：设该快餐店的销售量为 Q，每天保本时有

$20 \times Q=1\,000+10 \times Q$

根据上式，解得 $Q=100$，即该快餐店每天应卖出 100 份快餐才能保本。

（二）风险型决策方法

风险型决策也叫随机型决策，是指决策目标明确，决策者对决策方案的自然状态和客观条件比较清楚，但由于未来的不确定性，要实现决策目标又存在一定风险的决策。

常用的风险型决策方法有决策表法和决策树法。

1．决策表法

决策表法是期望值法的一种，是一种根据不同备选方案在不同状态下的损益期望综合值，选择最大收益期望值或最小损失期望值的方案作为最佳决策方案。运用该决策方法时先确定各方案在不同状态下的风险概率，再求期望值。风险概率可以凭借管理者的个人经验或通过分析第二手资料加以估计、测算得到。求期望值可用表格的方法。

例：某公司希望举办一个展销会以扩大市场，选择甲、乙、丙三个地方作为候选会址。获利情况除了会址关系外，还与天气有关。天气可分为晴、阴、雨三种。通过天气预报，估计三种天气情况可能发生的概率为 0.2、0.5、0.3，其收益（单位：人民币万元）情况见表 2-2。现通过分析，确立会址，使收益最大。

表 2-2 自然收益情况表 单位：万元

方案 \ 收益 \ 概率 \ 自然状态	天气情况		
	S_1（晴）	S_2（阴）	S_3（雨）
	P_1=0.2	P_2=0.5	P_3=0.3
A_1（甲地）	4	5	1
A_2（乙地）	5	4	1.5
A_3（丙地）	6	3	1.2

在表 2–2 中，A_1、A_2、A_3 分别表示可选的三种行动方案，S_1、S_2、S_3 表示可能遇到的三种自然状态，P_1、P_2、P_3 表示各自然状态发生的概率。根据题意，决策目标是收益最大，所以计算出各方案的期望值，选择期望收益值最大的方案作为最佳方案。假设期望收益值用 E 表示，具体计算如下：

$E(A_1)=4\times0.2+5\times0.5+1\times0.3=3.6$（万元）

$E(A_2)=5\times0.2+4\times0.5+1.5\times0.3=3.45$（万元）

$E(A_3)=6\times0.2+3\times0.5+1.2\times0.3=3.06$（万元）

显然，$E(A_1)$ 的值最大，所以选择在甲地办展销会。

2．决策树法

决策树法在风险型决策中最具代表性，是用树状图来描述各种方案在不同情况（或自然状态）下的收益，据此计算每种方案的期望收益从而做出决策的方法。

决策树法的基本步骤如下。

（1）绘制决策树图。图形自左向右展开。绘图的过程是拟定各种方案的过程，把拟定好的各方案及每一方案的自然状态和出现的概率标于图上。

（2）计算期望损益值。根据决策树图中的有关数据，计算各方案的期望值并将其标于该方案对应的状态结点上。

（3）进行剪枝决策。比较各方案的期望收益值，从中选取收益值最大的方案，并将其余的备选方案剪掉，最终留下来的那条贯穿始终的方案枝表示的方案即为最佳方案。

在决策树图中，矩形结点称为决策结点，从决策点引出的若干条树枝表示若干种方案，称为方案枝。圆形结点称为状态结点，从状态点引出的若干条树枝表示若干种自然状态，称为状态枝，如图 2–4 所示。

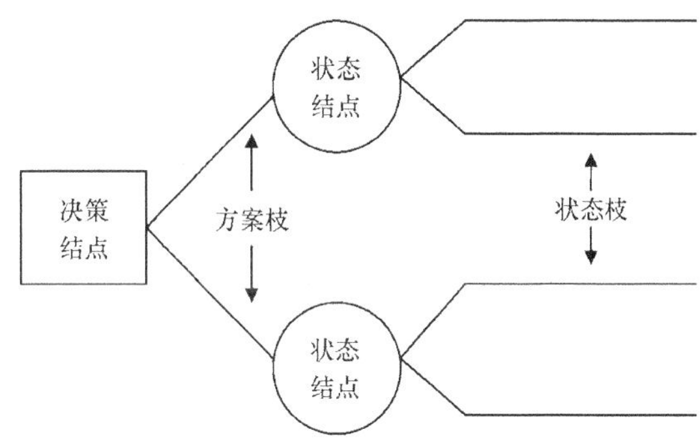

图 2–4 无表示概率的决策树图

下面通过举例来说明决策树法的原理和应用。

例：假设有一项工程，施工管理人员需要决定下月是否开工。如果开工后天气好，则可为企业创收 4 万元，若开工后天气不好，将给企业造成损失 1 万元，不开工则损失 1 000 元。根据过去的统计资料，下月天气好的概率是 0.3,天气坏的概率是 0.7。请采用决策树法进行决策。

（1）由题意可绘制出决策树图（见图 2–5）。

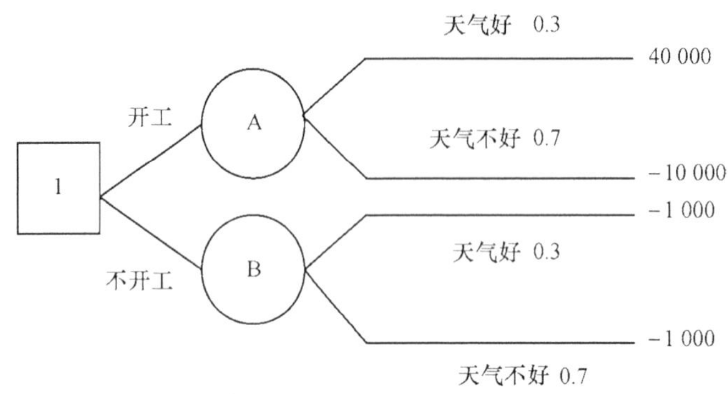

图 2-5 某企业施工管理决策图

（2）计算方案的收益期望值（*E*）。

E（开工）=40 000 × 0.3+(–10 000) × 0.7=5 000

E（不开工）=(–1 000) × 0.3+(–1 000) × 0.7=–1 000

（3）对决策树图剪枝。

由上可知，开工的期望收益大于不开工的期望收益，所以将不开工的方案枝剪掉，该企业应选择开工方案。

（三）不确定型决策方法

不确定型决策，是指决策者无法确定未来各种自然状态发生概率的决策问题。常用的不确定型决策方法有小中取大法、大中取大法、 最小最大后悔值法和等可能性法等。

1. 小中取大法

小中取大法也叫作悲观决策法。决策者认为有关条件很不利，很难取得最理想的效果，所以，选择方案时应从每一方案的最坏处着眼。该法的具体做法是找到每一方案中各种状态下的最小收益值，选取这些最小收益值中最大值所对应的方案，该方案即为决策方案。

例：某企业开发新产品，经过预测市场需求分为高、中、低三种自然状态，概率很难预知。共有三种方案可供选择，A 方案为技术改造，B 方案为购置新设备，C 方案为用现有的设备制造。新产品生产 5 年，所获收益值如表 2–3 所示。

在例中，A 方案的最小收益为–5 万元，B 方案的最小收益为 5 万元，C 方案的最小收益为 15 万元，经过比较，C 方案的最小收益最大，所以选择 C 方案。

表 2-3 决策收益表 单位：万元

方案 \ 收益 \ 自然状态	需求量高	需求量中	需求量低
A 方案	105	70	–5
B 方案	80	55	5
C 方案	90	52	15

2．大中取大法

大中取大法又称乐观决策法，决策者对客观情况持乐观的看法，认为未来会出现最好的自然状态，因此不论采取哪种方案，都能获取该方案的最大收益。采用大中取大法进行决策时，首先预测各方案在不同自然状态下的收益，找出并比较各方案所带来的最大收益，选择这些最大收益值中较大的值所对应的方案作为决策方案。

在上例中，根据表 2–3，A 方案的最大收益为 105 万元，B 方案的最大收益为 80 万元，C 方案的最大收益为 90 万元。经过比较,A 方案的最大收益最大，所以选择 A 方案。

3．最小最大后悔值法

在选择了某方案后，如果将来发生的自然状态表明其他方案的收益更大，那么决策者会为当时没有采用另外的方案而后悔。后悔的程度定义为后悔值。为了将来少些后悔，决策者决定以后悔值作为决策准则。最小最大后悔值法就是使后悔值最小的方法。采用这种方法进行决策时，首先应计算出各方案在各自然状态下的最大收益值；进而计算出后悔值，即每一状态下最大收益值与同一自然状态下各方案的收益值（包括最大收益值本身）的差额；然后确定每一方案的最大后悔值并进行比较；最后选择最大后悔值中最小的方案作为所要的方案。

在上例中（见表 2–3），根据最小最大后悔值法的原理得出表 2–4。

表 2-4 各方案后悔值表 单位：万元

方案 \ 自然状态	后悔值			最大后悔值
	需求量高	需求量中	需求量低	
A 方案	0	0	20	20
B 方案	25	15	10	25
C 方案	15	18	0	18

从表 2–4 可知，最小最大后悔值为 18，所以选择 C 方案。

4．等可能性法

等可能性法的假设前提是，各种自然状态发生的概率是未知的，又不能认为某一种状态出现的可能性比其他状态大。因此，可以假设为每种自然状态出现的概率一样。这样，不确定型决策就转变成了风险型决策，可比较各方案的期望值来进行决策分析。

案例分析

案例一　1号店于刚：决策速度对成败影响不亚于决策质量

计算机的发明尤其是互联网的出现让决策速度的重要性更为凸显。互联网时代的特征是信息量更大，传播更快，信息传播方式和渠道更多，竞争更激烈，产品更新换代更频繁，顾客个性化需求更强。总而言之，市场瞬息万变，我们每天面临更多的决策和机会。

传统的决策科学的运用过程为，搜集原始数据，进行过滤和分析，确定决策目标和约束条件，建立决策优化模型并求解，用得到的结果去支持决策。这个决策机制基于一个非常重要的假设，即我们有足够的时间去做这一切，而往往这个假设是极为奢侈的。

决策的质量是否重要呢？毫无疑问！可如果因为需要大量的分析和讨论来得到最优的决策，在执行决策时发现机会已不再，时过境迁，那这种高质量的决策又有何作用呢？

我以前给航空公司研发的实时运营控制系统就是一个典型的例子。当一个航班被取消时可以有多种方案去解决，比如说调换飞机，修改航班，将顾客分配到其他的航班去，等等，要综合考虑顾客满意度和成本。若决策缓慢则很多机会都会错过，比如本来可以调换飞机的，可拖的时间太长本来可用的飞机已经起飞了。

我们当时在设计系统时把决策速度作为一个极为重要的因素，将决策过程简化，做大量的数据的预处理和预案，用近似的方法求解（限制在几十秒内）而不要求最优，提供多种方案供比较。所有这些使得我们的系统超越了其他的竞争对手而得到了客户的认可，且被多家美国大型航空公司使用，成为业界的标准。

电子商务行业虽然大多不是实时决策，但时间的紧迫感，使得很多具有战略性的决策也要很快做出。好的商务模式很快就会被复制，有规模、有实力、有系统开发能力、有基本商业模块的企业的进入会让一个好的想法马上社会化，而让你的创意的价值大减。

举两个快速决策让我们受益的例子。三年前我们受一个美国商务模式的启发，该模式每天推出一个深度折扣的商品，吸引了大批的顾客来看，黏性极强。我和搭档刘峻岭在上班的路上做出了决策，马上召集相关部门开会，迅速开发、组货、设计市场推广方案，当晚上线“每日一款”，成为1号店的招牌。

去年我在微博上看到Tesco在韩国地铁站推出Virtual Store的创意，并获得嘎纳广告节大奖。第二天我们组织讨论，觉得非常契合1号店的网上超市的概念和我们刚上线的掌上1号店的推广，决定尝试。但细细考虑发现这个项目非常复杂，任务繁多，快速推出几乎不可完成。首先要开发系统识别二维码，商品需要重新拍照以提高立体感和清晰度，需要和媒体谈广告位的档期，需要精选商品和决定价格，需要虚拟超市广告的设计和制作，等等。团队提出至少要几个月的时间准备，我们感受到了时间的紧迫并决定在三个星期内推出，并制定了详细的执行计划将广告的档期定在三周后。

我们团队靠强大的执行力将这个项目如期完成并在北上广推出。上线后我们的媒体关注度提升了四倍，品牌关注度提高近三倍，掌上1号店的订单量也提高了两倍多。我们将这种模式取名为“无限1号店”，谐音为wireless也表达boundless之意。在《我愿意》电影中的植入也吸引了大众的眼球，为1号店打响了品牌。

总之，在决定决策成效的因素中，不要忘了决策速度往往成为关键。再正确的决策若没有及时执行也会丧失战机而变得毫无价值。

资料来源：企业管理世界网，http://www.jakj.com.cn/guandian/25605.html.

问题

1. 在互联网时代，有效决策的决定因素有哪些?
2. 一号店决策中，是如何实现快速决策的?

案例二 张瑞敏：海尔在互联网时代的战略创新

彼得·德鲁克（Peter F. Drucker, 1909—2005）有句名言："企业的目的只有一个正确而有效的定义，那就是创造顾客。"海尔之所以有竞争力，就是因为守住了"永远为用户创造价值"这一方向没有偏移。

1984 年 12 月 26 日，我们来到小白干路上的青岛电冰箱总厂创业。当时的冰箱厂亏空 147 万元，产品滞销，人心涣散。在过去的 28 年，海尔经历了四个发展阶段：名牌战略（1984—1991 年）、多元化战略（1991—1998 年）、国际化战略（1998—2005 年）、全球化品牌战略（2005—2012 年）。如今海尔要迎来第五个发展阶段，我将它称为网络化战略阶段。

（一）探索战略的历程

28 年来，不管在什么战略阶段，海尔的战略思路一直有一条主线，那就是永远为用户创造价值。彼得·德鲁克有句名言："企业的目的只有一个正确而有效的定义，那就是创造顾客。"海尔之所以有竞争力，就是因为守住了"永远为用户创造价值"这一方向没有偏移。人类经历了农业经济、工业经济、服务型经济为主导的时代，现在人们强调体验经济。所谓体验经济，就是用户可以在虚拟网上随时随地享受到自己可以享受的体验。时代在变化，海尔的战略要跟随时代进行调整。在 1984 年到 2005 年三个战略阶段，海尔的管理方式还是传统经济的思路，即遵循的基本理论是分工理论，生产方式以生产线为主，组织管理以科层制为主。在全球化品牌战略阶段（2005—2012 年），海尔向互联网时代的企业转型，人单合一双赢模式就是为了这次转型而产生的。如今，海尔要做的是，坚定不移地在互联网时代把人单合一双赢模式做好。

在名牌战略（1984—1991 年）阶段，我们抓住改革开放的机遇，以"要么不干，要干就干第一"的观念，为当时的用户提供高质量产品。抓住改革开放机遇的企业很多，但以这种观念做事的企业并不多。很多企业认为引进设备后，产品质量已经提到很大提升，面对供不应求的市场状况，只管生产和销售就可以了。但我们没有这样想，而是为用户提供他们最想得到的高质量产品。1985 年的"砸冰箱"事件是为了唤醒海尔人的质量意识。当时人们认为产品出现一点问题是正常的，而且以为只要引进了先进技术，产品就没有质量问题了。这是错误的观念。先进的技术和设备是必要条件，但人才才是充分条件，是关键因素。所以我们提高人才素质，走与同行差异化的道路。在市场认可方面，海尔在 1988 年获得了冰箱行业第一枚金牌，1990 年获得国家质量管理奖，1991 年获得全国十大驰名商标称号；在管理方面，海尔于 1990 年获得企业管理金马奖，同时推动自主管理班组，与今天的自主经营体一脉相承。在这一阶段，海尔每年的营业收入复合增长率平均为119%，每年的利润环比增长率平均为80%。

在多元化战略阶段（1991—1998年），我们抓住邓小平南方视察讲话的机遇，兼并其他企业，并建设海尔工业园。在此之前，海尔只生产冰箱，而从这时开始，海尔要制造多元化的、高质量的产品。通过兼并，我们进入了很多领域（洗衣机、电视机、空调等）。但进到很多领域只是手段，目的还是为用户提供高质量的白电产品和服务。很多企业还在抓质量，我们提出星级服务，更往前走了一步。按照"吃休克鱼"的方式，海尔兼并了18家企业，创出一条靠企业文化取胜、将人的因素放在第一位的兼并道路。当时我们提出口号"多换思想少换人，不换思想就换人"，注重提高人的素质，改变人的观念。当时海尔的多元化战略受到攻击，但我觉得问题不在于专业化还是多元化，本质在于能不能为用户提供一个高质量产品和服务的体系。在市场方面，我们建成了全国第一个家电工业园；在管理方面，我们的"日清管理法"于1995年获得国家管理一等奖。如果没有日清日高的基础，人单合一也很难做起来。在这一阶段，海尔每年的营业收入复合增长率平均为56%。

在国际化战略阶段（1998—2005年），我们抓住了中国加入WTO的机遇，以出国创牌而非出口创汇的观念确定了我们的定位，目标是为用户提供价值。要实现这一战略，海尔采取了两个举措，分别是在美国南卡建厂和并购意大利工厂。这两个举措受到了很大争议，但被记者认为愚蠢的决定被实践证明并不愚蠢。我们的南卡工厂很好地满足了美国当地消费者的需求，我们的意大利工厂则满足了欧洲市场的需求。在市场兼并的过程中，我们发现了自己在国际化方面的巨大差距，所以我们要提高海尔人的素质，成为国际化的人才，通过这些人才推进海尔的国际化战略实施。当时的一些同行企业宁可在国内喝汤也不到国外啃骨头，而海尔认为要与狼共舞就得成为狼。从市场角度看，海尔在这七年建立了18个海外市场、17家营销公司、9个研发中心；在管理方面，海尔市场链再造的管理案例于2000年被瑞士洛桑商学院收录。"人人成为SBU"是那时候提出来的，是要让每个人都成为一个盈利的单位，这是人单合一的前提。在这一阶段，海尔每年的营业收入复合增长率平均为27%。这种下降很重要的原因是受国际市场的影响。通常的规律是，如果要在母国之外的国家创造本地化的名牌，往往需要经历八年的赔付期，海尔也没有冲破这种规律。

在全球化战略阶段（2005—2012年），我们抓住了互联网时代的机遇，观念上从原来的大规模制造转变为现在的满足用户个性化需求，目标是创造用户满意体验，为全球用户提供引领潮流的白电体验。在同行还在打价格战的时候，我们推动基于零库存的即需即供，建立社区店，配以三专店体系，走出了一条以用户个性化需求为核心的道路。推行即需即供的时候，一线销售人员很排斥，说这样更卖不掉产品了。这样我们就停下来，倒逼整个体系去满足用户的个性化需求。在同行还在依赖连锁店时，我们建立社区店、三专店，直接面对客户，直接满足用户需求。从市场角度看，海尔建立了五大研发中心，是平台型的研发中心。之前的9个研发中心还是靠自己的力量来研发，现在则是整合力量，就如同《宏观维基经济学》所说的"世界就是你的研发部"，平台可以让信息增值。原来的研发中心是高能力的研发人员决定了研发能力，现在是能整合到的资源共享决定了研发能力。另外，我们收购了三洋白电、新西兰斐雪派克两个资源，形成引领白电的必要条件。从管理角度看，人单合一双赢管理模式已经成为世界多家商学院的案例，但还需要更成熟，成为可以向每个方面推进的商业模式。在这一阶段，海尔每年的营业收入复合增长率降到了很低，但每年的利润环比增长率达到了 32%。这可以看作人单合一双赢管理模式的成效，因为每个人的价值都体现在他们为用户创造的价值上了。

在新的战略阶段，我们探索与确立网络化战略，是希望利润和营业收入都以网络化的速度倍速增长。回顾我们的战略历程，看到不变的思路（永远为用户创造价值）与随时代变化的战略，也许更有利于我们认识新的战略阶段。

（二）网络化战略的要义

在第四个战略阶段，我们的人单合一新模式的基础与运行都体现了互联网的影响。在第五个战略阶段，我们要继续坚持这条思路。国内外的专家对我们的建议也都聚焦在网络化上。我们需要认识网络化的市场，做网络化的企业。

网络化的市场首先表现为用户的网络化。过去的用户需求可以细分，可以主导，但是在网络化的社会，信息不对称的主动权到了用户手里，用户表达的诉求多种多样。企业成为追随用户需求的角色，要跟得上用户点击鼠标的速度。这就要求企业建立网络化的营销体系。里夫金（Jeremy Rifkin，1945—）在《第三次工业革命》中说，第三次工业革命是个人化生产的革命，将来的企业组织形式是分散型加合作型。我认为，现在的营销体系就是分散型加合作型：所有的网店都是分散的，无数个网店形成一个巨网（比如支付网络、配送网络），极其分散又高度合作。互联网时代就是精细制造，精准营销。网购的价格非常低廉，可能是实体店的 50%到 70%，但是快递又可以精准快捷地配送，完全颠覆了传统模式。这是真正的分散型加合作型，和传统的大型购物商场完全不同。

为了适应网络化的用户和营销体系，企业必须转型。我觉得“物是人非”可以描述这种改变，物还是原来的产品，人（指外部的用户和内部的员工）则变了。在外部，用户与企业的关系经历了从“一对一”到“一对多”，再到“多对多”的转变。工业经济社会以前，用户和企业（作坊）之间是一对一的关系，那时讲“酒香不怕巷子深”，因为口碑要一个一个传；在工业社会，一个企业强力发布广告，用户都来听，是企业主导用户；在互联网时代，企业需要听从用户的要求，原来是企业的广告决定用户的选择，现在是用户的选择决定企业的存亡。在内部，员工开始主导企业。用户的个性化需求要靠员工去满足，如果组织再依照之前的正三角思路运行，领导做完决策一级级传达下去，根本行不通。日本企业执行力非常强，他们的文化是“唯尊是从”，上级布置的任务一定坚决完成。但这样的执行与市场是有距离的，因为执行上司意志并不等于满足用户需求，所以必须依靠员工去创造性地满足用户的个性化需求。

企业该怎么应对这种“物是人非”的局面？我认为，必须从组织、资源和用户资源三方面来做网络化的企业。从组织来说，我们的组织结构从原来的正三角转变为倒三角，又从倒三角转变为扁平化的、各节点形成闭环的网络组织。原来的一级、二级自主经营体完全为了同一个目标融合到一起，加上合作方、分供方，共同组成了网络化组织，用菲利浦 · 科特勒（Philip Kotler，1931—）的话说就是“同呼吸共命运的有机体”。同时，还有一个平台型的团队，按单聚散。在资源方面，网络化的组织要能形成一个平台，目的就是要去获取网络化的资源。资源在网络上是向所有人开放的，但获取的路径则要看个体的努力，看能不能与资源形成利益攸关方。美国的互联网作家克莱 · 舍基（Clay Shirky，1964—）写过两本书：《未来是湿的》体现了无组织的组织力量，“占领华尔街”的群众运动就是一例；《认知盈余》体现的是无组织的时间力量，体现为网络化的资源。资源是没有人管的，比如全球一流的设计资源、模块供应商资源、营销资源等等，并不专属于你，但是，只要你有目标、有方向，他有兴趣，他就会把时间贡献给你。你们可能因为一个单而聚，所以如何获取这些网络化的资源是组织要解决的非常重要的问题。而最终检验它的，就是用户。在用户资源方面，关键要把原来的内部考评标准变成由用户考评。在 1169 经营体，物流配送承诺用户 24 小时限时送达，超时免单。免单的钱并不是公司出，而是责任人出，这本质不是叫员工赔钱，而是倒逼回来找到体系的问题，让体系完全符合用户个性化的需求。

理解网络化的企业战略还应当注意三个“无”：企业无边界；管理无领导；供应链无尺度。

1. 企业无边界

科斯（Ronald H. Coase，1910—）在《企业的性质》中说，企业为什么要成为企业？是为了使交易成本最小化，否则就没有必要组成企业。这也是科斯定律，是说企业是有边界的，当内部管理费用大于外部交易成本时就应该缩小边界，当内部管理费用小于外部交易成本时就应该扩大边界。在互联网时代，希图颠覆科斯定律的威廉·纳尔·逊乔伊（William Nelson Joy）提出了乔伊法则，认为大多数的聪明人都在为他人工作，意思是说大多数的聪明人都不在你公司的内部。海尔下一步要走的路，就是把平台型团队按单聚散做好，汇聚全球最一流的资源，就可以把企业边界做得很大，可以比别人干得好。平台型团队最后的结果应该是动态优化的利益共同体，所谓动态优化，就是要按单不断优化，要使得交易成本最小，利益最大。

2. 管理无领导

前些日子美国晨星公司来海尔交流管理经验，他们的口号是“消灭一切经理人”。传统组织是马克斯·韦伯（Max Weber，1864—1920）的科层制，认为企业一定要领导，并且有多级领导，如上层领导、中层领导、基层领导等。韦伯的科层制统治了全世界企业管理差不多两百年的工业经济。现在，互联网颠覆了领导的概念。用户是领导，用户说了算。我们正在探索的人单合一的驱动机制就是为了响应这一点。人就是员工，单就是用户，把员工和用户结合起来的是自主经营体。自主经营体就像一个个自治的小微公司，目的是赋予其最大的自主权，形成做更多决策的、更快的反应能力，最后做到人单自推动。管理无领导，就要靠充满活力的机制、平台，从而形成自组织的、动态优化的人单推动。《易经》第一卦说潜龙勿用，见龙在田，飞龙在天，最后的最高境界是群龙无首。群龙无首在中国成语里可能是贬义词，但这是一个最高境界——没有人来发号施令，但每条龙都会治水，每条龙都各司其职。每个自主经营体都应该是一条龙。

供应链无尺度、企业无边界和管理无领导是我根据目前形势的发展总结，供应链是借用的。这是《长尾理论》作者克里斯·安德森（Chris Anderson，1961—）在新书《创客》里提出的概念，他认为无尺度的供应链可以满足大众和小众的需求。传统时代的生产模式是大规模制造，互联网时代是大规模定制。现在海尔探索的就是按需设计、按需制造、按需配送的体系，这是最高的境界。但我们现在还达不到，我们的境界还是大规模定制，但在第五个战略阶段，我们必须考虑按需定制，因为 3D 打印真正发展起来后，用户可以自己做设计，完全可以把厂商甩开。

3. 执一不失，能君万物

在我们的网络化战略中，网络组织最终的基座是海尔的文化。观念不对，文化不对，战略就行不通。我们的文化中心推出了“金锤奖”，其含义是“执一不失，能君万物”，这是春秋时期《管子》里的话，后面还有一句：“君子使物，不为物使，得一之理”。这个“一”就是我们的战略，是不能动摇的。路径可以迂回，但最后一定要达到目标。荷兰哲学家斯宾诺莎（Baruch de Spinoza，1632—1677）说过：“如果你想，就可以找到一个办法；如果你不想，就会找一个借口。”是找办法去完成，还是找借口去推诿，前提都取决于有没有这个“一”。我们所有人都应该思考：“我自己的目标到底是什么，我怎么去满足用户的需求？”

思路清楚之后，就要寻找实现战略的路径，找到实现战略的正确路径，才是做正确的事。就像竞争战略之父迈克尔·波特（Michael E. Porter，1947—）指出的，用数字表示一个目标，这不是战略，用差异化的路径去实现目标才是战略。泛泛提出“做全球第一”、“做全行业第一”的目标并不是战略，只有找到一条别人找不到或者做不到的差异化路径才是战略。找到路径后，还要意识到，实现战略目标不是一蹴而就的，可能会遇到很多曲折。《管子》提到：“千里之路，不可直以绳。”意思是说，走一条千里路，不可能像绳子一样笔直，可能有许多弯路。我们创业也是这样，有很多试错的过程。我们到国际市场上去，通过缝隙战略，用小冰箱、小洗衣机慢慢进去，然后再到主流市场竞争，“走出去，走进去，走上去”就是一个不断试错的过程。但在这个过程中，我们的目标坚定不移，就是创牌。

网络作家们提出，网络化世界遵循的法则是网络的个体化，个体的网络化。所谓网络的个体化是指网络会使每个人都体现自己的价值，每个人都可以发布、发声、编辑、创作；而个体网络化是指每个人所做的一切都必须借助网络才能够发挥作用。这是必然的趋势，又是我们今天做网络化战略的必要条件，是我们达到目标的必要条件，而我们的目标就是希望通过网络化战略真正使我们每个人都成为自己的CEO。

资料来源：中国企业家网，http://www.iceo.com.cn/renwu2013/133/2013/0527/267330.shtml.

问题

1. 你认为海尔在不同时期制定战略决策时会考虑的因素有哪些?

2. 你认为海尔网络化战略决策的内涵是什么?

实践训练

分析某零售企业的促销决策

1. 实训项目

选择一个熟悉的零售企业，分析一项现在正在实施的促销决策。

2. 实训目的

通过收集、整理资料，具体分析促销决策，加强学生对决策理论的掌握程度，提升学生解决实际问题的能力。

3. 实训内容

（1）通过网络或实地考察等方式，深入了解某一个零售企业正在实施的促销决策。

（2）通过与企业相关人士交流和自身的观察，了解促销决策做出的背景、决策方法等。

（3）结合促销决策实施的效果，运用决策相关理论，就促销决策提出建议。

4．实训组织

（1）对班级同学按一定形式分组，小组成员以 3 到 4 人为宜。

（2）各组同学通过各种途径深入了解企业，尽量取得与企业的联系，以便了解的信息更为真实详细。

（3）各小组全过程跟踪促销决策的实施并做记录。

（4）各小组详细记录实践训练的全过程。

5．实训考核

（1）每个小组上交一份实训报告和一份全过程记录材料。

（2）根据每组上交的材料，分 A、B、C、D 四个等级进行评定。

本章小结

1. 决策是为了实现一定的目标，提出解决问题和实现目标的各种行动方案，依据评定准则和标准，在多种备选方案中，选择一个方案进行分析、判断并付诸实施的管理过程。

2. 决策遵循的是满意原则而非最优原则。

3. 决策按不同的标准分为不同的类型，主要有长期决策和短期决策，战略决策、管理决策和业务决策，程序化决策和非程序化决策，确定型决策、风险型决策和不确定型决策等。

4. 决策理论主要分为古典决策理论、行为决策理论和当代决策理论。

5. 决策主要有辨别和确定决策问题，确定决策目标，拟定备选方案，评价和选择方案，实施方案，监督和控制等六个步骤。

6. 决策受环境、过去的决策、决策者的素质与风格、组织文化以及时间等因素的影响。

7. 集体决策方法包括头脑风暴法、名义小组技术法和德尔菲法等；确定经营活动方向的决策方法主要有波士顿矩阵图法、政策指导矩阵等；选择活动方案的决策方法包括确定型决策方法、风险型决策方法和不确定型决策方法三大类。

复习思考题

1. 决策的定义？决策的类型有哪些？

2. 决策为什么遵循的是满意原则而非最优原则？

3. 决策的影响因素有哪些？

4. 头脑风暴法该怎么应用？

5. 波士顿矩阵图法的两项指标是哪两项？把企业的业务划分成几种类别？每种类别应该选择怎样的活动方向？

6. 行为决策理论的代表人物是谁？主要观点是什么？

7. 简述决策树法的基本步骤。

第三章 计 划

学习目标

通过本章的学习，了解计划工作的特征和类型，掌握计划编制的流程和常用的方法，熟悉目标管理的实质和步骤，理解计划工作在生产、生活中的重要性。

引入案例

宋朝时，有一次皇宫发生火灾，一夜之间，大片的宫殿、楼台变成了废墟。为了修复这些宫殿，皇帝派了一位大臣主持修缮工程。

当时，要完成这项修缮工程面临三大问题：①需要把大量废墟垃圾清理掉；②要运来大批的石料和木料；③要运来大量新土。不论是运走废墟还是运来新的建筑材料抑或新土，都涉及大量的运输问题。如果安排不当，施工现场会杂乱无章，正常的交通和生活秩序都会受到严重影响。

这位大臣经过研究后制定了这样的施工方案：首先，从施工现场向外挖若干条大深沟，把挖出来的土作为施工需要的土备用，这就解决了新土的问题；然后，从城外将汴水引入深沟中，这样可以利用水排或船只运输石材和木材，于是就解决了木材石料的运输问题；最后，等到材料运输任务完成后，再把沟中的水排掉将工地上的废墟垃圾填入深沟，使深沟重新变为平地。步骤简单归纳起来，就是这样一个程序：挖沟（取土）、引水入沟（水道运输）、填沟（处理垃圾）。

按照这个方案，不仅使整个修缮工程节约了很多时间和经费，而且工地井然有序，城内的交通和生活秩序并没有受到太大影响。

这个小故事告诉我们，管理者在制定执行计划时，一定要综合考虑现有资源的特点与相互联系，以实现资源间的相互配合、相互支持。良好的执行计划，是以最小的执行成本取得最优的执行效果。

第一节 计划的特征及类型

一、计划的含义

计划是根据环境的需要和自身的特点，对组织在未来一段时间内的目标及实现途径的策划与安排，是通过计划的编制、执行和监督来协调组织中各类资源以顺利实现组织目标的过程。

在日常生活中，人们在两种意义上使用“计划”一词：①作为动词时，表示一种特定的行为。即对各种组织目标的分析、制定和调整，以及对组织实现这些目标的各种可行方案的设计等一系列相关联的活动。②作为名词时，表示上述计划行动的成果，包括各种明确的书面化的使命、目标、战略、政策、战术和预算等。

二、计划的特征

计划是对组织未来的规划，而未来具有很多的可能性，因而决定了行动计划具有以下特征。

（1）面向未来。组织的使命、愿景、战略目标等的表述表明成立组织是为了未来发展得更好。组织为了未来的发展，需要确定具体的发展方向和寻求最佳路径。尽管未来有很多的不确定性，但是通过计划，还是可以对未来的不确定性加以一定的控制。

（2）风险性。由于未来很多环境的变化无法准确预测，计划本身也存在风险。

（3）领先于管理的其他职能。组织目标的实现需要计划、组织、领导、控制等各方面管理活动的支持，但计划工作需要放到其他管理职能实施之前，它牵涉到整个组织要达到的目标。在管理活动中，要使其他管理职能发挥作用，都必须先做好计划。

三、计划的主要内容和层次体系

（一）计划的主要内容

计划的主要内容可以用“5W1H”来表示。①Why——为什么，即为什么需要这项行动，明确计划的目的和原因；②What——做什么，即需要什么样的行动，明确所要进行的活动内容和要求；③When——何时做，即何时行动，规定计划中各项工作的开始和完成时间，以便进行有效的控制；④Where——何地做，即在何地实施这项行动，规定计划实施的地点或场所，合理安排计划的实施空间；⑤Who——谁去做，即谁负责这项行动，明确实施计划的部门和人员；⑥How——怎么做，即如何行动，制定实现计划的措施以及相应的政策和规则。

（二）计划的层次体系

计划可以分为使命、目标、战略、政策、程序、规则、方案和预算等，这些构成了计划的层次体系，如图 3–1 所示。

（1）使命或目的。组织的使命或目的是指组织为何存在，它是组织的最根本任务。使命反映了组织管理者对组织性质和活动特征的认识，是组织制定和实施战略的依据。例如 IBM 的企业使命是“无论是一小步，还是一大步，都要带动人类的进步”；TCL 的企业使命是“创造科技，共享生活”。

（2）目标。目标是指组织各项活动的目的或结果，是组织所期望实现的成果。目标有企业的总目标，也有各部门的分目标。例如某企业的总目标是每年取得 20%的净销售增长率，该企业的各产品部门和职能部门为实现这一总目标而制定各自的具体分目标。

（3）战略。战略是指组织着眼于未来，为完成组织目标，根据所处的外部环境和内部条件而制定的长远性、全局性的谋划、方案和对策。战略涉及组织整体大局和资源的配置，如市场的选择、投资方向的确定、竞争方法的选用等都属于战略性的计划。

（4）政策。政策是指导管理活动的一些纲领和方针。政策也是一种计划，它是用于指导决策的文字说明。例如某公司的激励政策指导着激励方式的选用。

（5）程序。程序指的是行动活动的具体步骤和顺序。例如某企业招聘新员工需要遵守企业制定的招聘程序计划，而采购原材料又该按照企业的采购程序进行。

（6）规则。规则是处理问题的准则或制度，如对于上班迟到的处理规则等。

（7）方案。方案指的是某一行动活动的具体目标、实施步骤以及任务分配等。在制订方案时，往往需要准备多种备选方案以便应对不同情况的发生。每一种方案都有其约束条件和实施的理由。

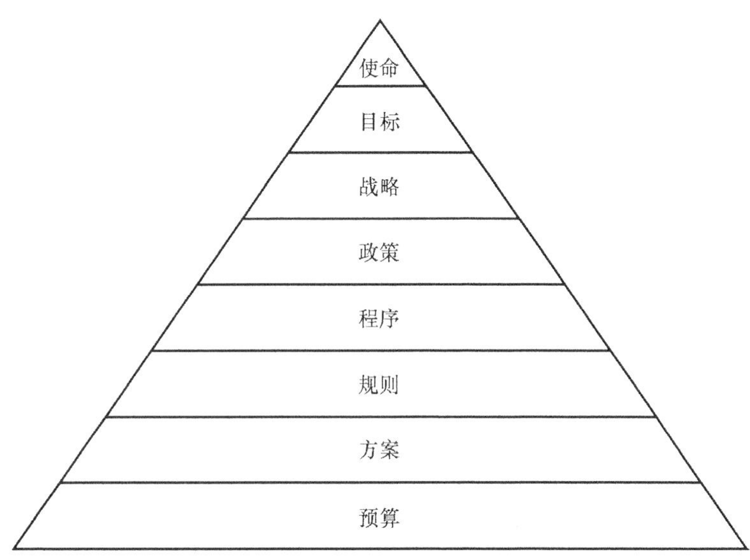

图 3-1　计划层次体系图

（8）预算。预算是量化的计划，是用数量或金额表示的一种数字化计划。预算有很多种，包括业务预算、专门预算和财务预算等。

四、计划的类型

对计划工作类型的划分有利于更深入地理解计划工作的实质，有利于分析和掌握计划工作的规律和方法。依照不同的划分标准，计划可以分为不同的类型，具体主要有以下几种。

（一）按照计划的期限划分

按照期限划分可将计划分为长期计划、中期计划和短期计划。按照一般的习惯，人们通常把五年以上的计划称为长期计划，一年以内的计划称为短期计划，一年到五年的计划称为中期计划。

（二）按照计划的表现形式划分

根据计划的表现形式的不同，可将计划分为正式计划和非正式计划。正式计划是指通过环境分析、目标确定、方案选择以及计划文件编制这一系列工作步骤的完整过程而制定的一套计划书。正式计划的制订以决策为核心内容。非正式计划是指尚未成熟的、具有试探性的目标，结果还不能预先把握的计划。它可能只是蕴含在某些人脑海中的。

（三）按照计划对组织的影响范围和程度划分

根据计划对组织的影响范围和程度，可将计划分为战略计划和战术计划。战略计划是指关于组织总体目标和寻求组织在环境中的地位的计划。战略计划相对来说，时间跨度长，涉及范围广，内容概括、抽象，不要求直接的可操作性。战术计划是为了实现战略计划，就有关组织活动如何具体运作做出的计划。战术计划主要用来规定组织目标如何实现的具体实施方案和细节，其涉及的时间跨度短，覆盖范围窄，内容具体，明确，要求可操作。战略计划和战术计划关系可用图 3-2 表示。

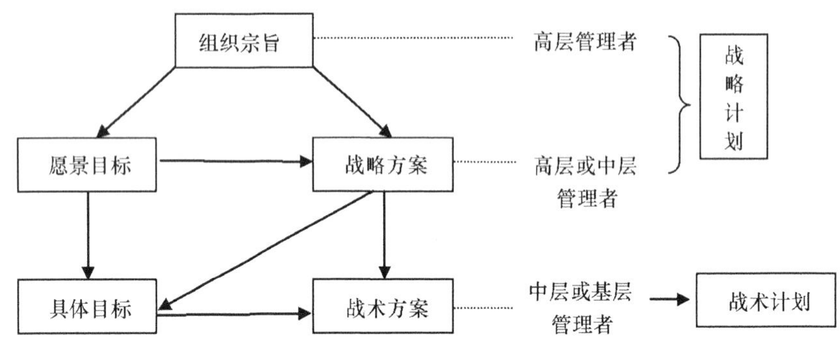

图 3-2　战略计划与战术计划

（四）按照计划的明确程度划分

根据计划的明确程度，可以将计划分为指导性计划和具体性计划。指导性计划只规定一些一般性的指导原则，指出行动的方向和重点，不限定具体的目标和行动方案。具体性计划则具有明确规定的目标和一套可行的操作方案，不存在模棱两可。组织可以根据不同的情境，选择制订这两种不同类型的计划。

除上述分类，还可以按计划的组织层次不同，将计划分为高层管理计划、中层管理计划和基层管理计划。另外，按照组织的职能业务划分，又可以将计划分为生产计划、营销计划、财务计划、人事计划等。

计划的分类可概括为表 3-1。

表 3-1　计划的类型

划分依据	计划工作的类型
期限长短	长期计划、中期计划、短期计划
表现形式	正式计划、非正式计划
对组织的影响范围、程度	战略计划、战术计划
明确程度	指导性计划、具体性计划
组织层次	高层管理计划、中层管理计划、基层管理计划
组织职能业务	生产计划、营销计划、财务计划、人事计划等

五、计划的作用

计划在管理工作中有以下重要作用。

（1）明确组织成员的行动方向和方式，协调组织活动。计划为组织从现实过渡到目标状态提供事先安排，组织成员能够从计划中了解组织目标并清楚自身需做作出的贡献，从而更好地协调各自的活动，集中全体成员的力量朝着组织目标前进。

（2）促使人们改善组织运行效率。当组织成员为实现组织目标而拟定各种行动方案时，必然要考虑组织现行的各种活动的合理性，由此挖掘潜力，减少浪费，降低不合理性。

（3）减少组织受内外部环境变化带来的冲击。计划会促使管理者预测未来的变数，从而制定恰当的对策，减少组织的种种不确定性，努力将不利转化为有利。

（4）为控制工作提供依据。计划是控制的基础，计划的编制为及时发现、纠正偏差提供客观的依据。

第二节 计划编制流程

在实际管理工作中，计划的内容虽然千差万别，但是编制计划的步骤具有普遍性。这个步骤可用图 3–3 来描述。

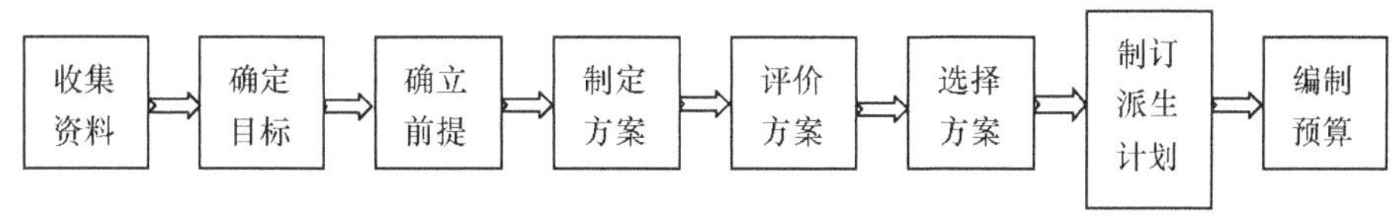

图 3–3 计划编制流程图

一、收集资料

计划是为决策的落实而制定的，了解决策者的选择，理解决策的特点和要求，分析决策实施过程中所面临的外部环境特征和认识组织内部能力及资源供应情况等，是编制计划的前提。管理者应尽可能地收集相关资料，以便为计划的制订提供更客观的依据。在收集资料过程中，要特别留意外界环境和组织内的机会，并对这些机会进行全面分析，了解组织的优势、劣势并清楚组织的期望。这些是组织在确定切合实际的组织目标时需要考虑的问题。

二、确定目标

管理者在收集好资料评价机会后，接下来就要确定目标。目标是指确定计划预期达到的结果，并且要确定为达到这一结果需要做哪些工作，重点在哪，如何完成等。确定目标是计划工作的主要任务。目标为组织整体、各部门和成员指明了方向，描绘了组织未来的状况，并且作为标准可用来衡量实际绩效。在制定目标时，注意各类计划目标应与组织的总目标在方向上具有一致性。另外，要注意目标的内容及优先顺序，不同目标在组织中的优先顺序将会影响组织资源的分配。最后，还要注意目标要可衡量可考核，切忌含蓄、模糊不清，应尽可能量化。

三、确定前提条件

前提条件是关于计划环境的假设条件。确定前提条件是要确定整个计划活动所处的未来环境。对前提条件认识越清楚、越深刻，计划工作就越有效，企业工作就越协调。因此，预测并有效地确定计划前提条件具有重要意义。

由于未来具有很多的不确定性，要完全准确地预测未来是不可能的。因此，不需要对一个计划的未来环境每个细节都做出假设。确定前提条件应限于那些对计划来说具有关键性或重要意义的假设条件。

四、制定备选方案

每一项活动都会有多个完成方式，计划目标的实现具有多样性。编制一个计划时，需要发动群众，集思广益，充分利用组织内外的智慧，拟定尽可能多的行动方案。可供选择的行动方案数量越多，对选中的计划的相对满意程度就越高，行动就越有效。但为了分析出最有希望的方案，管理者在制定备选方案时应进行初步检查，剔除一些有原则性问题或错误的方案，注重备选方案的质量。

五、评价方案

在有了备选方案并检查了它们的优缺点后，接下来就是要根据计划的目标和确定的前提条件，深入分析比较，对备选方案进行评价。评价方案时要注意考虑以下三点：①认真分析每一计划的制约因素和隐患；②用总体效益的观点、全局的观点来衡量计划；③既要考虑到影响每一计划的有形的因素，又要考虑到影响计划的无形的因素；④考虑计划执行所带来的损失，特别注意那些隐性的损失。

六、选择方案

选择方案是编制计划的关键步骤，做出正确选择需要在前面几个步骤的基础上进行。由于环境的多变性，需要计划具有一定的灵活性。而计划的灵活性往往要求在选择方案时选择两个或多个，并决定先用哪个，且对其余的方案进行完善，以便备用。

方案选好后，应将所选择的方案用文字形式正式表达出来，作为管理文件，这就是制定基本计划的过程。基本计划要清楚地确定和描述 5W1H 的内容，即 What(做什么)、Why(为什么)、Who(谁去做)、Where(何地做)、When(何时做)、How(怎样做)。

七、制定派生计划

选定好方案，制定好了基本计划后，计划工作还没有完成。基本计划的实施需要组织各部门的支持和协作，因此各部门还需要派生计划的支持。例如，一家公司制定了“2014

年实现销售额增长 50%”的基本计划，与这一计划相关的是各部门要制定许多派生计划。如为了实现这一计划，人事部门需要制定人员的开发和培训计划，财务部门要制定财务计划，等等。

八、编制预算

计划的最后一步就是把计划转变成预算，使计划数字化。编制预算可以使计划的指标体系更加明确，另一方面也可以使企业更好地分配资源以及对计划执行进行有效控制。

第三节　计划编制的方法

编制计划的方法有很多种，在这里，我们只简单介绍一些管理中常用的、普遍的方法。

一、环境分析方法

在计划编制前，管理者应了解计划所处的内外部环境的特征，为此需要对环境进行分析。有关环境分析的研究成果非常丰富，比较典型的有 PEST 分析法、SWOT 分析法和波特“五力”分析法。这几种方法在前面已叙述，在此不再赘述。

二、计划制定的方法

为了正确制定各种计划，管理者应该掌握有关的技术方法。

（一）线性规划法

线性规划是运筹学中的一个重要分支，是辅助人们进行科学管理的一种数学方法。该方法要解决的问题是如何合理运用有限的资源以实现既定的目标。但是该方法要求有关变量之间具有线性关系，否则就需要借助非线性规划来解决相关问题。

运用该方法于计划工作中包含以下几个步骤。

（1）根据问题建立数学模型，界定主要变量和问题的范围。

（2）根据变量和结果的关系建立目标函数。

（3）确定目标函数中各参数数值。

（4）求解，找出目标函数的最值，以此得到模型最优解，即问题的最佳解决方案。

（二）网络计划技术

网络计划技术于 20 世纪 50 年代发展起来，常用于制定大型工作项目计划。网络计划技术包括以网络为基础制订计划的各种方法，使用比较频繁的有关键路径法（CPM）、计划评估法（PERT）等。网络计划技术将一项工作分解为多项工序，对工序按先后顺序进行排列，然后通过网络的形式对整个工作进行统筹规划，达到在最短的时间内用最少的资源完成工作。

网络图是网络计划技术的基础。在网络图中用箭线表示工作分解后各工序的先后顺序。图 3–4 便是一组简单的网络图。

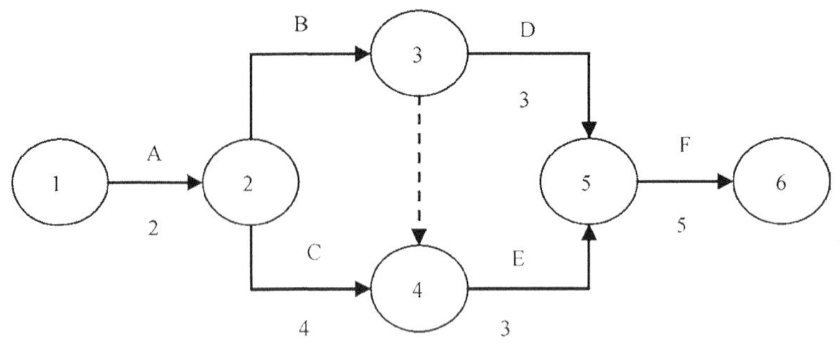

图 3-4 网络图

从图 3–4 可以看出，网络图由以下部分构成。

（1）箭线代表工序，是一项有人力、物力参加的工作过程，要经过一段时间才能完成，箭线上面的字母为工序名称，箭线下面的数字表示每一项工序所需要耗费的时间。此外，虚箭线表示既不要占用时间也不耗费资源的工序，是虚设的，也称为虚工序，只表示工序间先后衔接的逻辑关系。

（2）圆圈表示事项，是两个工序的连接点，只表示前道工序结束、后道工序开始的瞬间。一个网络图中只有一个始点事项和一个终点事项。

（3）路线代表网络图中从始点事项出发，沿箭线方向前进，到达终点事项的一条通道。在一个网络图中往往存在多条路线。如图 3–4 中就有三条路线，路线一为“①②③⑤⑥”，路线二为“①②③④⑤⑥”，路线三为“①②④⑤⑥”。

比较各路线耗费时间的长短，可以找出一条或几条耗时最长的路线，该种路线被称为关键路线，关键路线上的工序称为关键工序。关键路线决定了整个计划所需要的时间。关键路线上各工序提前或推迟完工都会影响整个工作活动能否按时完成。确定关键路线，据此合理安排资源，对各工序进行进度控制，是利用网络计划技术的主要目的。图 3–4 中的关键路线为“①②④⑤⑥”，耗时最长，为 14 个工作日。

利用网络计划技术编制计划，主要包括以下几个阶段的工作。

（1）分解任务。即把工作活动分解为多个具体工序，并确定各工序先后顺序及时间。

（2）绘制网络图。按照一定规则绘制完整的网络图。

（3）找关键路线。根据各工序时间，计算各路线的路长，找出关键路线。

（三）横道图法

横道图又称为甘特图或条状图，于 1917 年由亨利·甘特发明，是以图示的方式通过活动列表和时间刻度形象地表示出任何特定工作项目的活动顺序与持续时间的一种计划方法。由于横道图形象简单，在简单、短期的工作项目中得到了最广泛的运用。

横道图实际上就是一种常用的日程计划进度表，既可以用来编制项目计划，也可以用来编制生产计划。表的纵轴表示计划项目，横轴表示时间，在横轴和纵轴的交叉点上用直线或箭线表示计划项目实施的时间。绘制横道图时，包括以下关键字段：序号、工作项目、开始时间、时间刻度、责任人和备注等（见图 3–5）。横道图的最大特点就是清楚地展示了工作的日程计划和计划的递进性，有利于日程计划的管理。

序号	工作项目	开始时间	2014年8月														2014年9月				责任人	备注
			18	19	20	21	22	23	24	25	26	27	28	29	30	31	1	2	3	4		
1	合同协商与签订	2014-8-18																				
2	长期超前采购	2014-8-21																				
3	生产进度计划	2014-8-21																				
4	材料规格确定	2014-8-27																				
5	材料清单确定	2014-8-29																				
6	短期超前采购	2014-8-31																				
7	生产计划	2014-9-1																				
8	启动准备	2014-9-4																				

图 3–5　某企业生产项目横道图

（四）滚动计划法

滚动计划法是指根据情况变化定期对上期计划进行修正，连续不断地编制新计划的一种方法。该种方法综合考虑了计划的执行情况、环境的改变情况、组织方针政策变化等，采用近细远粗的方式对实施中的计划进行修订，并逐期向前推移，从而使短期计划、中期计划和长期计划有机结合起来。在滚动计划法下，近期计划细致具体，远期计划较为粗糙，执行远期计划时，再由粗变细，并且各期计划都具有较好的灵活性，连续性，如图 3–6 所示。

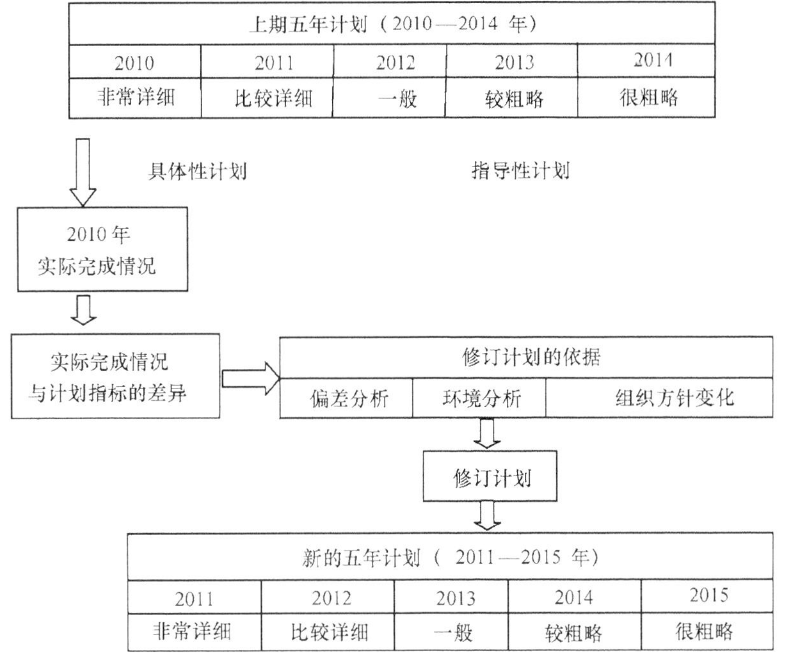

图 3–6　滚动计划法示意图

滚动计划是一种比较灵活、机动、有弹性的计划形式，它的特点主要有：

（1）可以使计划更好地反映客观生产实际，提高计划的准确性。

（2）可以增强计划的适应性、灵活性。

（3）可以很好地保证长期计划和短期计划之间的衔接。

第四节　目标管理

一、目标的含义与性质

（一）目标的含义

目标就是关于组织未来的理想状态，是组织中个人、部门及整个整体付出努力后得到的期望成果。例如，在企业成立三年内将企业打造成区域知名品牌企业，六年内实现多元化经营等。目标不可以模糊不清，应该具体明确。目标可以校验业绩水平，是制定各种行动方案的前提和依据。

（二）目标的性质

目标具有下列五个性质。

1．目标的层次性

一个组织的总目标要由一系列子目标来支持。每一个组织都存在着一个与组织相关联的目标网络。网络的顶端是组织的使命，接下来便是使命派生出的战略目标，战略目标又会派生出各支持性目标。

2．目标的多重性

目标的多重性主要表现在：一方面，企业在同一时期需要实现的目标往往有多个；另一方面，多个目标之间可能存在某种要求不一致甚至冲突的地方。因此，管理者在制定目标时，应明确各目标在目标总体结构中的重要性，以及各自实现的时间期限等。

3．目标的考核性

目标要可考核，就是要将其量化。目标定量化有利于对组织活动的控制。量化目标可以让员工清楚地认识到目标完成的程度和还需要做出的努力等。

4．目标的可接受性和挑战性

目标的可接受性指的是目标的制定要切合实际，是整个组织成员通过努力可以达到的。如果目标制定得太高，组织成员认为怎么尽力也不可能实现，就会产生消极的情绪和行为。因此，目标必须是可以接受的，可以完成的。只有可接受的目标对组织成员才具有激励作用。但是，如果一项工作很容易完成，没有挑战性，对组织成员来说也没有动力去完成该项工作。所以，目标制定也不能太低，要以目标接受者通过努力能够完成为原则。

目标的可接受性和挑战性是对立统一的关系，但在实际工作中，必须把它们统一起来。

5．目标的信息反馈性

信息反馈是在目标管理过程中，把目标的设置、目标实施情况不断地反馈给目标设置和实施的参与者，让员工随时知道组织对自己的要求以及自己的贡献情况。如果建立了目标再加上不断反馈，就能进一步改善员工的工作表现。

综上所述，设置目标的数量一般不宜太大，应包括工作的主要特征，并尽可能地说明必须完成什么和何时完成，如有可能，也应明示所期望的质量和为实现目标的计划成本。此外，目标应能促进个人职业上的成长和发展，对员工具有挑战性，并适时向员工反馈目标完成情况。

二、目标管理方法

目标管理（Management by Objective，MBO），是计划执行过程中的一种现代管理方法。该方法由美国著名管理学家彼得·德鲁克于 1954 年在《管理的实践》一书中提出，现已被世界各国广泛使用。

（一）目标管理的内涵

德鲁克认为为了充分发挥不同组织成员在计划执行中的作用，协调组织成员的努力，需要把组织任务转化为总目标，并根据总目标的特征和组织结构的特点，将总目标分解为各个部门、各个层次的分目标，各级管理人员根据分目标的要求对下层的工作进行指导和控制。因此，所谓目标管理就是以制定和实现目标为中心，被管理者自我控制达标的过程，管理者实行最终成果控制的一种现代管理思想和管理方法。目标管理的实质是以目标来激励员工的自我管理意识，激发员工行动的自觉性、充分发挥员工的智慧和创新能力，以期形成员工与企业同呼吸、共命运的共同体。

（二）目标管理的特征

目标管理是一种先进的管理方法，其特征主要有下列三点。

1．系统性

实施目标管理要根据组织的宗旨，确定战略目标，并以此为重点，通过发动组织全体员工自下而上、自上而下地制定目标，在组织内部建立一个相互联系的目标体系，并通过目标层层展开的方法将目标固定下来。目标体系将全体员工有机地组织起来，使之产生凝聚力和全局观点，有利于发挥全体员工的主动性和积极性，实施全方位管理。因此，目标管理具有系统性、全局性和完整性。

2．激励性

目标管理是一种民主管理，它让全体员工参与管理，实行管理民主化。在制定目标时，尊重目标执行者的愿望；目标确定后，使成员能明确方向，看到前景；目标执行中，激发人们的积极性、自主性、创造性；目标实现后，使人们产生满足感和自豪感。

3．重视成果

目标管理强调成果，注重目标的实现，也是一种成果管理。一方面，目标管理把组织总体目标和各部门、各员工的目标实现和成果评定紧密联系起来；另一方面，它也把评定的成果与员工的加薪、提升等结合起来，这样可以促进员工潜在能力的发挥，有利于提高组织的效率。

（三）目标管理的步骤

实施目标管理一般有以下几个步骤（见图 3–7）。

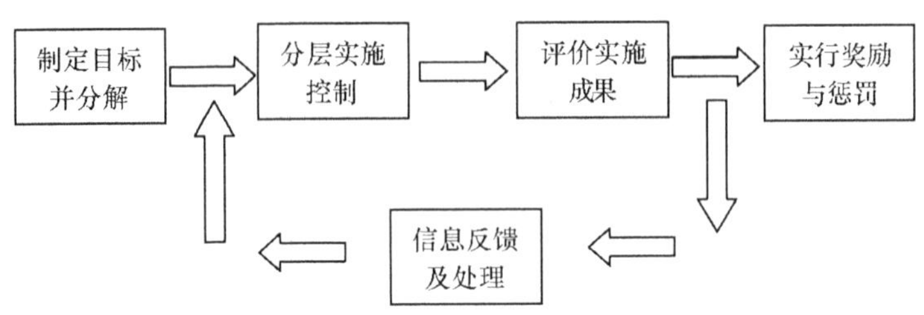

图 3–7　目标管理流程图

1．制定目标

制定目标是目标管理的第一步。制定目标包括制定组织的总目标、部门目标和个人目标，同时要制定完成目标的标准，以及达到目标的方法和完成这些目标所需要的条件等多方面的内容。总目标是组织在未来从事组织活动要达到的状况和水平，实现总目标需要组织中各部门和各成员的共同努力。为了更好地协调不同部门、不同成员，需要各个部门、各个成员建立与组织总目标相结合的分目标，将总目标进行分解，建立一个以组织目标为中心的目标网络，形成目标体系。通过目标体系把各个部门的目标信息显示出来，就像看地图一样，任何人一看目标网络图就知道工作目标是什么，遇到问题时需要哪个部门来支持。

在制定各个部门、各个成员的分目标时，上级要向下级提出方针和目标，下级要根据上级的方针、目标，结合自身的情况，制定出自己的目标方案，并在此基础上进行协商，最后由上级综合考虑做出决定。制定出目标后，上级要授予下级执行目标任务时所需要的应有权限。

2．实施目标

实施目标，是目标管理中工作量最大、耗时最多、涉及面最广的阶段。在这一过程中，组织从上至下都要紧紧围绕所确定的目标、肩负的责任，利用被授予的权力、资源，为实现目标而采取有效措施，寻找有效的工作途径。在实施目标过程中，应注意以下两个方面。

（1）合理授权。组织中各部门、各成员要实现分目标，必然要从事一定的活动，需要一定的资源和权限。因此需要上级在制定目标后对下级给予相应的资源并授予一定的权限，以保证相关活动的顺利进行，促进目标的达成。

（2）做好控制。组织上下需要经常检查和控制目标的执行和完成情况，看看在实施过程中有没有出现偏差。在这个过程中，可以参照制定目标时制定的完成标准。控制分为上级对下级的控制和下级的自我控制。上级对下级的控制应侧重于判断（慎重考虑下级目标的高度及执行目标者的能力）、督促（强调下级的责任与报告义务）、检查。下级要经常对照自己的目标检查行动，并针对行动中的不足之处，做好自我检查、自我控制和自我提高。目标管理中的控制应以各层次的自我控制为主。

3．评价实施成果

评价实施成果是目标管理的重要环节，是实施奖惩的依据，也是自我控制和自我激励的手段，同时也为下一目标管理循环周期做准备。评价实施成果包括上级对下级的评价、同级之间的评价以及自我评价。科学的评价工作不但可以激励先进教育后进；还可以促进工作方法的改进，有利于经验的积累和目标的实现。在评价实施成果时，应综合考虑目标的完成程度、目标实现的难易程度以及目标实施中的主观努力程度。

4．实施奖惩

组织依据对实施成果的评价，对不同部门、不同员工实施奖惩。奖惩可以是物质上的，也可以是精神上的。公平合理的奖惩有利于激发员工的积极性，改善员工的工作状态。

由于在目标管理中，可能会因为环境的变化等产生一些不可预测的问题，因此在管理中要求做好信息的反馈工作，对异常情况进行控制，适时调整目标。

案例分析

案例一　华为新员工入职180天详细培训计划

第1阶段，新人入职，让他知道来干什么（第3—7天）

为了让员工在7天内快速融入企业，管理者需要做到下面七点。

（1）给新人安排好座位及办公的桌子，拥有自己的地方，并介绍周围的同事相互认识（每人介绍的时间不少于1分钟）。

（2）开一个欢迎会或聚餐介绍部门里的每一个人，相互认识。

（3）直接上司与其单独沟通，让其了解公司文化、发展战略等，并了解新人专业能力、家庭背景、职业规划与兴趣爱好。

（4）人力资源主管告诉新员工他的工作职责及自身的发展空间和价值。

（5）直接上司明确安排第一周的工作任务，包括每天要做什么、怎么做、与任务相关的同事部门负责人是谁。

（6）对于日常工作中的问题及时发现及时纠正（不做批评），并给予及时肯定和表扬（反馈原则）；检查每天的工作量及工作难点在哪里。

（7）让老同事（工作1年以上）尽可能多地和新人接触，消除新人的陌生感，让其尽快融入团队。关键点：一起吃午饭，多聊天，不要在第一周谈论过多的工作目标及给予工作压力。

第2阶段，新人过渡，让他知道如何能做好（第8—30天）

转变往往是痛苦的，但又是必需的，管理者需要用较短的时间帮助新员工完成角色过渡。下面提供五个关键方法。

（1）带领新员工熟悉公司环境和各部门人员，让他知道怎么写规范的公司邮件，怎么发传真，电脑出现问题找哪个人，如何接内部电话等。

（2）最好将新员工安排在老同事附近，方便观察和指导。

（3）注意观察其情绪状态，及时做好调整，通过询问发现其是否存在压力。

（4）适时把自己的经验教给他，让其在实战中学习，学中干，干中学对新员工十分重要。

（5）对其成长和进步及时肯定和赞扬，并提出更高的期望，要点：4C 能力，即批判性思维（critical thinking）、沟通能力（communication）、团队合作（collaboration）和创造力（creativity）；反馈技巧。

第 3 阶段：让新员工接受挑战性任务（第 31—60 天）

在适当的时候给予适当的压力，往往能促进新员工的成长，但大部分管理者却选了错误的方式施压。

（1）了解新员工的长处及掌握的技能，对其讲清工作的要求及考核的指标。

（2）多开展公司团队活动，观察其优点和能力，扬长避短。

（3）犯了错误时给其改正的机会，观察其逆境时的心态，观察其行为，看其的培养价值。

（4）如果实在无法胜任当前岗位，看看是否适合其他部门，多给其机会，管理者很容易犯的错误就是一刀切。

第 4 阶段，表扬与鼓励，建立互信关系（第 61—90 天）

管理者很容易吝啬自己的赞美的语言，或者说缺乏表扬的技巧，而表扬一般遵循三个原则，即及时性、多样性和开放性。

（1）当新员工完成挑战性任务，或者有进步的地方时应及时给予表扬和奖励。这是表扬鼓励的及时性。

（2）表扬鼓励的多样性，是指采用多种形式的表扬和鼓励，要多给他惊喜，多创造不同的惊喜感。

（3）表扬鼓励的开放性，是指向公司同事展示下属的成绩，并分享成功的经验。

第 5 阶段，让新员工融入团队主动完成工作（第 91—120 天）

对于新生代员工来说，他们不缺乏创造性，更多的时候管理者需要耐心指导他们如何进行团队合作，如何融入团队。

（1）鼓励下属积极踊跃参与团队的会议并在会议中发言，当他们发言后给予表扬和鼓励。

（2）对于激励机制、团队建设、任务流程、成长、好的经验要多进行会议商讨、分享。

（3）与新员工探讨任务处理的方法与建议，当下属提出好的建议时要给予肯定。

（4）如果出现与旧同事间的矛盾要及时处理。

第 6 阶段，赋予员工使命，适度授权（第 121—179 天）

过了 3 个月，一般新员工会转正成为正式员工，随之而来的是新的挑战，当然也可以说是新员工真正成为公司的一分子，管理者的任务中心也要随之转入以下 5 点。

（1）帮助下属重新定位，让下属重新认识工作的价值、工作的意义、工作的责任、工作的使命、工作的高度，找到自己的目标和方向。

（2）时刻关注下属，当下属有负面情绪时，要及时调整，要敏锐观察下属的各个方面；当下属问到一个负面的、幼稚的问题时，要转换方式，从正面积极的一面去解答他的问题。

（3）让员工感受到企业的使命，让其充分了解公司的愿景、文化价值、战略决策和领导意图等。

（4）当公司有什么重大的事情或者振奋人心的消息时，要引导大家分享，要随时随地激励下属。

（5）开始适度放权让下属自行完成工作，使其发现工作的价值，享受成果带来的喜悦。放权不宜一步到位。

第 7 阶段，总结，制订发展计划（第 180 天）

6 个月过去了，应当帮下属做一次正式的评估与发展计划。一次完整的绩效面谈一般包括下面六个步骤。

（1）每个季度保证至少 1 次 1 个小时以上的正式绩效面谈，面谈之前做好充分的调查，谈话做到有理、有据、有法。

（2）绩效面谈要做到：明确目的；员工自评（做了哪些事情，有哪些成果，为成果做了什么努力，哪些方面做得不足，哪些方面和其他同事有差距）。

（3）领导的评价包括成果、能力、日常表现，要做到先肯定成果，再说不足。在谈不足的时候要有真实的例子做支撑（依然是反馈技巧）。

（4）协助下属制定目标和措施，让他做出承诺，监督检查目标的进度，协助他达成既定的目标。

（5）为下属争取发展提升的机会，多与他探讨未来的发展，至少每 6 个月给下属评估一次。

（6）给予下属参加培训的机会，鼓励他平时多学习，多看书。每个人制定出成长计划，分阶段去检查。

第 8 阶段，全方位关注下属成长（每一天）

（1）关注下属的生活，当他受打击、生病、失恋、遭遇生活变故、心理产生迷茫时多支持，多沟通，多关心，多帮助。

（2）记住部门每个同事的生日，并在生日当天部门集体庆祝；记录部门大事记和同事的每次突破，对每次的进步给予表扬、奖励。

（3）每月举办一次各种形式的团队集体活动，增加团队的凝聚力。关键点是坦诚、赏识、感性、诚信。

资料来源：华为生活。

问题

1. 请简述华为新员工培训计划的目标。
2. 你认为一份完整的计划应包括哪些内容？

案例二　东成印刷公司的目标管理

东成印刷公司始建于 1991 年，是一家以完成上级指令性计划任务为主的印制类中型国有企业，现有员工 1 500 余名。作为特殊行业的国有企业，东成印刷公司的首要任务就是完成总公司每年下达的国家指令性计划，并在保证安全生产、质量控制的前提下，按时按质按量地完成总公司交给的各项任务，支持国家宏观经济的正常运转。拥有数十年历史的东成印刷公司，在传统的管理体制下，企业的供、产、销一系列工作都是在总公司计划下完成的，因此，企业在经营自主性和自我调控等方面较弱。随着市场经济的发展，东成印刷公司在原材料采购、生产技术创新、第三产业的开拓等方面逐渐拥有更大的发展空间和自主权，使得企业在成本控制、技术水平、产品市场销售等各个方面能力不断提高，同时迫切要求建立适合企业自身发展的现代企业管理制度，摒弃国有企业存在的众多痼疾，更好地适应企业的管理和经营。

2000 年，为促进总公司发展纲要的实施及战略目标的达成，推动印制企业现代化、集成化、国际化的建设进程，建立和完善印制企业的激励约束机制，科学解析和真实反映印制企业的管理绩效，总公司制定了印制企业管理绩效评价规则，对印制企业一定生产经营期间的安全质量、资产运用、成本费用控制等管理成效进行定量及定性对比分析，做出综合评价。

东成印刷公司为了更好地完成总公司下达的各项考核指标，提高本企业的管理能力，优化企业的管理水平，并充分发挥企业各职能部门的作用，充分调动 1 500 余名员工的积极性，在各个处室、车间、工段和班组逐级实施了目标管理。多年的实践表明，目标管理改善了企业经营管理，挖掘了企业内部潜力，增强了企业的应变能力，提高了企业素质，取得了较好的经济效益。

（一）东成印刷公司目标管理现状

第一，目标的制定。总公司制定的印制企业管理绩效评价内容主要包括四个方面，分别是企业成本费用控制状况、企业专业管理能力状况、企业资产效益状况及企业发展能力状况。东成印刷公司每年的企业总目标是根据总公司下达的考核目标，结合企业长远规划，并根据企业的实际，兼顾特殊产品要求制定的，总目标主要体现在东成印刷公司每年的行政报告上。依据厂级行政报告，东成印刷公司将企业目标逐层向下分解，将细化分解的数字、安全、质量、纪律、精神文明等指标，落实到具体的处室、车间，明确具体的负责部门和责任承担人，并签署“企业管理绩效目标责任状”以确保安全、保质、保量、按时完成任务，此为二级目标即部门目标。然后部门目标进一步向下分解为班组和个人目标，此为三级目标。由于班组的工作性质，不再继续向下分解，部门内部小组（个人）目标管理，其形式和要求与部门目标制定相类似，签订班组和员工的目标责任状，由各部门自行负责实施和考核。具体方法是，先把部门目标分解落实到职能组，任务再分解落实到工段，工段再下达给个人。要求各个小组（个人）努力完成各自目标值，保证部门目标如期完成。

第二，目标的实施。“企业管理绩效目标责任状”实行承包责任人归口管理责任制，责任状签订后，承包方签字人为承包部门第一责任人，负责组织在部门内部进行目标分解，细化量化指标，进行第二次责任落实，实行全员承包。各部门可以根据具体情况在部门内部制定实施全员交纳风险抵押金制度。各部门的第二次责任分解可根据具体情况按两种形式进行，一种为部门负责人直接与全员签字落实责任，另一种为部门负责人与班组长签字落实责任，班组长再与全员签字落实责任。管理绩效目标责任状签订并经主管人员批准后，一份存上一级主管部门，一份由制定单位或个人自存。承包方责任人负责组织进行本部门日常检查管理工作；专业部门负责人负责组织进行本专业日常检查管理工作；企管处负责组织对处室、车间的日常检查管理工作。在此基础上还实行了承包责任人交纳风险抵押金制度。副主办以上责任承包人依据级别的不同，分别向厂交纳一定数额的责任风险抵押金，并在目标达成后给予一定倍数的返还。

第三，目标考评。考评机构上，东成印刷公司成立了专门负责考核工作的厂绩效考核小组，厂长任组长，三位副厂级领导任组员，共由九位管理部门的相关人员组成。厂考核领导小组下设部门绩效考核小组。由责任状的承包方责任人负责组织本部门日常检查管理工作。专业部门负责人负责组织本专业日常检查管理工作。企管处负责组织对处室、车间的日常检查管理工作。考核领导小组、部门考核工作组负责对各自处室、车间的结果进行考评。

考评周期上，企业对部门的考核周期是一年，平时有日常考核和月度报告，对班组和管理技术人员的综合考核一般也是在年底，平时主要是日常出勤的考核。

考评办法上，东成印刷公司对绩效目标落实情况每月统计一次，年终进行总考评，并根据考评结果与奖惩挂钩。各部门于每季度末将其完成管理绩效目标责任状情况的季度工作总结与下一季度的工作计划交与相关部门。各专业处室按照绩效目标责任状中本专业的管理目标和工作要求，对车间及有关部门进行每半年一次的专业考评。

考评方式上，采用了“自我评价”和上级部门主观评价相结合的做法。在每季度末月的29 日之前，将本部门完成管理绩效目标责任状、行政工作计划情况的季度工作总结与下一季度的工作计划一并报企管处。企管处汇总核实后，由考核工作组给予恰当的 评分。

考评处理上，对日常考核中发现的问题，由相应主管负责人实施相应奖惩。年终，企管处汇总各处室、车间的考核目标完成情况，上报厂级考核小组，由其根据各部门的重要性和完成情况，确定奖惩标准。各处室、车间内部根据企业给予本部门的奖惩情况，确定所属各部门或个人的奖惩标准。考评结果一般不公开，对奖惩有异议的可以层层向上一级主管部门反映。

（二）东成印刷公司目标管理存在的问题

通过对东成印刷公司分析得知，企业具备实施目标管理的基本条件，并且有比较全面的目标管理工作意识。但是东成印刷公司目标管理体系仍旧存在一些问题，在一定程度上阻碍了企业的发展。其问题主要表现在以下几个方面。

第一，缺乏明确量化的厂级目标体系。东成印刷公司以每年的行政工作报告作为年度厂级总目标，行政工作报告主要包括年度总公司下达的产品生产任务计划以及总公司重点检查和考核的目标体系。但是东成印刷公司没有一个明确量化的厂级目标体系文本，各个部门按照行政工作报告的精神领会制定部门目标。

第二，目标值的制定缺乏系统明确的量化方法体系。各个部门的目标任务主要由部门向厂绩效考评小组上报后确定，但厂绩效考评小组难以衡量各个部门目标制定的客观性。实际中，员工普遍认为只要不出大的差错，比如重大安全事故、重大质量事故等，每个部门的年度目标任务都是可以顺利完成的，换句话来说就是目标值基本上都可以很容易地完成。然而，目标值未能体现出动态性，没有提升。主要问题在于目标值的制定缺乏系统明确的量化方法体系，很多部门只是根据往年的数据粗略估计，数据来源难以考查，更谈不上提升了。

第三，考核工作主观化，负激励明显。东成印刷公司目标责任状没有明确的权重分值，使得厂绩效考核小组和部门绩效考核小组考核评分过于主观化。此外，日常考核工作主要以企业制定的考核细则为主，而考核细则多以惩罚为主，负激励明显。

第四，部门之间协调困难。各个部门工作协调困难，部门只注重自身的绩效，不关注兄弟部门的绩效，导致工作效率低下，组织内耗大。

第五，目标管理组织体系不全面。因为企业员工考核结果反馈一般是逐层反馈，员工感到考核结果不公的时候，没有一个很好的反馈和沟通部门。厂绩效考评小组得不到更好的互动信息支持，难以进一步以目标为导向开展企业管理和目标控制工作。由于目标的制定和考核工作是由同一个组织来完成的，使得各级目标制定和绩效考评工作的公正性和客观性缺乏相关责任部门的监督和控制。

资料来源：中华文本库，http://www.chinadmd.com/file/z3zevvxtpzpsc3ectrovopeu_1.html.

问题

请问东成印刷公司的目标管理应怎样完善?

实践训练

为企业制定一份计划

1．实训项目

通过各种途径了解某一个企业，根据企业的现状及发展目标，制订一份企业发展计划或者部门发展计划。

2．实训目的

在制订计划中，理解计划编制的程序，领会计划制定的方法，掌握目标管理的相关知识，提高学以致用的能力。

3．实训内容

（1）通过网络或实地拜访等方式，深入了解某一个企业，清楚企业的发展目标及基本情况。

（2）了解企业现在的外部环境、内部条件以及竞争优势等。

（3）参考教材中的计划工作理论，运用相关方法，为企业总体或部门制定一份计划。

4．实训组织

（1）对班级同学按一定形式分组，小组成员以 3 到 4 人为宜。

（2）各组同学通过各种途径深入了解企业，尽量取得与企业的联系，以便了解的信息更为真实详细。

（3）各小组确定计划的类型及计划的目标，并选用合适的方法制定出一份计划。

（4）各小组详细记录实践训练的全过程。

5．实训考核

（1）每个小组上交一份制定的计划和一份全过程记录材料。

（2）根据每组上交的材料，分 A、B、C、D 四个等级进行评定。

本章小结

1. 计划是根据环境的需要和自身的特点，对组织在未来一段时间内的目标及实现途径的策划与安排，是通过计划的编制、执行和监督来协调组织中各类资源以顺利实现组织目标的过程。

2. 计划具有面向未来、风险性、领先于管理的其他职能等特征。

3. 计划的层次体系包括使命、目标、战略、政策、程序、规则、方案和预算等。

4. 计划按不同的标准可划分为多种类型。如按照计划对组织的影响程度、范围可分为战略计划和战术计划，按照明确程度分为指导性计划和具体性计划等。

5. 计划的编制流程为收集资料、确定目标、确定前提、制订方案、评价方案、选择方案、制定派生计划、编制预算。

6. 制订计划的方法有线性规划法、网络计划技术、横道图法和滚动计划法。

7. 目标管理就是以制定和实现目标为中心，被管理者自我控制达标的过程，管理者实行最终成果控制的一种现代管理思想和管理方法。

8. 目标管理具有系统性、激励性、重视成果等特征。目标管理包括制定目标、实施目标、评价实施成果和实施奖惩四个步骤。

复习思考题

1. 计划的定义是什么？计划的类型有哪些？
2. 简述计划的层次体系。
3. 简述计划编制的步骤。
4. 网络计划技术中网络图的组成部分有哪些？关键路线怎么确定？
5. 滚动计划法的优点有哪些？
6. 简述横道图法的特点。
7. 目标的性质有哪些？

第四章　组织设计

通过本章的学习，熟悉组织的含义、实质以及组织设计的工作内容和步骤；掌握典型的组织结构模式并能够识别和绘制组织结构图；掌握组织结构设计的基本知识，了解组织结构变革的动力、阻力、过程和趋势，初步具备组织结构设计的能力。

两个同龄的年轻人同时受雇于一家店铺，并且拿同样的薪水。可是，一段时间以后，叫阿诺德的那个小伙子青云直上，而另一个叫布鲁诺的小伙子却在原地踏步。布鲁诺很不满意老板的不公正待遇。终于有一天他到老板那儿发牢骚了。老板一边耐心地听着他的抱怨，一边在心里盘算着怎么向他解释清楚他和阿诺德之间的差别。"布鲁诺先生。"老板开口说话了，"您现在到集市上去看一下，看看今天早上有什么卖的。"布鲁诺从集市上回来向老板汇报说，今早集市上只有一个农民拉了一车土豆在卖。"有多少？"老板问。布鲁诺赶紧戴上帽子又跑到集市上，然后回来告诉老板一共40袋土豆。"价格是多少？"布鲁诺又第三次跑到集市上问来了价格。

"好吧。"老板对他说，"现在请您坐在这把椅子上一句话也不要说，看看别人怎么说。"

阿诺德很快就从集市上回来了，向老板汇报说到现在为止只有一个农民在卖土豆，一共40袋，价格是多少，土豆的质量很不错，还带回来一个让老板看看。此外，阿诺德还了解到，这个农民一个小时后还会弄来几箱西红柿，据他看价格非常公道。昨天他们铺子的西红柿卖得很快，库存已经不多了。他想这么便宜的西红柿老板肯定会要进一些的，所以他不仅带回了一个西红柿做样品，而且把那个农民也带来了，他现在正在外面等着回话呢。

此时，老板转向了布鲁诺，说："现在您肯定知道为什么阿诺德的薪水比您高了吧？"

管理启示：组织内的分工是因人而异的，成员的重要性由能力和贡献来决定。能力有区别，贡献有大小，好的组织能让恰当的人在恰当的位置发挥恰当的作用。

第一节　组织与组织工作的性质

一、组织的定义

通常我们认为组织有两层含义。一种含义是一般意义上的组织含义，它泛指各种各样的社团、机关、学校、企事业单位等，是人们进行交流合作的必要条件。另一种是指管理学上的组织的含义，即按照一定的目的和程序组成的一种权责结构。

管理学上所说的组织一般包含以下几个特点。

（一）组织必须有一个共同的目标

组织之所以有存在的理由是因为在实际中许多的工作和任务一个人根本没有办法和能力去完成，尤其是一些较为复杂的系统工程，需要很多人的团结和协作，共同去完成。比方说我国“神六”的升天就说明了这一点。所以说，组织是为了一个目标而存在和发展的，没有一个共同的目标，就不会有相应的组织存在。

（二）组织是实现组织目标的工具

组织有一个共同的目标，同时，它又是实现自己目标的工具。一个组织目标能否顺利地实现，就要看组织内部各要素之间的协调、配合程度，要看组织的资源配置是否有效合理以及组织本身的结构是否合理，是否和组织的任务相匹配。

（三）组织包括不同层次的分工协作

组织要顺利地实现自身的目标，就必须分工协作，充分调动组织上下的积极性，使组织形成一个分工明确、责权明晰的有机整体。这是一个组织整体效率高低的重要标志。

二、组织工作的含义及特点

所谓组织工作，是指为了实现组织的目标而确定组织内各种要素及其相互关系的活动过程，也就是所谓的组织结构设计过程。

组织工作一般具有以下几个特点。

（一）组织工作是一个过程

组织工作的定义告诉我们，组织工作实际上是根据组织自身的目标，综合考虑组织所面临的内外部环境，建立一套适应组织目标的组织结构的过程。它一般有以下几个步骤。

（1）首先确定组织要实现的总目标；

（2）对总目标进行分解，以确定各次目标；

（3）确定要实现上述目标所必需的业务工作或手段，并进行分类；

（4）整合组织自身所拥有的资源，使资源与上述工作相匹配，由此形成部门；

（5）把相应的职责授予各部门的负责人，并形成职务说明书，规定该职务的职责与权限；

（6）把相关的职权关系以及各部门的业务活动关系用组织系统图表示出来。

（二）组织工作是动态的

组织内外部环境是不断发展的，这要求我们不断对组织结构进行调整，以适应这种变化。随着我国“入世”后形势的发展，国内很多企业为了能与国际接轨，都对原来一些不适应形势的组织结构进行了调整，建立了适应环境的符合社会主义市场经济的企业组织结构。

（三）组织工作要充分考虑非正式组织的影响

所谓非正式组织是指在正式组织中的一些人，由于相同的爱好、习惯或相近的观点和思想走到了一起，形成一个小的团体。非正式组织也有其共同的目标，其组织中的成员一般都具有共同的目标和共同的行为规范。当非正式组织的目标与正式组织的目标一致时，会对正式组织目标的实现起到很好的促进作用，反之，则会对正式组织的目标实现起阻碍作用。所以，在组织工作中，要尽量维持组织目标与非正式组织目标的平衡，避免对立，并在领导与指导时对非正式组织加以利用，使之为正式组织的工作服务。

第二节　组织结构的设计

一、组织结构设计概述

（一）组织结构设计的概念

组织结构设计是指根据组织目标及实际工作需要，确定组织层次划分、各个部门及其工作人员的职责范围和权限，建立合理的组织结构的过程。组织结构设计包括横向设计和纵向设计。组织横向结构设计主要解决管理与业务部门的划分问题，反映了组织中的分工合作关系；组织纵向结构设计主要解决管理层次的划分问题与职权分配问题，反映了组织中的领导隶属关系。组织结构设计是组织正常运作和责权划分的需要，有利于资源整合，达成组织目标；有利于企业活动中各职能的划分和定位；有利于授权的稳定性；有利于组织成员的职业成长。

（二）组织结构设计的原则

组织结构设计原则是进行组织设计时需要综合考虑的准则。不同组织由于其成长历史、规模等不同，在进行组织设计时考虑的准则各有侧重点，但就一般意义来讲，进行组织设计主要遵循以下一些原则。

1．目标统一原则

组织是实现组织目标的有机载体，组织的结构、体系、过程、文化等均是为完成组织目标服务的，达成目标是组织设计的最终目的。通过组织结构的完善，使每个人在实现组织目标的过程中做出更大的贡献。

2．适应创新原则

组织结构设计应综合考虑公司的内外部环境、组织的理念与文化价值观、组织当前以及未来的发展战略、组织使用的技术等以适应组织的现实状况。并且，随着组织的成长与发展，组织结构应有一定的拓展空间。

3．效率原则

组织的目标要追求效率，效率原则是衡量任何组织结构的基础。组织结构，如果能使人们（指有效能的人）以最小的失误或代价（它超出了人们通常以货币或小时等计量指标来衡量费用的含义）来实现目标，就是有效的。

4．责权利相结合的原则

责任、权力、利益三者之间是不可分割的，而必须是协调、平衡和统一的。权力是责任的基础，有了权力才可能负起责任；责任是权力的约束，有了责任，权力拥有者在运用权力时就必须考虑可能产生的后果，不至于滥用权力；利益的大小决定了管理者是否愿意担负责任以及接受权力的程度，利益大责任小的事情谁都愿意去做，相反，利益小责任大的事情人们很难愿意去做，其积极性也会受到影响。

5．职能专业化原则

组织整体目标的实现需要完成多种职能工作，应充分考虑劳动分工与协作，包括战略规划、人力资源、控制、审计、资源配置等，对于以事业发展、提高效率、监督控制为首要任务的业务活动，应以此原则为主，进行部门划分。

6．管理层次原则

管理层次与管理幅度的设置受到组织规模的制约。在组织规模一定的情况下，管理幅度越大管理层次就越少。组织管理层次的设计应在有效的管理控制幅度之下，尽量减少管理层次，以利于精简编制，促进信息流通。

7．有效控制原则

对组织的有效控制在组织设计方面，应注意命令统一、权责对等；制定可行的规范、政策、制度；职能部门加强计划、预算、核查等工作，业务部门加强事前的协调、事中的过程控制、事后的经验总结。

8．集权与分权相结合的原则

在进行组织设计或调整时，既要有必要的权力集中，又要有必要的权力分散，两者不可偏废。集权是大生产的客观要求，它有利于保证企业的统一领导和指挥，有利于人力、物力、财力的合理分配和使用；而分权则是调动下级积极性、主动性的必要组织条件。合理分权有利于基层根据实际情况迅速而准确地做出决策，也有利于上层领导摆脱日常事务，集中精力抓重要问题。

9．系统运作原则

组织运作的整体效率是一个系统性过程。组织设计应简化流程，有利于信息畅通，决策迅速，部门协调，并充分考虑交叉业务活动的统一协调和过程管理的整体性。

10．分工协作原则

组织任务目标的完成，离不开组织内部的专业化分工和协作。因为在当今各类组织中，工作量大，专业性强，分别设置不同的专业部门，有利于提高管理工作的效率。在合理分工的基础上，各专业部门又必须加强协作和配合，才能保证各项专业管理工作的顺利开展，以达到组织的整体目标。

（三）组织设计的影响因素

组织结构设计的影响因素主要有下列四项。

1．组织环境

环境特征是组织结构选择必须考虑的因素。外部环境的变化性和复杂性加剧了环境的不确定性。在不确定性环境中，组织必须保持灵活性，保持一种随时对环境变化做出反应的状态。环境的不确定性影响着企业组织的形态。不确定性低时，组织形态偏于机械型，无需模仿或少模仿，企业组织着眼于眼前的运作。在不确定性高时，组织的形态偏于有机型，需要广泛模仿或迅速模仿，企业组织重视计划与预测。

2．组织的战略及其所处的发展阶段

纵向一体化和横向一体化的企业的组织结构，是根据其管理人员所制定的战略发展而设计的。而反过来，这些战略又是企业经理们针对市场和技术环境的变化而提出的。

3．生产条件与技术状况

对于大规模生产技术而言，其正规化和集权化程度较高。由于技术的复杂性，高级管理人员比例和间接工人（如维修人员）比例也相应上升。间接人员比例上升是因为机器设备的复杂性提高。例如，在流水线上，工作具有很强的常规性，因此监工可以平均管理几十个雇员。而对于小批量生产或连续性流程而言，则恰恰相反，其控制幅度相应较小。因此从总体上看，小批量生产和连续性流程企业有着较强灵活性的组织结构，而大批量生产企业则有着机械式的组织结构。

4．组织规模

组织规模通常用员工数目来衡量。研究发现，大型组织的结构形式远远不同于小型组织。小型组织通常是非正式的，劳动分工少，规章制度较少（正规化程度低），专业人员和办公人员少，甚至不存在正式的预算和业绩评估系统。而大型组织则有着较多的分工，具有庞大的专业人员队伍、大量的规章制度，以及控制、业绩评估等内部系统。

在科技、社会日新月异的今天，企业要想生存和发展，就必须根据内外部环境的变化，及时调整组织结构，绝不能因循守旧，故步自封。在短短十几年时间里，联想的组织结构变化了好几茬。从众多的事业部到整合为六大子公司，再到北京联想、香港联想分而治之，联想几乎每年都在变。但经过几次“折腾”，联想已经摆脱了大多数民营企业小作坊式的经营模式，走向大集团、正规化、协同作战的现代企业管理模式。通过组织结构调整，联想不断打破阻碍自身发展的“瓶颈”，从而不断走向成熟。

（四）组织结构设计的程序

1．确定组织目标

组织目标是进行组织设计的基本出发点。任何组织都是实现其一定目标的工具，没有明确的目标，组织就失去了存在的意义。因此，管理组织设计的第一步，就是要在综合分析组织外部环境和内部条件的基础上，合理确定组织的总目标及各种具体的派生目标。

2．确定业务内容

根据组织目标的要求，确定为实现组织目标所必须进行的业务管理工作项目，并按其性质适当分类，如企业的市场研究、经营决策、产品开发、质量管理、营销管理等。明确各类活动的范围和工作量，进行业务流程的总体设计，使总体业务流程优化。

3．确定组织结构

根据组织规模、技术特点、业务工作量的大小，参考同类其他组织设计的经验和教训，确定应采取什么样的管理组织形式，需要设计哪些单位和部门，并把性质相同或相近的管理业务工作分归适当的单位和部门负责，形成层次化、部门化的结构。

4．规定职位职责权限

根据组织目标的要求，明确规定各单位、部门及其负责人对管理业务工作应负的责任以及评价工作成绩的标准。同时，还要根据搞好业务工作的实际需要，授予各单位和部门及其负责人适当的权力。

5．联成一体

这是组织设计的最后一步，即通过明确规定各单位、各部门之间的相互关系，以及它们之间的信息沟通和相互协调方面的原则和方法，把各组织实体上下左右联结起来，形成一个能够协调运作、有效实现组织目标的管理组织系统。

6．反馈与修正

要在组织运行过程中，加强跟踪控制，适时进行修正，使其不断完善。

二、组织的横向设计

组织横向设计主要解决管理与业务部门的划分问题，反映了组织中的分工协作关系。部门划分是指把工作和人员组成若干管理单元并组建相应的机构或单位。不同的管理或业务，是使整个管理系统有机运转起来的细胞与基础。

（一）部门划分的基本原则

第一，确保目标实现。如在生产企业中，除生产部门外，销售、财务、人事、计划部门都是确保企业目标实现所必需的。

第二，精干高效。企业组织机构的数量力求最少，但这是以有效地实现企业目标为前提的。

第三，部门设置应有灵活性。划分部门应按业务的需要，并根据实际情况的变化随时增加新部门，撤销原有部门，或设立临时性部门，成立专门小组来解决临时出现的问题。

第四，各部门职务的指派应达到平衡，避免工作量分摊不均，忙闲不均。

第五，检查部门应具有独立性。执行检查、评估的职能部门应单独设立，不隶属于任何业务部门，从而保证检查人员的公正性和客观性，真正发挥检查、监督的作用。

（二）组织部门划分的基本形式与特征

1．按职能划分部门

这是应用最广泛的一种部门划分方法，几乎可以在所有类型组织的结构中找到它的踪迹。任何一个企事业组织存在的目的都是要创造某种为他人所需要的物品或劳务，所以，诸如采购、制造、销售等，可以说是所有的企事业单位的基本职能。制造主要创造或增加物品或劳务的效用；销售主要寻找愿意按一定价格购买物品或接受服务的顾客；财务主要负责资金的筹措、保管和运作。以这些基本职能为依据，便可以将组织划分为生产部门、销售部门、财务部门等。当然，由于各种组织的活动领域以及同一职能在不同组织中的重要程度不同等原因，现实中这些职能部门在不同类型的组织中会有不同的具体名称。

按照职能划分部门的好处是：①有利于确保组织的主要基本活动得到重视；②由于遵循了专业化原则，有利于提高人员使用的效率，同时也简化了培训工作；③由于最高主管要对最终成果负责，从而为高层实施严格控制提供了手段。

这种划分部门方式的缺点在于：①它容易使人们过度局限于自己所在的职能部门而忽视组织整体目标，部门间的协调比较困难；②只有最高主管才能对最终成果负责，因而对各部门的绩效和责任很难进行评价；③不利于培养综合全面的管理人才。

2．按产品划分部门

这是许多开展多角化经营的大企业经常采用的部门划分方式。它实际上是从那些按照职能划分部门的企业中逐步发展起来的。因为随着企业规模的扩大和产品品种的增加，管理工作变得越来越复杂，各部门主管的工作负担也越来越重，而管理幅度的客观限制又使得他们难以通过增加直接下属的办法来解决问题，因而，此时按照产品或产品系列来重新组织企业活动就成为必要。在这样的结构模式中，组织将有关某产品或产品系列的生产、销售、服务等职能活动全面授予该产品分部的经理，使他们对该产品经营的利润负起责任。

按照产品划分部门的好处是：①有利于企业采用专门设备，促进协调，充分发挥人员的技能和专门知识，也有利于产品和服务的改进；②能够明确利润责任，便于最高主管把握各种产品或产品系列对总利润的贡献；③有利于锻炼和培养独当一面的全能管理人才。

这种划分部门方式的缺点主要是：①它对产品分部主管人员的全面管理能力要求高；②各产品分部的独立性较强而整体观念较弱，分部之间的沟通与协调较差；③各产品分部都需要保持职能部门或职能人员，从而造成部门重复设置，管理费用增加。

3．按地域、区域划分部门

这是经营活动在地域上比较分散的企业所常用的一种部门划分方法。其做法是，将某一地区的业务活动集中起来，并委派相应的管理者，形成区域性的部门。

按照地域划分部门的好处是：①有利于鼓励地方参与决策，促进地区活动的协调；②有利于管理者注意当地市场的需要和问题；③生产的当地化有利于降低运输费用，缩短交货时间；④有利于培养能力全面的管理者。

这种方法的主要缺点是：①由于机构重复，使得费用增加；②总部对地方控制的难度较大；③要求管理者具有全面的管理能力。

4．按顾客划分部门

有许多组织按照自己所服务的顾客来划分部门。这种方法是将与某一特定顾客有关的各种活动结合起来，并委派相应的管理者以形成部门。

按照顾客划分部门的目的是为了更好地迎合特定顾客群体的要求。采用这种方法有利于重视顾客的需要，增加顾客的满意程度，并有利于形成针对特定顾客的技能和诀窍。不足之处主要是，按照顾客组织起来的部门常常要求特殊对待而造成部门间协调困难，管理者必须要熟悉特定顾客的情况，否则在有些情况下很难轻而易举地对顾客进行区分。

5．按照技术或设备划分部门

制造业企业中设立的焊接车间、压力加工车间、电镀车间，医院的放射科、CT 室等，就是按照技术或设备组织业务活动的。这种方法有利于充分发挥设备的能力和专业技术人员的特长，便于设备维修和材料供应。不足之处是容易强调局部利益而忽视整体目标。

6．按照时间划分

根据时间来组织业务活动是最古老的划分部门的方法之一，多见于组织的基层部门。在许多组织中，由于经济、技术或其他一些原因，正常的工作日不能满足要求，必须采用轮班的做法。例如，炼钢炉、医院的集中监护室、消防队等，均采用这种方法来进行组织。采用这种方法有利于连续、不间断地提供服务和进行生产，有利于使设备、设施得到最充分的利用。缺点在于夜间可能会缺乏监督，人员容易疲劳，协调和沟通有时会比较困难。

7．按照人数划分

单纯地按照人数来安排业务活动是一种最原始、最简单的划分部门的方法。当最终成果只是取决于总人数时，或者说每个人的贡献都是单纯无差别的简单劳动时，采用这种方法是有效的。

三、组织的纵向设计

组织的纵向结构设计，首先要根据组织的具体条件，科学规定管理幅度；然后在这个数量界定内，再考虑影响管理层次的其他因素，科学地确定管理层次；在此基础上进行职权配置，从而建立组织的纵向结构。

（一）管理幅度设计

1．管理幅度与管理层次

管理幅度也称管理宽度，是指一名管理者直接管理的下级人员的数量。管理幅度的大小，实际上反映着上级管理者直接控制和协调的业务活动量的多少，它既同管理者和下级的情况有关，也同业务活动有关。在组织内，管理宽度不宜过大。

管理层次也称组织层次，是指组织内部从最高一级管理组织到最低一级管理组织的各个组织等级。管理层次实际上反映的是组织内部纵向分工关系，各个层次将担负不同的管理职能，因此，伴随层次分工，必然产生层次之间的联系与协调问题。一般地，在组织内部设置的管理层次应尽量少一些。

管理层次与管理幅度的关系是，管理幅度与管理层次互相制约，它们之间存在着反比的数量关系，其中起主导作用的管理幅度。所谓起主导作用，就是指管理幅度决定着管理层次，即管理层次的多少取决于管理幅度的大小。这是由管理幅度的有限性决定的。

2．管理幅度的设计思想

英国管理学家厄威克归纳出组织工作的八项原则，其中之一就是“管理幅度原则”。厄威克阐明的管理幅度原则，反映了有关管理幅度设计的早期思想，其要点有两个：其一是主管人员应该知道自己的管理幅度是有限的；其二是管理幅度存在一个固定的具体人数，一般是5～6人，应该努力寻求这一普遍适用的有效幅度，在组织设计中推而广之。

然而，以后许多学者为探索管理幅度具体数值所做的大量调查却表明，不同行业、不同企业和企业内部的不同职务，管理幅度千差万别，并不存在固定的、普遍适用的人数。这一探索过程给予人们重要的启发，认识到管理幅度因不同条件而异，因而逐渐把注意力由寻找普遍适用的具体人数，转移到研究管理幅度的各种影响因素上来，陆续提出一些新的见解和方法。

法国管理咨询专家格拉丘纳斯（V.A.Graicunas）从上下级关系对管理幅度的影响这个方面进行了深入研究。他指出，管理幅度以算术级数增加时，管理者和下属间可能存在相互交往的人际关系数，将以几何级数增加。格拉丘纳斯认为，上下级关系可分为三种类型：直接的单个关系，如上级 S 和两个下属 A、B 之间直接地、单独地发生联系，即 SA 与 SB；直接的组合关系，指上级与其下属之间各种可能的组合关系，如 S 和 A 谈话时，B 在场，反之亦然，即 SAB，SBA；交叉关系，指下级人员之间相互打交道时发生的关系，也就是横向联系，如 AB，BA。

现代组织设计理论正是吸收了各时期、各学派和各方面的研究成果，确立了关于管理幅度设计的科学指导思想，概括起来就是下列三点。

（1）管理幅度是有限的；

（2）有效管理幅度不存在一种普遍适用的固定的具体人数，它的大小取决于若干基本变量，也就是影响因素；

（3）组织设计的任务就是找出限制管理幅度的影响因素，根据它们影响强度的大小，具体地确定特定企业各级各类职务与人员的管理幅度。

3．管理幅度设计中应考虑的因素

对于决定管理幅度大小的各种因素，从理论上加以抽象概括，可以归纳为上下级关系的复杂程度。衡量上下级关系复杂程度的标志有三个，即关系的数量、相互接触的频率，及相互接触所需花费的时间。但是，以上这三个衡量上下级关系复杂程度的标准，在管理幅度设计中，要进行观测和计算是比较难的。为了便于操作，我们可以根据这个原理去寻找直接影响上下级关系复杂程度又比较容易进行观察和评价的因素。这些因素主要有以下七个。

（1）领导的能力。这是影响管理幅度的首要因素。如果组织的领导者具有较强的领导能力，能够受到组织成员的尊重和拥护，善于处理各类问题，从而减少上下级的接触频率和接触时间，那么管理跨度可以加大。

（2）下级的素质。如果被管理者训练有素，有较强的独立工作能力和丰富的工作经验，那么就可以减轻管理者的负担，管理幅度也可适当加大。

（3）授权的明确性。领导者对下属进行管理，很重要的一条是授权要明确：第一是布置任务要明确、具体，使下属知道干什么、怎么干；第二是在下达任务的同时要明确地授予相应的权力；第三是授予下级的权力应与其能力相符。如果这三点都做得好，则管理幅度可以加大。

（4）计划制定与执行。如要计划制定得比较好，对工作的分派、步骤及其衔接中可能出现的问题事先都有所考虑，那么计划的执行就会比较顺利，协调和控制的工作量就可能减少，管理幅度可以加大。

（5）考核明确。如果有比较明确的考核和评价标准，是非界线分明，则不必事事分析研究，思想认识比较容易统一，可以很快地采取相应的措施，则管理幅度可以加大。

（6）增强组织的凝聚力。如要能够设法增强组织的凝聚力，成员之间相互了解，配合默契，同心同德，那么就会提高工作效率，管理幅度也可以适当加大。

（7）政策稳定。政策稳定，就会增强工作的程序性和减少重复，指导工作量就会减少，管理幅度就可以相应地加大。

4．管理幅度的设计方法

（1）经验统计法。这种方法是通过对不同类型组织的管理幅度进行抽样调查，以调查所得的统计数据为参照，再结合组织的具体情况确定管理幅度。

经验统计法简便易行，但有明显的局限性。这是由于它缺少对影响特定组织管理幅度诸因素的具体分析，特别是定量分析，只是简单地搬用其他组织的管理幅度标准，因而主观判断的成分很大，提出的管理幅度建议难免与特定组织的实际条件不符，出现较大的误差。

（2）变量测定法。这种方法是把影响管理幅度的各种因素作为变量，采用定性分析与定量分析相结合的做法来确定管理幅度的一种方法。其具体步骤与方法如下。

第一，确定影响管理幅度的主要变量。由于组织的具体情况差别很大，影响管理幅度的若干主要变量可能有所不同，因而需要从多种因素中选择，并确定对特定组织影响较大的主要变量。

第二，确定各变量对上级领导人工作负荷的影响程度。

第三，确定各变量对管理幅度的影响程度。

第四，确定具体的管理幅度。

变量测定法同经验统计法相比，由于它全面考虑了影响特定组织管理幅度的主要因素，并进行了定量分析，而不是简单地搬用其他组织的标准，所以，它所规定的管理幅度更为科学、合理。当然，也不可否认，变量测定法在选择主要变量、确定各个变量的影响程度时，设计人员的主观评价仍在起一定作用，这就难免产生误差。

应该指出的是，以上两种方法都要进行大量调查，尤其是变量测定法，调查与验证的工作量更大。因此，它们一般用于企业中、高层管理幅度的设计。这是考虑到中、高层管理幅度合理与否对企业组织的正常运行影响较大，即使多花费一些精力，也是值得的。企业基层管理幅度的设计当然也可采用这两种方法，不过，在一般情况下，因其所需考虑的因素较少，弹性亦很大，所以，不必做太详细的定量分析。

5．锥形结构与扁平结构

在组织结构设计中，由于管理层次与管理幅度之间的对比关系，可能会产生两种典型的组织结构。一是锥形结构形式，即管理层次较多，而管理幅度较小；二是扁平结构形式，管理层次较少，而管理幅度较大。

（1）锥形结构的优缺点。其优点是：①主管人员的管理幅度较小，能够对下属进行有效控制；②有利于明确领导关系，建立严格的责任制；③因层次多，各级主管职位较多，能为下级提供晋升机会，促使其积极努力工作。锥形结构的缺点是：①由于层次较多，协调工作增加，造成管理费用大；②信息的上传下达速度慢，并容易发生失真和误解；③最高领导层与基层管理人员相隔多个层次，不容易了解基层现状并及时处理问题。

（2）扁平式组织结构的优缺点。其优点是：①有利于授权，激发下级积极性，并培养下属管理能力；②信息传递速度快，失真少；③能灵活地适应市场；④管理费用低；⑤便于高层领导了解基层情况。扁平式也存在以下缺点：①管理人员的管理幅度大，负担重，难以对下级进行深入具体的指导和监督；②对领导人员的素质要求较高。

（3）锥形结构和扁平结构的选用与现实意义。从锥形结构和扁平结构的优缺点分析可以看出，这两种结构形式各有千秋，都不是十全十美的，对它们的评价不能绝对化。关键是要根据组织的具体条件，选用适宜的结构形式，才能扬其长而避其短，取得良好效果。一般地，采用锥形结构的适用条件是：人员素质（包括上级领导和下属）不高；管理工作较为复杂，许多问题的处理不宜标准化或者管理基础差；实现日常管理工作科学化与规范化尚需长时间的努力；生产的机械化、自动化水平不高。如果企业的具体条件与此相反，则采用扁平结构形式比较适宜。可以这样说，组织设计人员对不同结构形式的选择过程，实质上就是从企业既定的现实条件出发，权衡不同方案的利弊，谋求总体效果比较满意的方案。但是，在现代企业管理中，注重采用扁平结构是一种普遍趋势。

（二）职权划分

1. 职权分类

（1）职权的含义。职权，即职务范围内的管理权限。居于组织中某一职位的管理者为了带领下属完成某项工作，必须拥有指挥、命令、协调等各项权力，这是领导者行使职责的工具。职责是指由于占据组织中某一职位而必须承担的责任。职责与职权是一对“孪生兄弟”，职责与职权共存。职权是履行职责的必要条件与手段，职责则是行使职权所要达到的目的。作为一名管理人员，占据了组织中某一职位，就必须承担职位要求的职责，同时也必须拥有完成职责的职权。权责对等，且共存于一体。

在正式组织内部，最基本最主要的信息沟通就是通过职权关系来实现的。通过职权关系将信息上传下达，一方面使下级按上级指令行事，另一方面，通过下级及时向上级反馈信息，使上级进行有效的控制，做出合理的决策。

（2）职权的种类。组织中的职权有三种基本类型，即直线职权、参谋职权和职能职权。①直线职权是指上级直接指挥下级的权力，表现为上下级之间的命令权力关系；②参谋职权是指参谋人员所拥有的辅助性职权，是顾问性、服务性、咨询性和建议性的职权，旨在帮助直线权力有效地完成组织目标。参谋人员也可分为两类，即个人参谋和专业参谋。③随着组织规模不断扩展和管理活动日趋复杂，主管人员受时间、精力和专业知识与能力等方面的限制，仅仅依靠参谋人员的建议很难做出科学的决策，为了提高和改善管理效率，主管人员就将一部分本属于自己的直线职权授予参谋人员，这就产生了职能职权。职能职权是指由直线主管人员授予的，参谋人员所拥有的部门决策权和指挥权。职能职权实质上属于直线职权。

2. 授权

（1）授权的含义。授权是指由管理者将自己所拥有的一部分权力授予下级而形成的分权，管理者授权是现代管理的一种管理方法与领导艺术。

（2）授权的原则。授权应遵循以下原则。

第一，权力和职责的对等。授权必须具有足够的范围，以使分派的职责得以完成。权力太小，授权形同虚设，往往会使下级在决策之前必须请示上级，延误决策；而授权范围过大，会使权力失控。所以必须根据职责的大小授予权力。

第二，职责绝对性原则。权力与职责可以被分派给下级，但对上级的责任，既不能分派，也不能委任。一个管理者为完成工作负有某些职责，其下属人员也有一部分责任，但该管理者不能推卸他自己对该项工作的最后责任。

第三，因事设人，视能授权。在授权前，必须明确本单位的工作任务，仔细分析其难易程度，以使职权授予最合适的人选。一旦发现下属不能胜任时，应及时地收回权力。

第四，明确所授事项。授权时，授权者必须向被授权者明确所授事项的任务目标及权责范围。这样不仅有利于下属完成任务，而且可避免下属推卸责任。

第五，不可越级授权。即主管人员只能对直接下属授权，因为越级授权会造成中层管理人员的被动，以及部门之间的矛盾。

第六，适度授权。授予的职权是上级主管人员职权的一部分，而不是全部，对下属来讲，这是他完成任务所必需的。对于涉及有关组织全局的问题要慎重考虑，不可轻易授权。

第七，有效监控原则。适当控制不是在授权后不断地检查工作，而是在授权之前建立一套健全的控制制度，制定可行的工作标准和适当的报告制度，以便在不同的情况下能迅速采取补救措施。

授权首先要建立健全请示汇报制度，以制度约束下属，其次要体谅下属工作中的困难。监督检查不是简单地打幌子、下评语，而是为了上下沟通，上下一条心，齐心协力，共同履行职责，完成任务。因此，对下属工作中出现的问题领导者要敢于承担责任，同时给下属必要的支持。

3．集权与分权

（1）集权与分权的概念。集权与分权是一个与授权密切相关的内容。如果授权较少，那么就意味着较高程度的集权；如果授权较多，那么就意味着较高程度的分权。

集权意味着职权集中到较高的管理层次，分权则表示职权分散到整个组织中，不过，集权与分权都是相对概念，并不是绝对的。

（2）集权制与分权制。按照集权与分权的程度不同，可形成两种领导方式，即集权制与分权制。

第一，集权制。集权制是指管理权限较多地集中在组织最高层。其特点是：①决策权较多地集中于高层主管，中下层只有日常业务的决策权；②对下级的控制较多，下级决策前都要经过上级的审核，下级决策后要向上级汇报；③集中经营，统一核算。

第二，分权制。分权制就是把管理权限适当分散在组织中下层。分权制的特点是：①中下层有较多的决策权；②上级的控制较少，往往以完成规定的目标为限；③下级有相对的独立经营、独立核算的权力，有一定的财务支配权。

（3）影响集权或分权的因素。对于一个企业，集权程度高一些好，还是低一些好，没有普遍适用的标准模式，只能根据影响集权与分权程度的客观因素，实事求是地加以确定。集权与分权的程度可根据以下因素的变化情况来衡量。

第一，产品结构及生产技术特点。这是来自企业内部影响集权与分权程度的基本因素。

例如：有的企业产品单一，更新换代速度慢，生产过程连续性强，实行大量生产，由于其生产经营各环节之间的协作和联系十分紧密，客观上要求集中经营、统一管理，企业高层就应集权多些；而有的企业从事跨行业多种经营，产品的生产技术差别大，市场和销售渠道各不相同，在这种情况下，只有加大分权程度，才能使不同产品的生产单位能够根据行业特点灵活经营。

第二，环境条件。环境是从外部影响集权与分权程度的基本因素。由于企业所处的行业、经营资源的供应、面对的市场、使用的技术等存在差异，其环境有的复杂多变，不确定性程度高，有的则相对较为稳定，不确定性程度低。环境越是不确定，决策者越难以获得准确而可靠的环境信息，越难以把握外部条件的变化方向与速度，因而生产经营的风险就越大。显然，为了使企业下属单位能够及时抓住机会，避开风险，促进整个企业的发展，必须加大分权程度才行。而那些环境较为稳定的企业，则可以提高集权程度。在我国，环境条件中还有一个重要因素，这就是国家宏观调控的方式与政策。对于某些企业，国家控制相对较严，过去以指令性计划形式实行直接控制，今后将采取国有独资公司形式保持绝对控制权，这样的企业，其内部就要有较高程度的集权。

第三，企业战略。战略不同，将对企业集权与分权产生直接影响。例如，从总体上看，企业根据特定环境和自身条件，可以采取稳定型、增长型和收缩型等不同态势的战略。稳定型战略有利于提高企业集权程度。实行收缩型战略，必须加强企业高层的集权，不如此，就无法集中力量，保证重点，难以实现较大的战略调整。与这两种战略态势相反，增长型战略则要求扩大分权，以便充分发挥下属单位生产经营的主动性和创造性，为企业开拓更多、更大的市场。

第四，企业规模。企业规模越大，经营管理越复杂，决策数目就越多，决策频率就越高；同时由于管理层次和部门增多，使得横向协调越困难，高层也越不容易及时掌握下层情况。因此，决策权若过于集中，就会延误决策时间，降低决策效率，还会因情况不明而决策失误。所以，规模大的企业，除了那些由产品结构和生产技术特点所决定的、适合高度集权的企业外，一般都需要不同程度地扩大分权。

第五，企业管理水平和管理者条件。有些企业经过长期发展，形成了一整套适合自己情况的管理方式、制度和方法，各方面和各单位的管理水平都较高，这就为增加分权的内容和程度提供了有利条件；反之，由若干企业合并而成的公司，如果它们的管理水平参差不齐，有的单位管理基础较差，为了保证整个公司步调一致、协同作战，就需要加强集权，待情况好转后，再适当分权。控制技术的先进性是反映企业管理水平高低的一个重要标志。在生产自动化和拥有电子计算机管理信息系统的条件下，专业管理和作业管理将大大简化，这就为企业高度集权提供了优越的物质技术条件。企业如不具备这种条件，就只能适当分权。企业管理水平的高低最终取决于管理人员的素质。如果企业各级管理人员素质好，既有经验和能力，又有强烈的责任心和进取心，分权程度自然可以加大；假如相反，企业极度缺乏优秀的管理人才，分权就会受到限制。

企业应根据实现组织目标的需要，综合上述影响因素，正确地确定集权和分权的程度，实现科学的职权配置。

第三节 组织结构类型

不同的组织有不同的特点，不可能采用统一的组织模式，所以，设置组织结构，需要选择适当的组织结构形式。组织结构形式是组织结构框架设置的模式。组织结构框架设计，包括纵向结构设计和横向结构设计两个方面。通过机构、职位、职责、职权以及它们之间的相互关系设计，实现纵横结合，组成不同类型的组织结构。常见的组织结构有以下几种类型。

一、直线制组织结构

直线制，又称“军队式组织”，是人类社会各种组织存在的最基本形式，也是一种最早的和最简单的组织结构形式。这种组织结构没有管理职能部门，从最高层到最低层实现直线垂直领导，如图 4–1 所示。

直线制组织结构的优点是，结构比较简单，责任分明，命令统一。

该结构的缺点是：对直线主管要求较高，要求直线主管掌握多种知识和技能，亲自处理各种业务。在组织规模比较大、业务比较复杂的情况下，把所有管理职能都集中到最高主管一个人身上，显然是难以胜任的。因此，直线制只适用于规模较小、生产技术比较简单的企业，对生产技术和经营管理比较复杂的企业并不适宜。

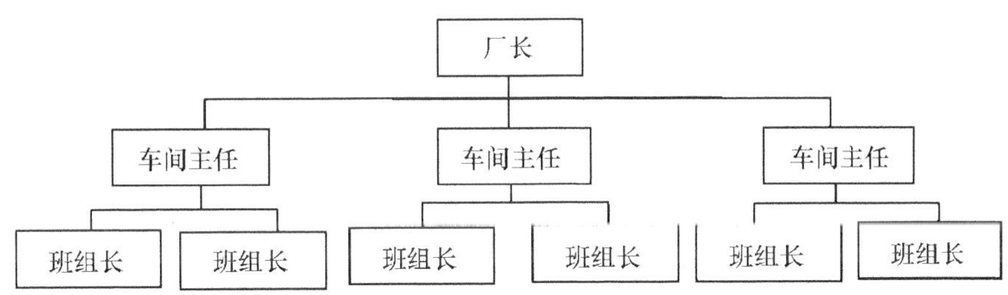

图 4-1　直线制组织结构示意图

二、职能制组织结构

职能制是指设立若干职能机构或人员，各职能机构或人员在自己的业务范围内都有权向下级下达命令和指示，即各级负责人除了要服从上级直接领导的指挥以外，还要受上级各职能部门或人员的领导，如图 4–2 所示。

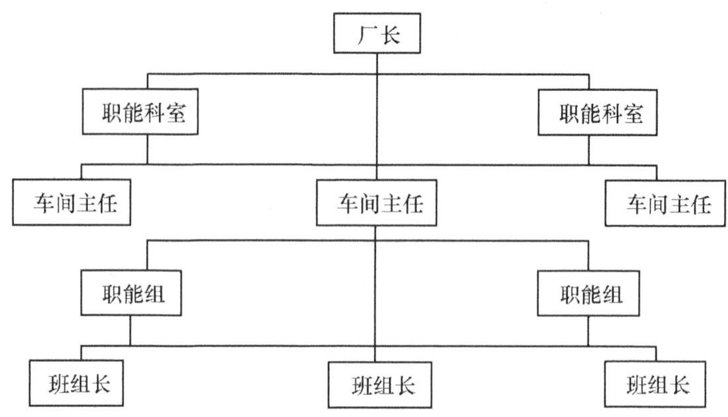

图 4-2　职能制组织结构示意图

职能制的优点是：能适应现代化工业企业生产技术比较复杂、管理工作比较精细的特点；能充分发挥职能机构的专业管理作用，减轻直线领导人员的工作负担。

职能制的缺点是：妨碍了必要的集中领导和统一指挥，形成了多头领导；不利于建立和健全各级行政负责人和职能科室的责任制，在中间管理层往往会出现有功大家抢，有过大家推的现象；另外，在上级行政领导和职能机构的指导和命令发生矛盾时，下级就无所适从。由于这种组织结构形式的缺陷明显，现代企业一般都不采用职能制。

三、直线—职能制组织结构

直线—职能制，或者称为直线参谋制，是在直线制和职能制的基础上取长补短，吸取这两种形式的优点而建立起来的。目前，我们绝大多数企业都采用这种组织结构形式。这种组织结构形式是把企业管理机构和人员分为两类。一类是直线领导机构和人员，按命令统一原则对各级组织行使指挥权；另一类是职能机构和人员，按专业化原则，从事组织的各项职能管理工作。直线领导机构和人员在自己的职责范围内有一定的决定权和对所属下级的指挥权，并对自己部门的工作负全部责任。而职能机构和人员，则是直线指挥人员的参谋，不能对直线部门发号施令，只能进行业务指导。直线—职能制组织结构如图 4–3 所示。

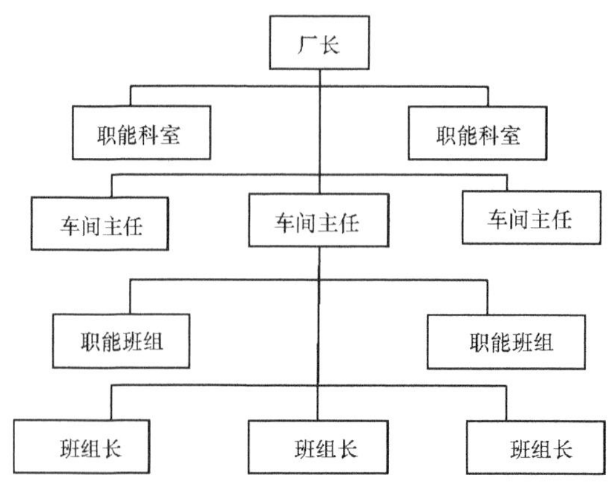

图 4-3　直线—职能制组织结构示意图

直线—职能制组织结构的优点是，命令统一，职责明确，专业化管理程度较高，组织稳定。它既保证了管理体系的集中统一，又可以在各级行政负责人的领导下，充分发挥各专业管理机构的作用。

但其缺点是：职能部门之间缺乏交流、协作和配合；职能部门与行政负责人之间容易产生摩擦；组织系统的灵敏度较低；下级的许多工作要向上层领导报告请示后才能处理，常常造成企业运作效率低下。

四、事业部制组织结构

事业部制是欧美、日本大型企业所采用的典型的组织形式，它是一种分权制的组织形式。事业部制最早是由美国通用汽车公司总裁斯隆于 1924 年提出的，故有“斯隆模型”之称，也叫“联邦分权化”，是一种高度集权下的分权管理体制。它适用于规模庞大、品种繁多、技术复杂的大型企业，是国外较大的联合公司所采用的一种组织形式。近几年我国一些大型企业集团或公司也引进了这种组织结构形式。在企业组织的具体运作中，事业部制又可以根据企业组织在构造事业部时所依据的基础的不同，区分为产品事业部制、区域事业部制等类型，通过这种组织结构可以针对某个单一产品、服务、产品组合、主要工程或项目、地理分布、商务或利润中心来组织事业部。地区事业部制以企业组织的市场区域为基础来构建企业组织内部相对具有较大自主权的事业部门；而产品事业部则依据企业组织所经营产品的相似性对产品进行分类管理，并以产品大类为基础构建企业组织的事业部门。

事业部制是分级管理、分级核算、自负盈亏的一种形式，即一个公司按地区或产品类别分成若干个事业部，从产品的设计、原料采购、成本核算、产品制造，一直到产品销售，均由事业部及所属工厂负责，实行单独核算，独立经营，公司总部只保留人事决策、预算控制和监督大权，并通过利润等指标对事业部进行控制。也有的事业部只负责指挥和组织生产，不负责采购和销售，实行生产和供销分立，但这种事业部正在被产品事业部所取代。还有的事业部则按区域来划分。这里就产品事业部和区域事业部做些简单的介绍。

（一）产品事业部（又称产品部门化）

按照产品或产品系列组织业务活动，在经营多种产品的大型企业中显得日益重要。产品部门化主要是以企业所生产的产品为基础，将与生产某一产品有关的活动，完全置于同一产品事业部内，再在产品事业部内细分职能部门，进行该产品的生产、销售等工作。这种结构形态，在设计中往往将一些共用的职能集中，由上级委派以指导各产品部门，做到资源共享。其组织结构见图 4–4。

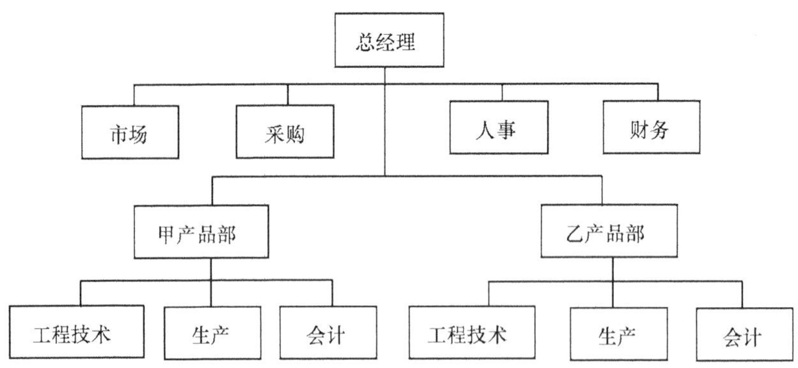

图 4-4　产品部门化组织结构示意图

产品部门化的优点主要有：

第一，有利于采用专业化设备，并能使个人的技术和专业化知识得到最大限度的发挥；

第二，每一个产品部都是一个利润中心，部门经理承担利润责任，这样有利于总经理评价各部门的政绩；

第三，在同一产品部门内有关的职能活动协调比较容易，比完全采用职能部门管理更有弹性；

第四，容易适应企业的业务扩展与业务多元化要求。

产品部门化的缺点主要是：

第一，需要更多的具有全面管理才能的人才，而这类人才往往不易得到；

第二，每一个产品分部都有一定的独立权力，高层管理人员有时会难以控制；

第三，对总部的各职能部门，例如人事、财务等，产品分部往往不会善加利用，以致总部一些服务不能获得充分的使用。

（二）区域事业部制（又称区域部门化）

对于在地理上分散的企业来说，按地区划分部门是一种比较普遍的方法。其原则是把某个地区或区域内的业务工作集中起来，委派一位经理来主管其事。按地区划分部门，特别适用于规模大的公司，尤其是跨国公司。这种组织结构形态，在设计上往往设有中央服务部门，如采购、人事、财务、广告等，向各区域提供专业性的服务。这种组织结构如图 4–5 所示。

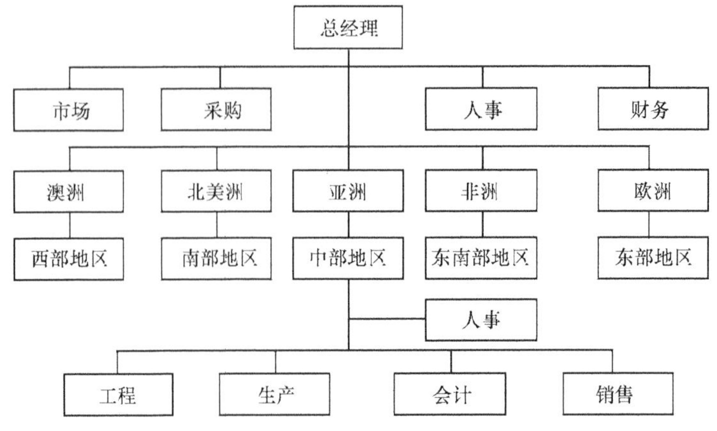

图 4-5　区域部门化组织结构示意图

区域部门化的优点主要有：

第一，责任到区域，每一个区域都是一个利润中心，每一区域部门的主管都要负责该地区业务的盈亏；

第二，放权到区域，每一个区域有其特殊的市场需求与问题，总部放手让区域人员处理，会比较妥善、实际，有利于企业高层管理者关注更重要的问题。

第三，有利于地区内部协调；

第四，对区域内顾客比较了解，有利于服务与沟通；

第五，每一个区域主管，都要担负一切管理职能的活动，这对培养通才管理人员大有好处。

区域部门化的缺点是：

第一，随着地区的增加，需要更多具有全面管理能力的人员，而这类人员往往不易得到；

第二，每一个区域都是一个相对独立的单位，加上时间、空间上的限制，往往是“天高皇帝远”，总部难以控制；

第三，由于总部与各区域分部相距较远，难以维持集中的经济服务工作。

总体来说，事业部必须具有三个基本要素特征，即相对独立的市场、相对独立的利益，和相对独立的自主权。

事业部制的优点是：总部领导可以摆脱日常事务，集中精力考虑全局问题；事业部实行独立核算，更能发挥经营管理的积极性，更利于组织专业化生产和实现企业的内部协作；各事业部之间有比较，有竞争，这种比较和竞争有利于企业的发展；事业部内部的供、产、销之间容易协调，不像在直线职能制下需要高层管理部门过问；事业部经理要从事业部整体来考虑问题，这有利于培养和训练全面的管理人才。

事业部制的缺点是：公司与事业部的职能机构重叠，构成管理人员浪费；事业部实行独立核算，各事业部只考虑自身的利益，影响事业部之间的协作，一些业务联系与沟通往往也被经济关系所替代，甚至连总部的职能机构为事业部提供决策咨询服务时，也要事业部支付咨询服务费。

五、模拟分权制组织结构

这是一种介于直线职能制和事业部制之间的结构形式。这种组织结构如图 4–6 所示。

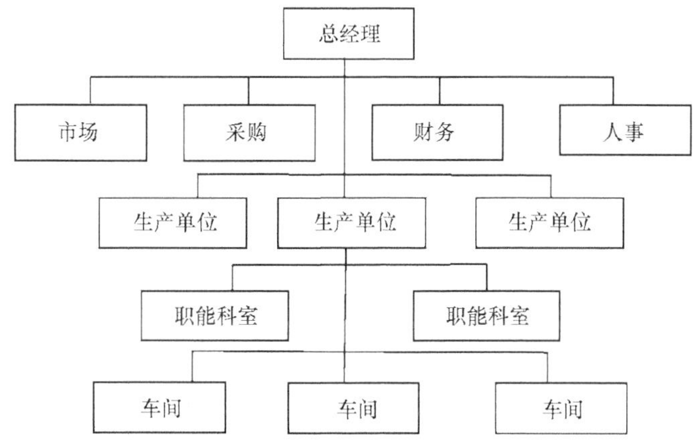

图 4–6 模拟分权制结构示意图

有许多大型企业，如连续生产的钢铁、化工企业等，由于产品品种或生产工艺过程所限，难以分解成几个独立的事业部。又由于企业的规模庞大，以致高层管理者感到采用其他组织形态都不容易管理。这时就出现了模拟分权组织结构形式，即模拟事业部制的独立经营，单独核算，但不是真正的事业部，实际上是一个个“生产单位”。这些生产单位有自己的职能机构，享有尽可能大的自主权，负有“模拟性”的盈亏责任，目的是调动他们的生产经营积极性，以改善企业的生产经营管理。需要指出的是，各生产单位由于生产上的连续性，很难将它们截然分开。以连续生产的石油化工企业为例。甲单位生产出来的“产品”直接就成为乙单位生产所需的原料，这当中无需停顿和中转，因此，它们之间的经济核算，只能依据企业内部的价格，而不是市场价格。也就是说这些生产单位没有自己独立的外部市场，这也是与事业部的差别所在。

模拟分权制的优点除了调动各生产单位的积极性外，还可以解决企业规模过大不易管理的问题。高层管理人员将部分权力分给生产单位，减少了自己的行政事务，从而把精力集中到战略问题上来。

其缺点是：不易为模拟的生产单位明确任务，造成评估上的困难；各生产单位负责人不易了解企业的整体情况，在信息沟通和决策权力方面也存在着明显的缺陷。

六、矩阵制组织结构

在组织结构上，把既有按职能划分的垂直领导系统，又有按产品（项目）划分的横向领导关系的结构，称为矩阵型组织结构，如图 4-7 所示。

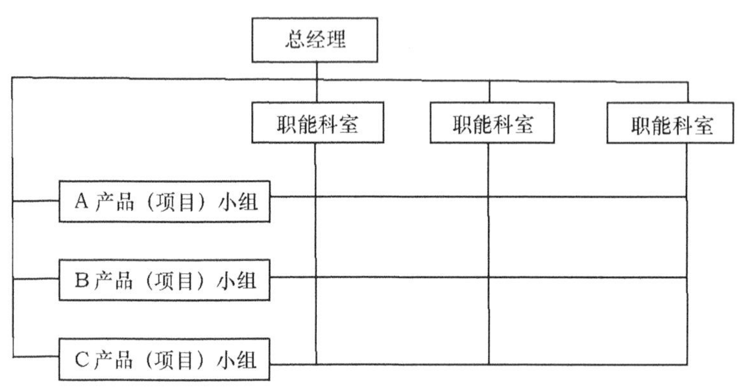

图 4-7　矩阵制组织结构示意图

矩阵制组织是为了改进直线职能制横向联系差、缺乏弹性的缺点而形成的一种组织形式。它的特点表现在围绕某项专门任务成立跨职能部门的专门机构上，例如组成一个专门的产品（项目）小组去从事新产品开发工作，在研究、设计、试验、制造各个不同阶段，由有关部门派人参加，力图做到条块结合，以协调有关部门的活动，保证任务的完成。这种组织结构形式是固定的，人员却是变动的，需要谁，谁就来，任务完成后就可以离开。项目小组和负责人也是临时组织和委任的。任务完成后就解散，有关人员回原单位工作。因此，这种组织结构非常适用于横向协作和攻关项目。

矩阵结构的优点是：机动、灵活，可随项目的开始与结束进行组织或解散；由于这种结构是根据项目组织的，任务清楚，目的明确，各方面有专长的人都是有备而来，因此在项目工作小组里，成员易于沟通、融合，能把自己的工作同整体工作联系在一起，为攻克难关，解决问题而献计献策；由于从各方面抽调来的人员有信任感、荣誉感，因此增加了他们的责任心，激发了工作热情，有利于促进项目的实现；它还加强了不同部门之间的配合和信息交流，克服了直线职能结构中各部门互相脱节的现象。

矩阵结构的缺点是：项目负责人的责任大于权力，因为参加项目的人员都来自不同部门，隶属关系仍在原单位，只是为“会战”而来，所以项目负责人对他们管理困难，没有足够的激励手段与惩治手段，这种人员上的双重管理是矩阵结构的先天缺陷；由于项目组的成员来自各个职能部门，任务完成以后仍要回原单位，因而容易产生临时观念，对工作有一定影响。

矩阵结构适用于一些重大攻关项目。企业可用来完成涉及面广的、临时性的、复杂的重大工程项目或改革任务，特别适用于以开发与实验为主的单位，例如科学研究，尤其是应用性研究单位等。

七、委员会组织

个人管理指的是整个组织中的最高决策权集中在一个人的手里，由他对整个组织负责，因此称为个人负责制。如果组织中的最高决策权交给两位以上的管理者，也就是把权力分散到一个集体中去，即为委员会管理。

（一）委员会的类型

1．按时间长短划分

按照时间长短划分，可分为临时性委员会和常设委员会。组织中的委员会可以是临时的，为某一特定目的而组织起来，完成特定任务以后即行解散；委员会也可以是常设的，行使某种经常性职能。

2．按职能的性质划分

按职能的性质划分，委员会可分为两种类型：一种是行使决策职能的直线式的，例如董事会，它的决策要求下级必须执行；另一种是行使协调咨询职能的参谋式的，它为直线人员提供咨询建议等。

（二）委员会的优点

1．有利于集思广益

委员会全体成员的知识、经验总和比其中任何一个人高，相互一起讨论研究，可以避免个别领导人的判断错误。委员会讨论的结果不是许多个别观点的简单综合，而是各种想法在一起重新创造的组合，因此能产生解决问题的更好方案。

2．集体决策，有助于提高决策的科学性

通常，委员会除了行政负责人参加外，还有各方面的专家、各部门各层次的代表。委员会中委员的权力都是平等的，以少数服从多数的原则解决问题并采取集体行动。如此可以避

免权力过分集中在某一个人身上，既可防止个人滥用职权也可避免忽视某个层次、某个方面人士的意见和利益。

3．便于沟通和协调

委员会是很好的协调各部门活动的场所。讨论问题的过程也是沟通和协调的过程。当讨论和确定某项决策时，该项决策可能会使某一部门面临什么问题，为执行这项决策各部门应做哪些配合工作，均可得到反映，这有助于相互了解，有助于决策的有力执行。

4．体现以人为本的原则，有利于激发更大的积极性

委员会使低层管理者和普通员工有可能参与高层决策的制定。人们都希望对影响个人和组织利益的事有发言权，对自己所参与和帮助制定的决策更乐意接受和有更大的积极性。

（三）委员会的缺点

由于委员会是由许多人共同决策，所以它也有一些缺点。

1．委曲求全，折中调和

委员会通常都有委曲求全的弊端。当意见发生不一致时，要么争执双方互不相让，旷日持久，议而不决；要么讨价还价，采取折中的方法解决，结果谁也没有满足希望，谁也没有完全失望，但是结论却由于妥协而往往没有留下多少实质性的内容。在妥协不可能时，可以采取少数服从多数的原则做出决议，但多数赞成的决议不一定是良好的决议。

2．责任不清，缺乏个人行动力

个人同意集体的决议并不意味着他的观点完全同最后的集体决议一致，个人对集体做出的决议或建议，也不承担个人责任。因此有人认为委员会并非一个完美有效的形式，通常以个人行动为好。

第四节　组织变革

一、组织变革的必要性和影响因素

任何设计得再完美的组织，在运行了一段时间以后也都必须进行变革，这样才能更好地适应组织内外条件变化的要求。组织变革实际上是而且也应该是组织发展过程中的一项经常性活动。也许因为组织变革要经常进行的缘故，有人甚至指出，“组织”的准确名称其实应该叫“再组织”。组织变革是任何组织都不可回避的问题，而能否抓住时机顺利推进组织变革则成为衡量管理工作有效性的重要标志。

诱发组织变革的需要并决定组织变革目标方向和内容的主要因素有以下几项。

（一）战略

企业在发展过程中需要不断地对其战略的形式和内容做出调整。新的战略一旦形成，组织结构就应该进行相应的调整与变革，以适应新战略实施的需要。结构追随战略，战略的变化必然带来组织结构的更新。

企业战略可以在两个层次上影响组织结构：一是不同的战略要求开展不同的业务和管理活动，由此影响到管理职务和部门的设计；二是战略重点的改变会引起组织业务活动重心的转移和核心职能的改变，从而使各部门、各职务在组织中的相对位置发生变化，相应地要求各管理职务以及部门之间的关系做出调整。

（二）环境

环境变化是导致组织结构变革的一个主要影响力量。当今企业普遍面临全球化的竞争和由所有竞争者推动的日益加速的产品创新，以及顾客对产品质量和交货期越来越高的要求，这些都是环境动态性的表现。而传统的以高度复杂性、高度正规化和高度集权化为特征的机械组织，并不适于企业对迅速变化的环境做出灵敏的反应，无法适应新的环境要求。目前许多企业的管理者开始朝着弹性化或有机化的方向改革其组织，以便使他们变得更加精干、快速、灵活和富有创新性。

环境之所以会对组织的结构产生重大影响，是因为任何组织都或多或少是个开放的系统。组织作为整个社会经济大系统的一个组成部分，它与外部的其他社会经济子系统之间存在着各种各样的联系，所以外部环境的发展和变化必然会对组织结构的设计产生重要的影响。

（三）技术

组织的任何活动都需要利用一定的技术和反映一定技术水平的特殊手段来进行。技术以及技术设备的水平，不仅影响组织活动的效果和效率，而且会对组织的职务设置与部门划分、部门间的关系，以及组织结构的形式和总体特征等产生相当程度的影响。比如，信息技术的推陈出新，在促进传统非程序化决策向程序化决策的转化以及组织内外部高强度的信息共享和交流时，使许多重大问题的决策趋于集权化而次要问题的解决可以分权化。由此，长期管理实践中被作为一项组织原则提出来,但很难实现的“集权与分权相结合”的问题获得了解决的途径。

再从生产作业技术来看，组织将投入转换为产出所使用的过程和方法，在常规化程度上是各不相同的。越是常规化的技术，越需要高度结构化的组织。反之，非常规的技术，要求更大的结构灵活性。计算机手段在生产作业活动中的更广泛、更深入的应用，促使生产技术向非常规化演进，相应地也促使管理组织结构变得更具有柔性特征。

（四）组织规模和成长阶段

组织的规模往往与组织的成长或发展阶段相关联。伴随着组织的发展，组织活动的内容会日趋复杂，人数会逐渐增多，活动的规模和范围会越来越大，这样组织结构也必须随之调整，才能适应成长后的组织的新情况。组织变革伴随着企业成长的各个时期，不同的成长阶段要求不同的组织模式与之相适应。例如，企业在成长的早期，组织结构常常是简单、灵活而集权的。随着员工的增多和组织规模的扩大，企业必须由创业初期的松散结构转变为正规的、集权的，其通常的形态就是职能型结构。而当企业的经营进入多元产品和跨地区市场后，分权的事业部结构可能更为适宜。企业进一步发展而进入集约经营阶段以后，不同领域之间的交流与合作以及资源共享、能力整合、创新力激发等问题愈发突出，这样，以强化协调作为主旨的各种创新组织形态便应运而生。总之，组织在不同的发展阶段所适合采取的组织模式是各不一样的。管理者如果不能在组织步入新的发展阶段之际及时地、有针对性变革其组织设计，那就容易引发组织发展的危机。这种危机的有效解决，必须依靠组织结构的变更。所以，哈佛大学葛雷纳教授指出，组织变革伴随着企业发展的各个时期，组织的跳跃式变革与渐进式演进相互交替，由此推动企业的发展。

二、组织变革的动力与阻力

（一）组织变革面临两种力量的对比

在现代社会，越来越多的组织面临着一种复杂和多变性。如果说以前的管理特点是长期的稳定伴随着偶尔的短期的变革，那么今天的情形正好相反，往往是长期的变革伴随着短期的稳定。在这种情况下，管理者必须比以往任何时候更加关注变革和变革管理，帮助员工更好地理解不断变革中的工作环境，并采取措施激发变革的动力，克服变革的阻力使组织在变革中求得繁荣和发展。

组织变革时常面临着动力和阻力这两种力量的较量。对待组织变革所表现出来的推动和阻止这两种不同的态度以及由此产生的方向相反的作用力量及其强弱程度的对比，会从根本上决定组织变革的进程、代价，甚至影响到组织变革的成功和失败。

组织变革的动力指的就是发动、赞成和支持变革并努力实施变革的驱动力。总的来说，组织变革的动力来源于人们对变革的必要性及变革所能带来好处的认识。比如，企业内外各方面客观条件的变化，组织本身存在的缺陷和问题，各层次管理者（尤其是高层管理者）居安思危的忧患意识和开拓进取的创新意识，变革可能带来的权力和利益关系的有利变化，以及鼓励革新、接受风险、赞赏失败并容忍变化、模糊和冲突的开放型组织文化，都可能形成变革的推动力量，引发变革的动机、欲望和行为。

组织变革的阻力，则是指人们反对变革、阻挠变革甚至对抗变革的制约力。这种制约组织变革的力量可能来源于个体和群体，也可能来自组织本身甚至外部环境。组织变革阻力的存在，意味着组织变革不可能一帆风顺，这就给变革管理者提出了更严峻的变革管理任务。成功的组织变革管理者，应该注意到所面临的变革阻力可能会对变革成败和进程产生消极的、不利的影响，为此要减弱和转化这种阻力；同时变革管理者还应当看到，人们对某项变革的阻力并不完全是破坏性的，而是可以在妥善的管理或处理下转化为积极的、建设性的。比如，阻力的存在至少能引起变革管理者对所拟定变革方案和思路予以更理智、更全面的思考，并在必要时做出修正，以使组织变革方案获得不断完善和优化，从而更好地取得组织变革效果。

（二）组织变革阻力的主要来源

（1）个体和群体方面的阻力。个体对待组织变革的阻力，主要是因为其固有的工作和行为习惯难以改变、就业安全需要、经济收入变化、对未知状态的恐惧以及对变革的认知存有偏差而引起的。群体对变革的阻力，可能来自于群体规范的束缚，群体中原有的人际关系可能因变革而受到改变和破坏，群体领导人物与组织变革发动者之间的恩怨、摩擦和利害冲突，以及组织利益相关群体对变革可能不符合组织或该团体自身的最佳利益的顾虑等。

（2）组织的阻力。来自组织层次的组织变革的阻力，包括现行组织结构的束缚、组织运行的惯性、变革对现有权利关系和资源分配格局所造成的破坏和威胁，以及追求稳定、安逸和确定性甚于革新和变化的保守型组织文化等。此外，对任何组织系统来说，其内部各部门之间以及系统与外部之间都存在着强弱程度不等的相互依赖和相互牵制的关系，这种联系是组织作为系统所固有的特征。然而，在一定时期内进行的组织变革，一方面出于克服和化解变革阻力的需要，另一方面也由于组织问题本身是错综复杂的，因而很难一蹴而就全部解决的缘故，这样，具有一定广度和深度的组织变革就通常只宜采取分阶段有计划地逐步推进的渐进式变革策略。在这种策略下，每一计划期内的变革都只能针对有限的一些组织问题，这就难以避免会导致系统内外尚未变革的要素对现有计划范围内的变革构成一种内在牵制和影响力。这种制约力量需要变革管理者在设计组织变革方案时就予以周密的考虑，以便安排合适的变革广度、深度和进度。

（3）外部环境的阻力。组织的外部环境条件也往往是形成组织变革阻力的一个不可忽视的来源。比如：与充分竞争的产品市场会推动组织变革相比，缺乏竞争性的市场往往造成组织成员的安逸心态，束缚组织变革的进程；对经理人员经营企业之业绩的考评重视不足或者考评方式不正确，会导致组织变革压力和驱动力的弱化；全社会对变革发动者、推进者的期待和支持态度及相关的舆论和行动，以及企业特定组织文化在形成和发展过程中所根植的整个社会或民族的文化特征，都是重要的影响企业组织变革成败的力量。

（三）组织变革阻力的管理对策

组织变革过程是一个破旧立新的过程，自然会面临推动力与制约力相互交错和混合的状态。组织变革管理者的任务，就是要采取措施改变这两种力量的对比，促进变革更顺利地进行。概括地说，改变组织变革力量及其对比的策略有三类：一是增强或增加驱动力；二是减少或减弱阻力；三是同时增强动力与减少阻力。有实践表明：在不消除阻力的情况下增强驱动力，可能加剧组织中的紧张状态，从而无形中增强对变革的阻力；在增加驱动力的同时采取措施消除阻力，会更有利于加快变革的进程。

三、组织变革的过程

成功而有效的组织变革，通常需要经历解冻、改革、冻结这三个步骤有机联系的过程。

（一）解冻

由于任何一项组织变革都或多或少会面临来自组织自身及其成员的一定程度的抵制力，因此，组织变革过程需要有一个解冻阶段作为实施变革的前奏。解冻阶段的主要任务是发现组织变革的动力，营造危机感，塑造出改革乃是大势所趋的气氛，并在采取措施克服变革阻力的同时具体描绘组织变革的蓝图，明确组织变革的目标和方向，以形成待实施的比较完善的组织变革方案。

（二）改革

改革或变动阶段的任务就是按照所拟定变革方案的要求开展具体的组织变革或行动，以使组织从现有结构模式向目标模式转变。这是变革的实质性阶段，通常可以分为试验与推广两个步骤。这是因为组织变革的涉及面较为广泛，组织中的联系相当错综复杂，往往“牵一发而动全身”。这种状况使得组织变革方案在全面付诸实施之前一般要先进行一定范围的典型试验，以便总结经验，修正进一步的变革方案。在试验取得初步成效后再进入大规模的全面实施阶段。还有另一个好处，那就是可以使一部分对变革尚有疑虑的人能在试验阶段便及早地看到或感觉到组织变革的潜在效益，从而有利于争取组织成员在思想和行动上支持所要进行的组织变革，并踊跃跻身于变革的行列，由此实现从变革观望者、反对者向变革的积极支持者和参加者转变。

（三）冻结

组织变革过程并不是在实施变革行动后就宣告结束。涉及人的行为和态度的组织变革，从根本上说，只有在前面有个解冻阶段，后面又有一个冻结阶段的条件之下才有可能真正地实现。现实中经常出现，组织变革行动发生之后,个人和组织都有一种退回到原有习惯的行为方式中的倾向。为了避免出现这种情况，变革的管理者就必须采取措施保证新的行为方式和组织形态能够不断地得到强化和巩固。这一强化和巩固的阶段可以视为一个冻结或者重新冻结的过程。缺乏这一冻结阶段，变革的成果就有可能退化消失，而且对组织及其成员也只有短暂的影响。

案例分析

比特丽公司的分权管理

比特丽公司是美国一家大型联合公司，总部设在芝加哥，下属有 450 个分公司，经营着 9 000 多种产品。其中许多产品,如克拉克棒糖、乔氏中国食品等，都是名牌产品。公司每年的销售额达 90 多亿美元。

多年来，比特丽公司一直采用购买其他公司来发展自己的积极进取战略，因而公司得到了迅速的发展。公司的传统做法是：每当购买一家公司或工厂后，一般都保持其原来的产品，使其成为联合公司一个新产品的市场；另一方面是对下属各分公司都采用分权的形式，允许新购买的分公司或工厂保持其原来的生产管理结构，不受联合公司的限制和约束。由于实行了这种战略，公司变成由许多受总公司的限制较少、彼此没有什么联系的分公司组成的没有统一目标的联合公司。

1976 年，负责这个发展战略的董事长退休以后，德姆被任命为董事长。新董事长德姆的意图是要使公司朝着他新制定的方向发展。根据他新制定的战略，德姆卖掉了下属 56 个分公司，但同时又买下了西北饮料工业公司。据德姆的说法，公司除了面临发展方向方面的问题外，还面临着另外两个主要问题。一个是下属各分公司都面临着向社会介绍并推销新产品的问题，为了刺激各分公司的工作，德姆决定采用奖金制，对干得出色的分公司经理每年奖励 1 万美元。但是，对于收入远远超过 1 万元的这些分公司经理人员来说，1 万元奖金恐怕起不了多大的刺激作用。另一个面临的更严重的问题是，在维持原来的分权制度下，应如何提高对增派参谋人员必要性的认识，应如何发挥直线与参谋人员的作用问题。德姆决定给下属每个部门增派参谋人员，以更好地帮助各个小组开展工作。但是，有些管理人员认为只增派参谋人员是不够的，而有的人则认为，没有必要增派参谋人员，可以采用单一联络人联系几个单位的方法，即集权管理的方法。

公司专门设有一个财务部门，但是这个财务部门根本就无法控制这么多分公司的财务活动，因此造成联合公司总部甚至无法了解并掌握下属部门支付支票的情况。

问题

1. 比特丽公司可以在分权方面做得更好吗？

2. 你对德姆的方法有何看法？

3. 参谋人员有何作用？如何协调直线与参谋人员之间的关系？

实践训练

1. 实训项目

设计组织结构。

2. 实训目的

掌握组织结构的类型及其特点。

3. 实训内容与组织

把学生分为若干个小组，每组 5~8 人，要求每组创办一家模拟公司，结合所学组织结构内容，构建公司组织框架，并制定组织目标和相关行动方案。以实训报告的形式上交，教师在课内组织讨论，并评价各自优劣。

4. 实训考核

教师依据实训报告和讨论课上学生的表现给出成绩。

本章小结

1. 组织是一切管理活动赖以存在的“载体”。无论是静态的组织，还是动态的组织，组织都在管理活动中都起着重要的作用。组织工作就是为了有效地实现组织目标，设计职务结构和形成权责关系结构的过程。从实践存在的组织结构形式来看，有直线制、职能制、直线职能制、事业部制、模拟分权制、矩阵制及委员会制。

2. 要使组织的作用充分发挥，产生良好的效果，必须设计良好的组织结构。设计组织结构要遵守一些原则和程序，同时还要考虑影响组织结构的因素。设计组织结构需解决横向的部门划分、纵向的层次划分以及职权配置三个问题。

3. 部门可以按职能、区域、产品、服务对象、时间、人数等进行划分。每种划分方法都有优缺点，组织经常采用混合的方法来划分部门。

4. 管理幅度是指一个上级能有效地管辖直接下级的人数，管理层次是指组织中从上而下形成的连续等级层数。在组织规模一定的前提下，管理幅度与管理层次成反比关系。管理幅度大而管理层次少的组织是扁平式结构，反之则是锥形结构。授权是一个过程，要遵循一定的原则。可以以一个组织中下级决策的数目多少，决策时上级的控制程度来判断组织的集权与分权程度。

5. 组织变革是在动力与阻力两种力量中逐渐推进的。变革管理者要采取有效措施改变这两种力量的对比关系，促进组织变革的顺利进行。

复习思考题

1. 组织结构设计原则有哪些？
2. 怎样理解管理幅度与管理层次之间的关系？
3. 组织应怎样授权？
4. 影响集权和分权的因素有哪些？
5. 各种组织结构的优缺点是什么？
6. 组织变革的过程是什么？

第五章 人力资源管理

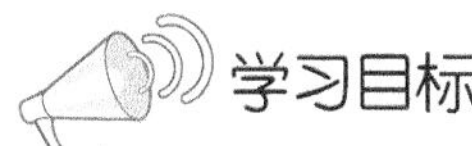

通过本章的学习，熟悉人力资源管理的基本原理与方法，掌握人员配备的原则、管理人员的来源及外部招聘和内部提升的优缺点，了解主管人员选拔、考评和培训方法。

引入案例

动物园里的小骆驼问妈妈：“妈妈，为什么我们的睫毛那么长？”骆驼妈妈说：“当风沙来的时候，长长的睫毛可以让我们在风暴中都能看得到方向。”小骆驼又问：“妈妈，为什么我们的背那么驼，丑死了！”骆驼妈妈说：“这个叫驼峰，可以帮我们储存大量的水和养分，让我们能在沙漠里耐受十几天的无水无食条件。”小骆驼又问：“妈妈，为什么我们的脚掌那么厚？”骆驼妈妈说：“那可以让我们重重的身子不至于陷在软软的沙子里，便于长途跋涉啊。”小骆驼高兴坏了：“哗，原来我们这么有用啊！可是妈妈，为什么我们还在动物园里，不去沙漠远足呢？”

解析：毋庸置疑，每个人的潜能都是无限的，问题的关键在于找到一个能充分发挥潜能的舞台。好的管理者就是能为每一个员工提供这个合适舞台的人。我们需要细心观察，找到每一个员工的特长，并尽可能地为他们提供适合他们发展的舞台。一个好领导不一定是业务能力最强的人，但他一定是个懂得惜才、用才的人。

第一节 人力资源配备

一、人力资源计划

人力资源计划，又称人力资源规划（Human Resources Plan），是人力资源管理的第一阶段，是指为实施企业的发展战略，完成企业的生产经营目标，根据企业内外环境和条件的变化，运用科学的方法对企业的人力资源需求与供给进行预测，制定适宜的政策和措施，从而使企业人力资源供给与需求达到平衡，实现人力资源合理配置，有效激励员工的过程。

为什么要进行人力资源计划呢？这是因为：①人力资源不能随时购买，需要一个培养过程，所以要从长计议；②外部环境变化要求企业不断调整人力资源数量和质量；③企业战略或目标的调整要求人力资源做出相应调整；④企业员工队伍本身的变动，如人员退休、离职，造成岗位空缺和人力资源缺乏，而人力资源从补充到适应需要一定时间；⑤企业现有人力资源分布可能不合理，需要有计划地调整；⑥人力资源供给和需求有一定刚性，所以需要进行预先规划。

人力资源计划作为企业对人力资源的需求与供给保持一致的过程，确保了企业在恰当的时间能保证恰当的人员在恰当的职位上。人力资源计划的重要性表现在如下几个方面。

（1）从组织目标角度看，人力资源计划是组织目标有效实现一个基本组成部分；

（2）从战略管理角度看，人力资源计划是战略计划的一个组成部分；

（3）从人力资源管理角度看，人力资源计划是人员招聘、人员培训等工作的前提。

人力资源规划包括总体规划和专业规划。总体规划是有关计划期内人力资源开发利用的总目标、总政策、实施步骤及总体预算的安排。专业规划是一系列的计划，包括人员补充计划、人员使用计划、提升计划、教育培训计划、薪资计划、退休计划和劳资关系计划等。

人力资源计划由人力资源需求与供给预测分析组成。人力资源需求预测需要明确三方面任务，即企业需求何种人员、数量需要多少及存在何种影响因素。人力资源供给预测包括内部人员供给预测和外部人员供给预测，它需要明确两方面问题，即内部人员供给的稳定性程度及外部人员供给的不确定程度。人力资源计划是一个动态的过程，同时也是组织或企业战略计划的有机组成部分。如图 5-1 所示，人力资源计划必须服从于战略计划，是战略计划的一个组成部分。战略计划优于人力资源计划。战略计划是制定并实施企业目标的过程，它包括明确任务、制定目标、条件分析及战略制定等几方面。

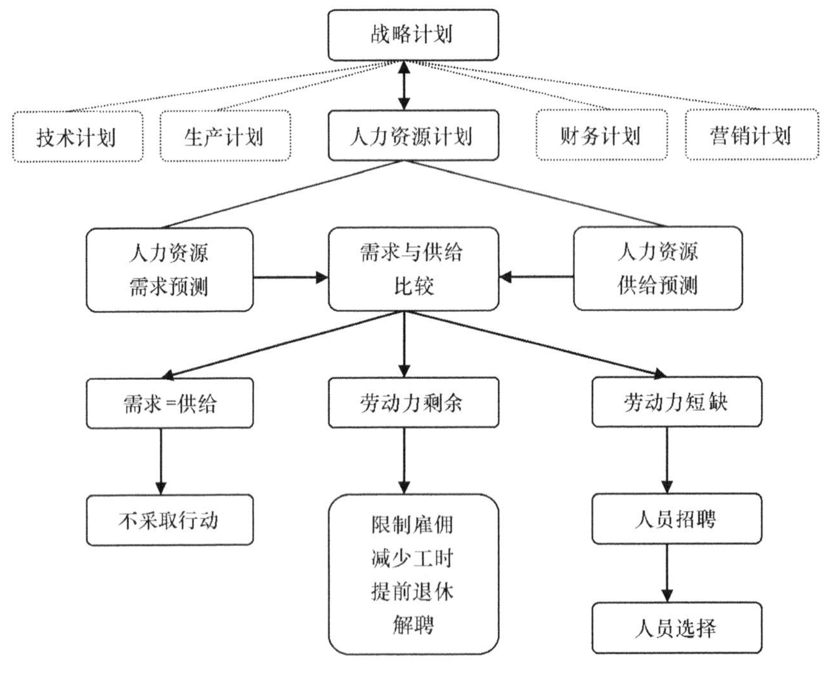

图 5-1　人力资源计划过程

人力资源计划的基本工具是供给需求分析。由人力资源需求与供给分析可确定人员净需求（净需求等人力资源需求与人力资源供给之差）：

（1）若净需求 =0，则企业不采取行动；

（2）若净需求 > 0，则实施人员招聘；

（3）若净需求 < 0，则实施限制雇佣、解聘等措施。

二、人力资源配备的概念和作用

（一）人力资源配备的概念

按照管理工作的逻辑顺序，确定目标、建立组织结构之后，需要为各个职位和岗位配备人员，考评绩效及培训，这些属于人力资源配备，或称人员配备。人员配备是指为组织结构中的职位配备合适的人员，是对组织中全体人员的配备，即包括主管人员和非主管人员的配备。两者所采取的基本方法、遵循的基本原理是相同的。

人员配备不仅仅是人事部门的职责，也是各个层次主管人员的共同责任。当组织人员短缺时，主管人员需要提出增加人员的申请，随后他还需要与应征者进行接触和面谈。主管人员还需要考核下级的工作，对他们的奖惩提出建议。现代观点进一步认为，人员配备不仅仅包括选人（选聘）、评人（考评）和育人（培训），而且还包括有效地使用人员，增强组织内聚力来留住人员，这又和指导与领导工作紧密联系了起来。

（二）人力资源配备的重要性

首先，人员配备是组织有效活动的保证。人是组织最重要的资源，组织的一切活动都需要由人来控制或进行。尤其是在组织管理活动中，主管人员起着举足轻重的作用。各级主管人员配备恰当与否，关系到组织的兴衰存亡。其次，人员配备是组织发展的准备。组织是不断发展。有效的人员配备能够满足组织未来发展对人力资源的需要，从而保持组织活动的稳定性、连续性，并使组织适应不断变化的环境状况。

三、人力资源配备的过程和原理

（一）人力资源配备过程

人力资源的配备过程如图 5-2 所示。

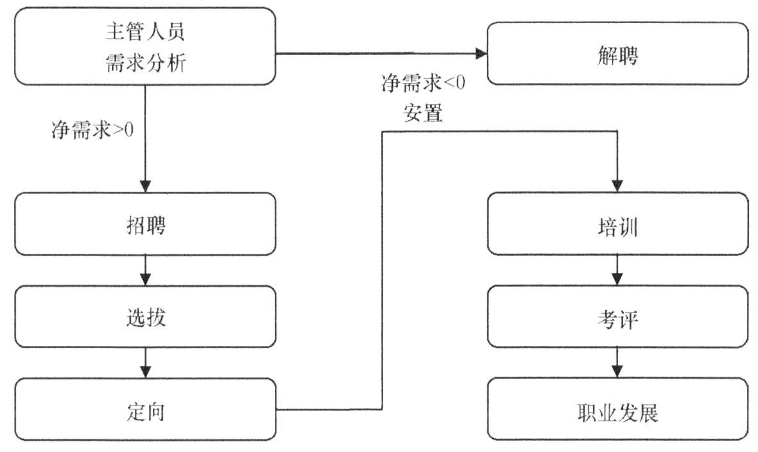

图 5-2 人力资源配备过程

人力资源配置，就是通过考核、选拔、录用和培训，把符合企业发展需要的各类人才及时、合理地安排在所需要的岗位上，使之与其他经济资源相结合，形成现实的经济运动，使得人尽其才，提高人力资源生产率，最大限度地为企业创造更多的经济效益与社会效益。人力资源配置既是人力资源管理的起点，又是人力资源管理的终点，其最终目的是达到个人—岗位的匹配，提升组织的整体效能。

人力资源配置效益的高低直接影响企业其他资源的合理利用和整体配置效益，它是决定企业能否持续、稳定、快速发展的关键因素。一般来讲，企业是根据岗位来进行人员配备的，而岗位效果与效率的产生，归根到底是由岗位上的员工创造的。因此，要剖析岗位效果与绩效的差异，就必须了解企业中人员配备的整个流程，从流程的角度来研究这种差别。

企业要实现自己的目标，实施既定的战略，就必然会进行人员配备，来充实各个岗位，以完成各项具体的工作。由此，不难看出，企业中的人员配备，是对既定的岗位，挑选合适的人员加以配置，并采取有力措施实现员工与岗位的有效结合，同时，面对可能出现的矛盾不断进行调整，进而实现岗位目标。

目前主要有以下三种人力资源配置形式。

1．人岗关系配置型

这种配置类型主要是通过人力资源管理过程中的各个环节来保证企业内各部门各岗位的人力资源质量。它是根据员工与岗位的对应关系进行配置的一种形式。就企业内部来说，目前这种类型的员工配置方式大体有如下几种：招聘、轮换、试用、竞争上岗、末位淘汰和双向选择。

2．移动配置型

这是一种由员工相对岗位移动进行配置的类型。它通过人员相对上下左右岗位的移动来保证企业内的每个岗位人力资源的质量。这种配置的具体表现形式大致有晋升、降职和调动三种。

3．流动配置型

这是一种由员工相对企业流动进行配置的类型。它通过人员相对企业的内外流动来保证企业内每个部门与岗位人力资源的质量。这种配置的具体形式有安置、调整和辞退三种。

（二）人力资源配备的原理

1．职务要求明确原理

明确职务，包括明确特定职位所承担的责任，这是人员配备的基础。这一活动通常称之为“职位分析”，其结果是产生“职位说明书”。职位说明书的内容包括：职位名称、职位地点、职位所在的部门名称等；对所执行的每一主要任务做简短而富有信息性的说明，并列举指定承担的一些次要职务；说明任职者工作上需要具备的精确度或决断范围；有关独创性、积极主动性、随机应变和创造性的特殊要求；对指派的职责要素如人、钱、设备、材料、方法、市场和记录等的说明；等等。

明确职务，还包括明确每一特定职位在组织整个职位体系中的相对重要性程度。这一过程被称为“职位评价”（Job Evaluation），职位评价的基本目的是确定职位工资或工资率。任何企业当雇佣两个或两个以上需要支付工资的人员时，就需要进行职位评价。雇主试图根据工薪的相对比率来衡量各个职位对企业总任务的分担份额及其对企业目标所贡献的比较价值的差异。

2．责权利一致原理

不同的能级应该有明确的责权利。责不交叉，各负其责；权要到位，责权相应；利与责权相适应，责是利的基础。要做到在其位，谋其政，行其权，取其利。

3．能级层次原理

在人力资源管理中，能级层次原理指的是，具有不同能力的人，应安排在相应能级层次的职位上，并赋予该职位应有的权力和责任，使个人能力水平与岗位要求相适应。

4．互补原理

所谓互补，指的是人各有所长也各有所短，以己之长补他人之短，从而使每个人的长处得到充分发挥，避免短处对工作的影响。互补是现代人力资源管理的要求，它要求一个群体内部各个成员之间应该是密切配合的关系。

5．激励强化原理

激励强化指的是通过对员工的物质或精神需求给予满足的许诺，来强化其为获得满足就必须努力工作的心理动机，从而达到充分发挥积极性，努力工作的结果。

6．个体差异原理

个体差异包括两方面：一是能力性质、特点的差异，即能力的特殊性不同；二是能力水平的差异。承认人与人之间能力的差异，目的是在人力资源的利用上坚持能级层次原则，各尽所能，人尽其才。

7．动态适应原理

动态适应原理是指人力资源的供给与需求要通过不断的调整才能求得相互适应，随着企业的发展，适应又会变为不适应，又要不断调整达到重新适应。这种不适应—适应—再不适应 再适应是循环往复的过程。

8．优势定位原则

人的发展受先天素质的影响，更受后天实践的制约。后天形成的能力不仅与本人的努力程度有关，也与实践的环境有关，因此人的能力的发展是不平衡的，其个性也是多样化的。每个人都有自己的长处和短处，有其总体的能级水准，同时也有自己的专业特长及工作爱好。优势定位内容有两个方面:一是指人自身应根据自己的优势和岗位的要求，选择最有利于发挥自己优势的岗位；二是指管理者也应据此将人安置到最有利于发挥其优势的岗位上。

四、主管人员的选拔

（一）选聘的条件

总体来看，选聘主管人员必须看候选人一方面是否具有管理愿望，另一方面是否具有管理能力。

1．管理愿望

管理愿望就是人们希望从事管理工作的主观要求。以管理作为自己的“志业”，以管理作为自己的职业生涯，是成为成功的管理者的基本条件。

2．管理能力

美国管理学家卡茨认为，一个主管人员至少应具备三大基本技能，即技术技能、人事技能和概念技能。其中，概念技能是一种全面管理的技能，即认识复杂问题、分析复杂问题以及做出正确决策的能力。它要求主管人员能够觉察复杂环境的细微变化，深刻理解这些变化对组织的意义，识别问题的关键变量及其可能的影响，并做出有利于组织利益的决策。虽然这三种技能对各级主管人员都是重要的，但是不同层次的主管人员因为职责不同，所需的三种技能的程度是不同的。

管理能力是可以通过教育和培训，并在实践中吸取经验而获得和提高的。

（二）选聘的方式

选聘主管人员，既可以考虑从内部提升，也可以考虑从外部招聘。

1．内部提升

内部提升即从组织内部选聘那些能够胜任的人员来充实组织中的各种空缺职位。

其优点包括：①组织对候选人比较了解；②候选人了解组织，能很快胜任工作；③为组织成员的工作变换提供了机会，有助于激励组织成员的进取心和士气；④使组织对组织成员的训练投资得到回收。

其缺点包括：①候选人供应有限；②可能造成“近亲繁殖”；③可能挫伤组织中没有得到提升的人的积极性。

2．外部招聘

外部招聘即从组织外部设法得到组织急需的人员，特别是那些起关键性作用的人员。外部招聘可通过广告、就业服务机构、学校、组织成员推荐等途径来进行。

在实际工作中，通常采用内部提升与外部招聘相结合的途径，将从外部招聘来的人员先放在较低的职位上，然后根据其表现再进行提升。

（三）选聘的程序和方法

1．在组织内实施选聘

由组织自行选聘时，主要程序包括获取参考资料、面谈、举行测验，以及上级主管部门批准、体格检查等。

（1）获取有关参考资料。候选人参考资料可以通过两种途径来获得：一是从候选人提交的职位申请表中获得，或者从候选人的档案记录以及推荐信、证明书、工作鉴定等一些他人提供的资料中获得；二是面谈。面谈可以获得许多候选人直接的第一手资料。

（2）面谈。面谈的目的在于初步了解候选人的情况，包括为什么应征，有什么期望，以及其他一些背景资料。通过面谈，可考察候选人的仪表举止，并可对其思维能力和表达能力做出初步的评估。

面谈的优点在于直接、简便，可以淘汰那些显然不符合要求的候选人；其不足之处则在于容易受表面现象的影响。

（3）举行测验。通过测验，可以进一步了解候选人各方面的素质和能力。通常的测验包括：智力测验，目的是衡量候选人的记忆力、思维的敏捷度和观察复杂事物相互关系的能力；熟练程度和适应性测验，目的在于识别候选人现有的技术熟练程度、掌握这类技术的能力及其潜力；职业测验，目的在于识别候选人最适宜担任的职务；个性测验，目的在于识别候选人领导才能方面的潜力。

（4）体格检查。主管人员要能适应复杂的环境和多样的需求，要有解决问题的能力和正确对待压力的能力。主管人员体格检查可以识别候选人是否具备必要的身体素质以适应工作挑战。

（5）上级主管批准。主管人员的权力的合法性来自上级授权，候选人成为正式的管理者必须得到上级主管部门的正式认可与批准，保证其行使相应的职位权力。

2．组织外机构实施选聘

组织外机构有评价中心、咨询公司等。这里我们主要介绍评价中心选聘方法。

为了衡量一位潜在候选人在典型的主管岗位上的预期绩效水平，评价中心通常安排一组候选人花 3 ~ 5 天时间进行一系列模拟操作。评价中心要求他们参加如下活动：接受各种心理测验；参加一个组织的管理决策小组的活动；参加实际练习；参与讨论解决某些实际问题；就某一具体问题做简要的口头介绍，通常是向假定的上级推荐一种合适的行动方针；从事其他各种演习，例如草拟一份书面报告。

演习期间，评审专家观察候选人的表现并随时向他们提问。在活动结束时，评审专家要概括地对候选人的成绩做出鉴定，最后由专家组写出书面总结。

（四）选聘时应注意的问题

（1）选聘条件要适当。对管理能力的要求因管理层次的不同而不同。在选聘主管人员时要考虑候选人的长处是否与其所要填补的空缺职位的要求相适应，在全体管理人员中各个主管人员之间的长处与短处能否“互补”。

（2）主持选聘的人应具有较高的素质和能力，并且具有伯乐式的慧眼。即使评价的依据相同，不同的评审专家仍然可能对同一候选人的评价不同。因此，有必要对评审专家进行专门的训练，以保证评价的客观性和准确性。

（3）注意候选人的潜在能力。根据彼得原理，如果一个主管人员在其职位上有成就，那么，这种成就会使他的职位逐步上升，直到被提拔到一个自己不能胜任的职位上。

（4）正确对待文凭与水平的关系。有无文凭的差别在于，有文凭的人取得工作绩效的可能性比没有文凭的人取得工作绩效的可能性大些。在选聘主管人员时，既要看文凭又要看水平，并以实际工作能力为主。

（5）要敢于大胆起用年轻人。

第二节 主管人员的考评

一、主管人员考评的意义和要求

（一）绩效评价的意义

主管人员考评指针对主管人员进行的工作绩效评价。员工工作绩效评价是人力资源管理中的一项重要工作内容。

首先，考评是评价主管人员绩效的必要手段。绩效评价是晋升和培训工作的依据。绩效评价所提供的信息有助于企业判断应当做出何种晋升或工资方面的决策。

其次，考评是选拔和培训主管人员的需要。通过考评，调整主管职位上的各级管理人员，淘汰不称职的员工，选拔和聘用那些真正具有才能的员工。同时，通过定期考评，也可了解受训者在哪些方面已有提高，在哪些方面还有不足。在此基础上，上级主管人员便可根据具体情况制定新的培训计划，或对原计划进行修改，或针对受训者的不足之处加强培训，或改换另一种培训方法。

再者，考评是完善组织工作和调整主管人员职位的需要。考评为组织中主管人员提供了一个对各自的工作业绩进行讨论的条件，有机会揭示出工作中的低效率行为，同时强化员工已有的正确行为。

最后，考评是奖励的合理依据。要使考评工作切实有效，就应该把它和奖励制度紧密结合起来，对有成就的员工进行及时奖励。这样才能激励大家为组织目标做出更大的贡献。

（二）考评的要求

（1）考评指标要客观。考评指标应尽可能量化，保证考评结果能准确反映主管人员的工作绩效。

（2）考评方法要可行。考评方法要结合组织或企业性质和可利用的条件进行，避免不切实际地将考评方法复杂化。

（3）考评时间要适当。考评时间不能太早或太晚，可以按年度或季度考评，也可以依据组织或企业阶段目标的计划实现日期考评。

（4）考评结果要反馈。考评是控制工作的一环，考评结果要及时反馈，以进一步完善人力资源体系。

二、主管人员考评的方式和方法

（一）考评方式

1．自我考评

自我考评就是主管人员根据组织的要求定期对自己的工作情况进行评价。自我考评的典型方式为述职报告。这种形式有利于主管人员自觉地培养和提高自己的政治素质、业务水平和管理能力。其不足之处是，主管人员可能过多地描述自己的成绩而很少涉及自己的不足。

2．上级考评

上级考评，即由上级对下级的绩效进行考评。一般而言，当考评人员是主管人员的直接上级时，其考评结果比较真实、客观。

3．群众考评

这里的群众包括除上级主管人员以外的所有人，如同级主管人员、下级、主管人员自己。这种形式的优点在于彼此接触较多，了解深入，因此所做的评价比较客观可信。不足之处是主管人员的人缘好坏起很大作用。

（二）考评的方法

1．考试法

考试法分口试与笔试两种。笔试方法简便易行，主要是考核主管人员对知识的掌握程度及其理论水平，但很难考核一个人的实际才能、创造才能和应变能力。

口试方法分“问题式口试”、“漫谈式口试”和“适应性口试”三种。“问题式口试”着重考查主管人员的知识水平；“漫谈式口试”着重考查主管人员的潜在能力；而“适应性口试”通过提出一些极端性问题，着重考查主管人员的思维能力、应变能力以及处理棘手问题的能力。

2．成绩记录法

这是一种以主管人员的工作成绩记录为基础的考评方法，这种方法通常与目标管理结合在一起。

3．对比法

对比法是一种相对考评方法。其基本方法是：事先规定好考评的具体项目；将同一级主管人员编为一组；按事先规定的考评项目，人与人一项一项地进行对比，其记分方法是相互比较，胜者得 1 分，负者得 0 分；计算每个人的得分数；按优劣顺序排出名次。如果比较的项目不是一个而是若干个，那么就要分别通过这种对比，得出相应的分数，然后把每个主管人员的若干项得分加在一起，得出他们的总分数，最后再排出顺序来。

4．自我考评法

美国的丹尼逊提出自我评价的 8 个要素，分别为工作质量、工作数量、创造性、独立性、工作态度、业务知识、交际能力、表达技巧。每个要素又按优劣程度分为 8 个等级。通过一些具体标准，每个自评者可以为自己在这 8 个等级中选择一个合适的等级。这种办法也可以用来评价别人，在具体等级的评价上，既可以根据调查结果，也可以由群众来直接评价。

5．图尺度评价法

图尺度评价法是绩效评价中最简单和运用最普遍的方法。它是以表格的形式列举出一些绩效构成要素，如工作质量、生产效率，此外，还需列举出跨越范围很宽的工作绩效等级，如杰出（在所有各方面的绩效都十分突出）、很好（工作绩效的大多数方面明显超出职位的要求）、好（绩效水平达到了工作标准）、需要改进（在绩效的某一方面有缺陷）、不满意（工作绩效水平无法让人接受）。在进行工作绩效评价时，首先针对每一位下属雇员从每一项评价要素中找出最能符合其绩效状况的分数，然后将每一位雇员所得到的所有分值相加，即得到其最终的工作绩效评价结果。

6．关键事件法

平时主管人员将每一位下属在工作活动中所表现出的最佳行为或不良行为记录下来，一段时间后，根据记录的情况来讨论评价员工的工作绩效。关键事件法的好处是，评价结果有事实作为评价依据，从时间上来讲依据的事实是全过程的，而不只是最近一段时间内的员工表现。

7．目标管理法

这种方法包括两项内容，一是必须与每一位员工共同制定一套便于衡量的工作目标，二是定期与员工讨论其工作目标的完成情况。在具体操作中，这种目标的制定往往要与整个组织的目标相协调。首先确定组织的目标、部门的目标，然后要求员工按照部门的目标制定自己的个人工作计划，即本人要为部门目标的实现做出多少贡献。评价期过后，部门主管要就每一名员工的实际工作成绩与预定的目标进行比较，并把结果进行反馈。

三、主管人员考评步骤

一般来说，主管人员的考评主要包括三个步骤，即界定工作本身的要求，评价实际的工作绩效，以及提供反馈。

首先，界定工作本身的要求意味着必须确保主管人员与其下属在他的工作职责和工作标准方面达成共识。

其次，评价工作绩效就是将下属雇员的实际工作绩效与在第一个步骤所确定的工作标准进行比较。在这一步骤中通常要使用某些类型的工作绩效评价等级表。

最后，工作绩效评价通常要求有一次或多次的反馈，在这期间应由管理人员同下属人员就他们的绩效和进步情况进行讨论。为了促进员工个人的发展，还要同时共同制定必要的人力开发计划。

在绩效评价中，无论采取何种方法，都应该力戒以下几种现象。

一是缺乏明确的工作绩效评价标准。没有绩效评价标准，只能凭借主管人员的主观印象或感觉，这就很难得到客观的工作绩效评价结果。

二是工作绩效评价标准可操作性差或主观性太强。工作绩效评价标准应当建立在对工作进行分析的基础之上，只有这样才能确保绩效评价标准是与实际工作密切相关的。

三是工作绩效评价标准的可衡量性太差。要使工作绩效评价具有客观性和可比性，就必须使实际绩效相对于标准的进展程度或者标准的完成情况是可以衡量的。可以衡量的绩效标准既包括数量上的标准，也包括质量上的标准。

为了使评价标准更具客观性和可操作性，确定关键绩效指标可利用 SMART 原则。SMART 是 5 个英文单词首字母的缩写：S 代表具体（Specific），指绩效考核要切中特定的工作指标，不能笼统；M 代表可度量（Measurable），指绩效指标是数量化或者行为化的，验证这些绩效指标的数据或者信息是可以获得的；A 代表可实现（Attainable），指绩效指标在付出努力的情况下可以实现，避免设立过高或过低的目标；R 代表现实性（Realistic），指绩效指标是实实在在的，可以证明和观察；T 代表有时限（Time Bound），指完成绩效指标的特定期限。

第三节 主管人员的培训

一、主管人员培训的作用、原则和基本步骤

（一）主管人员培训的作用

企业的竞争关键在于人才的竞争，人才获取途径主要是引入和培养。同时，提供人力资源培训也被视为企业吸引人才的一种重要方式。

主管人员培训的重要性主要表现在以下几方面。

（1）可解决企业“人”与“事”之间的矛盾。企业组织内部一个重要矛盾是因“人”与“事”之间摩擦所产生的。解决此问题的传统方法是人员流动，即“因事设人”。而培训方法的产生，使“因人定事”成为可能。

（2）可满足企业不同发展阶段对人才的需求。企业对人才的需求是动态的，不同阶段提出的不同任务需要不同的人员来实现。企业可以根据其战略计划制定培训计划，为企业提供储备性人力资源，以满足企业发展的需求。

（3）可有效激励员工。培训对员工而言，也是一种激励。员工可以从参加培训中获得企业认同感，增强主人翁精神。参加培训之后的员工一般会有职务上的提升与薪酬的增加，这也是对员工工作的一种肯定，起到了强化作用，对整个组织而言，有利于组织绩效的提高。

（4）有利于建立完善的组织文化。培训是综合性的，它包括技术层面和文化层面，组织文化是培训文化层面一个内容。组织文化的建设和完善离不开员工的理解与参与，而实现这些的有效方式就是通过全员培训和重点员工培训形成对组织文化的共识，进而加以巩固。

（5）提升企业竞争力。市场竞争的实质是人才的竞争。企业通过培训形成企业人才梯队，主动满足市场及环境变化对人才的要求，从而获取竞争优势而不断发展。

（二）主管人员培训原则

1．整体性原则

企业培训不仅是人力资源开发的一个重要环节，也是企业组织文化建设的重要组成部分。企业人力资源培训的整体性原则立足于此，通过分析培训系统中的各要素及其之间的关系，在选择企业培训模式时从企业发展战略、经营理念、企业精神、价值观念、团队精神和工作内涵等角度对企业培训模式进行规划。

2．层次性原则

企业组织结构是多层级的，不同层级员工工作性质和工作范围不同，从而，对每一层级员工的培训模式和内容都要有针对性地进行设计。

所谓层次结构有两个关系，一是低层系统对高层系统具有构成性关系，二是同一层次的

关系之间存在相干性关系。层次结构中的构成性关系是物质系统间的纵向关系，而相干性关系是物质系统的横向关系。因此，企业培训既要考虑到构成性关系，又要兼顾相干性关系，换句话说，培训必须做到纵向关系的人员的层次性，又要做到横向关系的知识技能的层次性。只有根据不同的层次，设计不同的教育培训模式，才能收到应有的效果。

3．综合性原则

综合性原则要求培训内容不应仅限于企业的技术层面或文化层面，即关注于单一的生产或企业活动的某一方面，而是要从技能、业务、知识和企业文化等方面对主管员工实施综合培训。

在现代社会，单纯适应或生存性培训已不能满足员工和企业的需要，现代培训应以培养员工综合职业能力为重点。综合职业能力既包括专业能力，又包括一般能力，如认知能力、表达能力、社会能力、生存能力，还包括敬业精神、合作能力、意志品质和健康心理等。

4．动态性原则

企业人力资源培训系统是动态的。随着时代的变化发展，培训需求也在变化发展，培训系统中的其他要素也随之发生变化，同时员工所具备的知识日益陈旧，需要更新，因此培训应该是动态的，并非一次培训终生不再需要培训。管理者应给予每个员工适当的培训机会。

企业要根据现代市场经济的要求，建立低重点、高视点、多层次的动态培训结构，使不同层次的企业员工（普通员工和管理者）都得到最基本的职业培训，最大限度地满足企业发展的需要。所谓低重点是把培训初、中级技术人才放在首要位置；高视点是把培训企业的骨干力量和创新人才作为培训的关键；多层次是指不仅企业的培训者而且包括管理者在内都应该积极参与培训工作，从而提高企业的人力资本存量，提高企业在市场经济中的竞争力。教育培训内容、方法、模式也应不断地变化发展。

5．创新性原则

企业人力资源开发培训的创新性原则要求在培训的内容与方式上不断创新，不断培养员工的创新意识、创新能力和创新激情，挖掘员工蕴藏着的巨大创造潜能，开发创造力。企业的教育培训要不断调节培训目标，不断更新培训内容，不断改进培训方法，服务于企业的经营创新、管理创新、技术创新、制度创新，在不断创新的过程中促进企业的可持续发展。

（三）主管人员培训的基本步骤

正如一个产品有其产生、形成、发展和衰退的周期一样，组织中的人才也有其生命周期。一般而言，人才的生命周期大致可以划分为引入阶段、成长阶段、成熟阶段和衰退阶段。主管人员培训应根据各个阶段的特点分别采取相应的对策和措施。

1．培训需求分析

企业培训工作应从员工的岗位要求出发，以按需施教为导向，通过认真、细致的分析，确定工作目标、必备能力、发展需求，分析出组织现状与组织目标的差距，判断哪些是可以通过培训解决的，并以此确定组织培训的需求。培训需求分析是整个培训系统的基础，也是最为关键的环节。

2．培训设计

培训设计应在做好需求分析的前提下进行，明确参训者为什么有这样的差距，他还需要什么培训，什么是参训者必须知道、必须做到的。培训设计要对教学内容、培训目标、智能水平评估、培训模式、学习效果的评估等做出规定或建议，以保证培训课程的有效实施。

3．培训的实施

培训应紧贴企业的生产经营实际，突出针对性、实效性和适度超前性，采用开放、互动式的培训方法，将研讨、模拟、学习、演练等有机融合于教育培训全过程。在培训实施中切实做好培训过程管理及培训评估结果的分析与管理工作。

4．培训评估

建立一套评估体系，考查学员对所学课程的反映，考查学员对课程内容的掌握情况，考查学员将所学知识转换为相应能力的程度。通过上述体系，一方面验证培训的结果是否达到了预期的培训目标；另一方面也为培训需求分析、课程设计、实施与管理提供了有科学价值的反馈信息，为改进培训系统与效果提供可靠的依据。

二、主管人员培训的内容

（一）思想教育

思想教育包含丰富的内容，它包含世界观教育、价值观教育、道德教育、理想教育以及职业教育等。思想教育的核心在于形成一种内化于主管人员心灵深处的历史使命感、社会责任感，形成一种内在的道德约束或自律。

企业思想教育应该有企业的特色。作为对主管人员的思想教育，应着重强调对主管人员的企业经营理念教育，使主管人员能够深刻领会企业的愿景目标，并通过主管人员的作用使企业的愿景目标成为组织成员的共同愿景；强调主管人员的志业教育，使主管人员做到敬业爱岗，将管理工作作为一项神圣的事业，作为自己的职业生涯；强调主管人员的自律教育，使主管人员做到操守端正，品行高尚；强调主管人员的团队合作教育。

（二）管理知识

这里所讲的管理知识是指广义的管理知识。作为一个主管人员，没有广博的知识是难以搞好管理工作的。这一点，主管人员所处的管理层次越高，其体会就越深。

管理学是一门边缘学科，涉及的学科门类众多。作为一名主管人员，不可能也没有必要掌握所有的知识。但是，管理学的基本原理，以及与组织业务活动有关的科学技术知识是必须掌握和精通的。在此基础上，各方面的知识要尽可能地拓宽。丰富的知识，有助于主管人员深刻理解环境的变化，并做出符合组织利益的决策。

（三）管理能力

管理能力、管理技巧，是管理知识在管理实践中的运用和反映。管理具有很强的实践性。因此，管理能力培训就是让主管人员运用管理理论的基本原理和方法，提高在实际工作中认识问题、分析问题和解决问题的能力和技巧。

不过，不同层次主管人员培训的重点是有差异的。基层主管人员培训的重点应是技术培训和管理基本理论与方法的学习；中层主管人员一般是部门负责人，信息沟通、人际交往、组织协调和决策在工作中占有重要地位，因此中层主管人员培训的重点是领导艺术和管理技能的提高；高层主管人员培训的重点则应是提高战略分析和规划、决策的能力。

三、主管人员培训的方法

培训的主要方法有理论培训、职务轮换、晋升、在副职上培训等。具体形式有在职学习、脱产学习等，一般以在职学习为主。

（1）理论培训。理论培训有助于主管人员比较系统或者深入地了解有关学科的基本理论和方法，有助于提高主管人员的理论水平。其形式多种多样，可以是脱产学习（如短训班、专题研讨会等），也可以是在职业务学习。

（2）职务轮换。职务轮换是使各级主管人员在不同的部门不同主管位置或非主管位置上轮流工作，以使其全面了解整个组织的不同工作内容，得到各种不同的经验，为其今后在较高层次的职位上工作打好基础。

一种方式是非主管工作的轮换。参加这种轮换的多为刚从学校毕业的人员或一些基层主管人员。这种轮换多是在生产和服务的第一线进行的。通过这种轮换，有助于受训者了解组织最基层的各类业务活动，了解这些活动的基本特点、基本过程，对各类业务活动获得感性认识；通过这种轮换，有助于受训者了解基层非主管人员的工作情况和精神状态，密切与基层非主管人员的联系。

另一种方式是在主管职位间轮换。这种轮换是在组织同一层次、不同部门的职务上进行轮换。其目的是提高主管人员的全面管理技能，使他们积累在不同部门管理的经验，以胜任较高层次上的管理工作。这一方法的优点是可以开阔主管人员的视野，了解各个部门的特点及其相互联系，培养其全面、综合管理能力，同时考查其实际管理能力和应变能力。

这两种轮换往往是有计划进行的，事先规定了轮换计划及轮换期限。企业也可以进行事先未规定的主管职位间轮换培训。

（3）提升。提升的方式主要是有计划地提升和临时性提升。

（4）集体研讨会。这种方法适用于较少人员的集体。其长处是提供了培训者和受训者的双向交流机会，对提高受训者集体责任感和改变工作态度有较强的作用。同时，受训者的情况可直接反馈至培训者，从而提高了培训效率。

另外，企业还可以采取参观考察、担任副职等方式进行主管人员培训。

案例分析

案例一　北电的“员工推荐”

北电网络公司曾是世界上最大的通信设备制造商。2000 年，北电网络公司战胜了死对头朗讯，总收入达到 303 亿美元，控制了全球光纤设备市场的 43%，几乎是市场份额仅为 15% 的朗讯的 3 倍。北美和南美互联网流量的 75%，一度都是由北电网络的产品来处理，其股票市值占据了多伦多股票交易市场的 1/3 还要多。北电网络能取得这么大的成绩，无不得益于它有一批杰出的专业人才，而这又与其有一套独特的招聘制度密不可分。

像许多公司一样，北电网络公司的招聘途径很多，但在所有的招聘方式中，员工推荐是效果最好的方式。

北电网络的总裁兼 CEO 罗世杰说："对于通过推荐招聘的人，我们通常能够知道员工的大概情况。例如我们现有的员工很有可能是从竞争对手那里过来的，所以推荐来的人很有可能有这个行业的经历。或者也有一些从比较好的大学毕业的学生，他们在北电工作的同学给他们推荐，这样来的员工素质比较接近。"

在罗世杰的大力支持下，公司建立了一种内部推荐奖金制度。该制度规定，员工推荐来的人如果被北电录用，北电将会给这位员工一定金额的奖励。员工内部推荐的流程是：先由需要用人的经理提出用人需求，人力资源部将此信息进行内部招贴；企业内部的员工知道有这个用人名额，就可以将自己认为合适的人选推荐到公司来；公司的用人经理和人力资源面试人员通过面试，觉得推荐人选合适，就可以进来上班了。这种招聘速度非常之快。但是推荐进来的员工要经过三个月的试用期，经理觉得推荐来的员工适合，该员工的推荐人就可以拿到资金。推荐来的人最大的好处是免去一些背景的考察，这种方法很有效。

北电网络公司对没有被录用的人会给他们建立档案，一些优秀的面试者因为没有相应的位置来录用，人力资源部通常会跟他们保持联络，在合适的时候会请他们进来。从北电网络辞职的人如果不是因为违反公司制度的原因，尤其是那些表现好的员工，公司非常欢迎他们再回来。为了吸引那些员工回来，北电网络公司专门有个"回归"政策。如果这些离去的员工回来，公司会将他们原来的工龄续起来，所有与原来工作有关的福利都会接上来。

问题

1. 北电使用的招聘方法属于哪一种选聘途径？有什么独特性？
2. 你从中得到什么启发？

案例二 狮子重新调整捕猎队伍

森林之王狮子对部属所做的工作很不满意，他们捕获的猎物越来越少了，于是狮子决定召开一次会议商讨如何才能改变目前这种情况。

在会上，狐狸发言道："大王，原来这片森林的猎物很多，像老虎、狼都能够很轻易地获取猎物，现在的情况不同了，因猎物的数量越来越少，而且猎物也被惊怕了，他们常常藏在深洞里，白天不出来活动，因此获取猎物越来越困难了。"

"那照你这么说，就没有办法获取更多的猎物了？"狮子问狐狸。

"也不尽然，我们现在有很多的力量没用上。比如兔子身材虽小，但灵活勤劳，它能够担当发现猎物的重任；野猪虽生性懒惰，但它的奔跑能力无人能及，它可以传递信息；而老虎、狼有擒拿猎物的绝技，眼看到手的猎物绝不会让他们逃脱。只要把每个部属的潜能挖掘出来，并协同作战，猎物一定会越来越多。"狐狸说。

"就按你说的办吧！"狮子说。

果然，由于发挥了各动物的潜能，他们捕获的猎物越来越多。

问题

1. 你从案例中悟到什么道理?

2. 你认为自己在组织中应发挥什么作用 ?

实践训练

1. 实训项目

模拟招聘。

2. 实训目的

（1）培养学生招聘工作的能力;

（2）培养与训练学生应聘的能力与心理素质。

3. 实训内容与要求

（1）全班可分为两大组，分别担任招聘方与应聘方，以公司为单位组织招聘活动。

（2）招聘方公司要制定招聘计划，包括招聘目的、招聘岗位、聘用条件、招聘程序等，特别是聘用的决定办法。

（3）应聘方学生要写出应聘提纲或应聘讲演稿，一定要体现出应聘者的竞争优势。

（4）模拟招聘场景。根据招聘公司的战略发展计划建立相应的组织结构和部门，公司招聘由人力资源部经理主持，公司成员均为招聘组成员；招聘程序按课程讲授的内容进行，各公司根据每个应聘者的综合表现决定是否聘任。学生应在教师的指导下进行精心准备，成功地扮演好招聘者和应聘者的角色。

4. 实训考核

（1）招聘公司需提供招聘计划书;

（2）应聘方学生提供应聘提纲或讲演稿;

（3）评估组织状况和个人能力状况;

（4）由教师最终做出统计和效果综合评价。

本章小结

1. 人力资源配备就是管理者根据组织结构中所规定的职务的数量和要求，对所需人力资源进行选聘、培训和考核等工作，其目的是为了配备合适的人员去充实组织中的各项职务，以保证组织活动的正常进行，进而实现组织目标。人力资源配备工作任务主要是制定人员配备计划、职位分类、定编定员、人员选聘、人员培训、人员考核等。

2. 选聘工作必须依据人员配备计划，以职位分类和定编定员为基础。人员选聘主要有内部提升和外部招聘两种途径，两者各有利弊。人员选聘主要有笔试、面试、心理测验和评价中心等方法。

3. 人员培训是指组织为适应业务发展和人才培育的需要，对员工进行有计划、有针对性的培养和训练。培训工作也要遵循一定的程序，采用科学的方法开展。

复习思考题

1. 人员配备工作内容是什么?
2. 人员配备应该遵循哪些原则?
3. 人员选聘的途径有哪些? 各有什么优缺点?
4. 人员培训的内容是什么?
5. 简述人员考核的内容和方法。

第六章　领　导

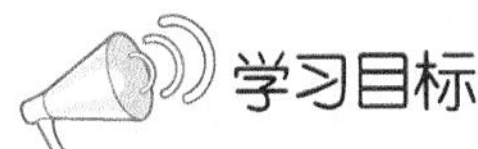

通过本章学习，掌握领导的含义、本质和基本理论，熟悉各种领导方式的特点和领导相关理论，熟练掌握运用领导艺术。

一个人去买鹦鹉，看到一只鹦鹉前标着：此鹦鹉会两门语言，售价二百元。另一只鹦鹉前则标着：此鹦鹉会四门语言，售价四百元。该买哪只呢？两只都毛色光鲜，非常灵活可爱。这人转啊转，拿不定主意。突然他发现一只老掉了牙的鹦鹉，毛色暗淡散乱，标价八百元。这人赶紧将老板叫来："这只鹦鹉是不是会说八门语言？"店主说："不。"这人奇怪了："那为什么又老又丑，又没有能力，会值这个数呢？"店主回答："因为另外两只鹦鹉叫这只鹦鹉为 CEO。"

管理启示：真正的领导人，不一定自己能力有多强，只要懂信任，懂放权，懂珍惜，就能团结比自己更强的力量，从而提升自己的身价。相反许多能力非常强的人却因为过于完美主义，事必躬亲，认为什么人都不如自己，最后只能做最好的公关人员、销售代表，成不了优秀的领导人。

第一节　领导和领导工作

一、领导和领导工作的含义

领导是一种社会活动和行为，是人类社会活动中重要的、不可缺少的一部分。领导的实质就是追随关系。领导应当是一个完整的过程，包含在群体活动之中。

（一）领导和领导工作的概念

管理学中的领导和领导工作概念，就是领导者对组织中每个成员（个体）和全体成员（群体）的行为进行引导、指导和施加影响的过程，其目的在于使个体和群体都能自觉而有信心地实现组织目标并努力工作。领导和领导工作包括三个要素，即领导者、被领导者和作用对象（客观环境）。

领导和领导工作是管理工作的一项重要职能，也是一个有效管理者的必备能力之一。一个有效管理者可以通过行使预测、决策、计划、组织、人事管理等职能，取得工作效果，实现组织目标。但是如果管理者能够有效地履行领导和领导工作的职能，充分地调动组织成员的积极性，充分发挥每个成员的聪明才智，则员工的工作将更加顺利，组织目标将更容易实现。国外一项研究表明，管理工作的预测、决策、计划、人事、控制等职能，可以引发组织人员 60%的才智，而领导和领导工作则可以引发其余 40%的才智。

领导和领导工作有两方面的含义。一是类似于“领头羊”的作用，即对组织成员的行为进行方向上的引导。即使在组织成员明确工作方向后，管理者也应进一步调动他们的积极性，引导他们自觉自愿为实现组织的目标而努力工作。二是类似于“教练员”的作用，即对组织成员的行为进行技术上和方法上的指导。管理者应对组织成员讲授自己对组织目标的理解，帮助组织成员了解组织的结构、组织的历史、组织的发展和他们自身的职责和任务，使组织的每一个成员明确自己的位置和权利。

由于管理的核心就是处理好人与人之间的关系，而领导和领导工作，实际上就是管理人员根据组织的目标，运用有关管理理论和方法，综合运用各种手段，对被领导者施加影响，以团结他们调动他们的积极性，统一组织全体成员的行动，保证组织目标实现的过程。

（二）领导和领导工作的作用

（1）有利于组织目标的实现。管理工作中的各项职能，如计划的制订和实施、组织机构的设立和运行、人员的配备、人力资源管理等都是要靠组织中的各级、各类人员去完成的。组织中成员的个人学历、知识结构、工作经历等方面各不相同，他们对组织目标的理解也会有所不同，领导和领导工作就是要引导大家正确地理解组织目标，协调组织中各个部门、各类人员的各项活动和工作，从而保证组织目标得以实现。

（2）有利于调动员工的积极性。随着科学技术的发展，社会生产力水平的提高，每个组织部门所面临的竞争愈演愈烈，竞争的领域也愈加广泛，如组织实力的竞争，科学技术的竞争，组织管理水平的竞争，组织成员素质高低、积极性高低的竞争。而领导和领导工作的作用就是通过各种有效的沟通手段，采用种种激励方式，来调动组织中全体成员的积极性，使组织成员始终保持高昂的工作热情和竞争士气，自觉地为实现组织目标而努力工作，在竞争中立于不败之地。

（3）有利于组织有效运行。一个组织运行状况如何，很重要的一个因素就是组织目标和组织成员个人目标的结合程度。当组织目标和个人目标紧密结合在一起时，这个组织的运行状况就会良好、正常，从而有利于组织目标的实现。领导和领导工作，一方面应该使组织成员明白，自己个人的利益是与组织的利益紧紧联系在一起的，自己对社会、对组织应承担必要的义务，应该自觉地让个人目标服从于组织的目标；放弃一些不符合客观实际的目标；另一方面，也应该制造良好的工作环境，在不违背组织目标的前提下，适当地考虑满足组织成员个人合理的要求，使组织目标尽可能与个人目标有机结合起来，使整个组织高效运行，保证组织目标得以实现。

二、领导和领导工作原理

作为主管人员，在履行领导职能时，必须遵循以下几条原理。

（一）指明目标原理

指明目标原理，就是指领导和领导工作的首要任务是帮助组织内全体成员正确理解组织的目标，从而为实现组织目标而努力工作，做出贡献。

这个原理说明，使组织成员充分理解组织目标和任务，进一步使每一位成员了解自己所承担的任务，是领导工作的首要任务。这项工作做好了，组织内各部门和全体成员都明确了组织目标，都会自觉地为完成各自的任务和实现组织的目标而贡献力量。

（二）目标一致原理

目标一致原理就是指组织目标和组织中的个人目标应尽可能结合起来，融为一体，这样组织中全体成员的行为就会趋向统一，步伐趋向协调，有益于组织目标的实现。

组织成员构成了组织的整体。而每个成员在组织内工作是为了满足各自的需求，因而有个人目标。当个人目标和组织目标完全一致时，就能够高效率地完成组织的各项任务，实现组织的目标。但是在现实中，个人目标和组织目标完全一致是很难做到的。因此领导工作的重要任务之一就是要协调个人目标和组织目标的关系，在确定组织目标时要考虑个人的需要、个人的目标，同时也要宣传个人需要、个人目标要服从组织目标，以组织目标大局为重。

（三）统一指挥原理

统一指挥原理就是指主管人员在领导工作下达命令过程中，要防止“多头领导”和“前后矛盾”的状况，以免下级人员无所适从，无法有效工作。

统一指挥原理强调的是一个人在组织内只能听从一个上级的指挥和命令，同时，一个上级所发出的指示也应避免“朝令夕改”的不正常状况。这样在组织内部，上下级之间责职明确，工作效率高，工作程序清晰，全体成员心情舒畅，意志统一，有益于组织目标的实现。

（四）沟通联络原理

沟通联络原理就是指主管人员与下级人员之间要保持经常、有效、及时地交换意见，交流信息，沟通思想，这样整个组织运行就更加有效。

有相当一部分主管人员经常与上级交流信息、汇报工作、沟通思想，而缺乏与下级人员的沟通。从管理学的角度来考察，与下级人员经常、有效、及时地沟通思想，交流信息，增进感情，至少与上级人员的沟通同等重要。特别是主管人员面对面地与下级人员接触，关心下级人员的工作、生活情况，听取下级人员对工作的意见和建议，了解下级人员工作中的困难，能及时地采取种种措施帮助他们开展工作，提高工作效率。

（五）激励原理

所谓激励原理，就是指组织主管人员要及时深入了解组织成员的需求和愿望，并尽可能地给予满足，这样能最大限度地调动下属的积极性，为实现组织目标做出更大的贡献。

从心理学角度来看，人们的行为是由动机所支配的，而动机是由需要引起的，行为的方向是寻求目标，满足需要。因此激励就是主管人员促进、诱导下属形成动机，引导其行为，寻求目标，满足需要的过程。主管人员在实际工作中应清楚地了解什么因素最能激励下属，而这些激励因素又如何发挥作用，并且把激励因素与整个管理制度结合起来，实行有效的管理。

总之，领导和领导工作是一项十分重要的管理职能，在管理工作中具有无法替代的地位和作用，同时在进行领导工作时要遵循上述一些基本原理。

三、领导的实质

领导实质上是一种对他人的影响力，即管理者对下属及组织行为的影响力，这种影响力能改变或推动下属及组织的心理与行动，为实现组织目标服务。这种影响力可以称为领导力量或者领导者影响力，管理者对下属及组织施加影响力的过程就是领导的过程。领导者对下属及组织的影响力来自两方面，一是权力（又称为制度权力）影响力，二是非权力（又称为个人权力）影响力。

（一）权力影响力

（1）权力影响力的含义。权力影响力包括法定的权力、强制的权力、奖励的权力。它由组织正式授予管理者并受组织规章的保护。这种权力与特定的个人没有必然的联系。它只同职务相联系。权力是管理者实施领导的基本条件。没有这种权力，管理者就难以有效地影响下属，实施真正的领导。

第一，法定的权力来自于上级的任命。组织正式授予领导者一定的职位，从而使领导者占据权势地位和支配地位，使其有权对下属发号施令。这种支配权，是管理者的地位或在权力阶层中的角色所赋予的。

第二，强制的权力是和惩罚权相联系的迫使他人服从的力量。在某些情况下，领导者是依赖于强制的权力与权威施加影响的。对于一些心怀不满的下属来说，他们不会心悦诚服地服从领导者的指示，这时领导者就运用惩罚权迫使其服从。这种权力的基础是下属的惧怕。这种权力对那些认识到不服从命令就会受到惩罚或承担不良后果的下属的影响力是最大的。

第三，奖励的权力是在下属完成一定任务时给予相应的奖励，以鼓励下属的积极性。这种奖励包括物质奖励如奖金等，也包括精神的奖励如晋升等。依照交换原则，领导者通过提供心理或经济上的奖酬来换取下属的遵从。

（2）影响权力影响力的主要因素。对权力影响力的影响因素主要有以下三项。

第一，传统观念。几千年的社会生活，使人们对领导者形成心理观念，由此产生了对领导者的服从感。由于这种传统观念从小就影响着每一个人的思想，从而增加了领导者言行的影响力。

第二，职位因素。由于领导者凭借被授予的指挥他人开展具体活动的权力，可以左右被领导者的行为、处境，甚至前途命运，从而使被领导者对领导者产生敬畏感。领导者的职位越高，权力越大，下属对他的敬畏感越甚，领导者的影响力也越大。

第三，资历的影响。一个人的资历与经历是历史性的东西，它反映了一个人过去的情况。一般而言，人们对资历较深的领导者，心目中比较尊敬，因此其言行也容易在人们的心灵占据一定的位置。

权力是通过正式的渠道发挥作用的。当领导者担任管理职务时，由传统心理、职位、资历构成的权力影响力会随之产生；当领导者失去管理职位时，这种影响力将大大削弱甚至消失。

（二）非权力影响力

（1）非权力影响力的含义。非权力影响力包括专长影响力和品质影响力。

第一，专长影响力是指领导者具有各种专门知识和特殊技能或学识渊博而获得同事及下属的尊重和佩服，从而在各项工作中显示出的在学术上或专长上的举足轻重的影响力。这种影响力的影响基础通常是狭窄的，仅仅被限于专长范围之内。

第二，品质影响力是指由于领导者优良的作风和品德修养，而在组织成员中树立的德高望重的影响力。这种影响力是建立在下属对领导者承认的基础之上的，它通常与具有超凡魅力或名声卓著的领导者相联系。

（2）构成非权力影响力的主要因素。对非权力影响力的影响因素有以下几方面。

第一，品格。品格主要包括领导者的道德、品行、人格等，优秀的品格会给领导者带来巨大的影响力。因为品格是一个人的本质表现，好的品格能使人产生敬爱感，并能吸引人，使人模仿。下属常常希望自己能像领导者一样。

第二，才能。领导者的才干是决定其影响力大小的主要因素之一。才干通过实践来体现，主要反映在工作成果上。一个有才干的领导者，会给事业带来成功，从而使人们对他产生敬佩感，吸引人们自觉地接受其影响。

第三，知识。一个人的才干是与知识紧密地联系在一起的。知识水平的高低主要表现在对自身和客观世界认识的程度。知识本身就是一种力量。知识丰富的领导者，容易取得人们的信任，使人们产生信赖感和依赖感。

第四，感情。感情是人的一种心理现象，它是人们对客观事物好恶倾向的内在反映。人与人之间建立了良好的感情关系，便能产生亲切感。相互的吸引力越大，彼此的影响力也越大。因此，一个领导者平时待人和蔼可亲，关心体贴下属，与群众的关系融洽，他的影响力就往往较大。

由品格、才干、知识、感情因素构成的非权力影响力，是由领导者自身的素质与行为造就的。在领导者从事管理工作时，它能增强领导者的影响力，在不担任管理职务时，这些因素仍会对人们产生较大的影响。

领导工作有效性的核心内容就是领导者影响力的大小及其有效程度。管理者要实施有效的领导，最关键的就是要增强其对下属及组织影响力的强度与有效性。如何提高影响力，一般有最常见的三种手段，即激励、沟通、指挥，将会在本章以后内容具体谈到。

第二节　领导方式和领导理论

一、领导方式

领导方式指领导者与被领导者之间发生影响和作用的方式。按照不同的标准可对领导方式进行不同的划分。

（一）按权力控制程度划分

按权力控制程度划分，可分为集权型领导、分权型领导和均权型领导。

集权型领导是工作任务、方针、政策及方法，都由领导者决定，然后布置给下属执行。

分权型领导是领导者只决定目标、政策、任务的方向，对下属在完成任务各个阶段上的日常活动不加干预。领导者只问效果，不问过程与细节。

均权型领导是领导者与工作人员的职责权限明确划分。工作人员在职权范围内有自主权。这种领导方式主张分工负责，分层负责，以提高工作效率，更好地达成目标。

（二）按领导重心所向划分

按领导重心所向划分，可以分为 “以事为中心”的领导、“以人为中心”的领导、“人事并重式”的领导。

“以事为中心”的领导者以工作为中心，强调工作效率，以最经济的手段取得最大工作成果，以工作的数量与质量及达成目标的程度作为评价成绩的指标。

“以人为中心”的领导者认为，只有下属是愉快的、愿意工作的，才会产生最高的效率、最好的效果。因此，领导者尊重下属的人格，不滥施惩罚，注重积极地鼓励和奖赏，注意发挥下属的主动性和积极性，注意改善工作环境，注意给予下属合理的物质待遇，从而保持其身心健康和精神愉快。

“人事并重式”的领导者认为，既要重视人，也要重视工作，两者不可偏废。既要充分发挥员工的主观能动性，也要改善工作的客观条件，使下属既有饱满的工作热情，又有主动负责的精神。领导者对工作要求严格，必须按时保质保量地完成工作计划，创造出最佳成果。

（三）按领导者的态度划分

按领导者的态度划分，可分为体谅型领导、严厉型领导。

体谅型领导是领导者对下属十分体谅，关心其生活困难，注意建立互相依赖、互相支持的友好关系，注意赞赏下属的工作成绩，提高其工作水平。

严厉型领导是领导者对下属要求十分严厉，重组织、轻个人，要求下属牺牲个人利益服从组织利益，明确每个人的责任，执行严格的纪律，重视监督和考核。

（四）按决策权力大小划分

按决策权力大小划分，可分为专断型领导、民主型领导、自由型领导。

专断型领导是领导者把决策权集于一人手中，这种领导方式可以说是权威式的，以行政权威推行工作，下属无权参与，没有自主权，完全处于被动的地位，重视行政手段，严格规章制度，缺乏灵活弹性。由于决策错误或客观条件变化，贯彻执行发生困难时，不查明原因，多归罪于下级。对下级奖惩缺乏客观标准，只是按领导者的好恶决定。

民主型领导是一种权力集中在集体，重大决策和政策均由集体成员参与讨论决定，共同执行的领导方式。领导者同下属互相尊重，彼此信任。领导者通过交谈、会议等方式同下属交流思想，商讨决策，注意按职授权，注重使下属能自主发挥应有的才能。奖惩有客观标准，不以个人好恶行事。

自由型领导是一种自由放任、各行其是、各自为政的领导方式。这种领导方式下，领导者对工作关心不多，任其自然，所以，又称放任型领导方式。领导者有意分散领导权，给下属以极大的自由度。

二、领导理论

领导理论是研究怎样实施有效领导，提高管理效能的理论。有效领导是企业取得成功的一个重要条件，因此关于领导理论的研究成为行为科学研究的另一个重要领域。西方有理论认为领导的有效性（E）是领导者（L）、被领导者（F）以及环境（S）三项变量的函数。其公式为

领导的有效性（E）$=f$[领导者（L）、被领导者（F）、环境（S）]

由于研究的角度和侧重点不同，有关领导理论的研究又分为领导品质理论、领导意识理论、领导方式理论和领导情势理论四类。

领导品质理论认为有效的领导取决于领导者自身所具有的某些特质，因此这一类理论的研究便围绕着有效的领导者所应具备的特质而展开。这一内容虽然在泰勒、法约尔等人的理论中都曾论及，但作为一门学说而进行专门的研究，是从行为科学开始的。

（一）早期领导性格理论

早期领导性格理论研究者把个人的天赋当作决定领导效能的关键因素，试图从林肯、罗斯福、马丁·路德金等杰出的领袖人物身上找出领导者的天赋要素，甚至将他们的容貌、身高、体重、体型等也作为决定领导效能的因素来加以考察，这种缺乏科学依据的研究当然不会取得什么成果。

后来，学者们的研究注意力集中到成功的领导者应具备的个性特征方面来，但其结论五花八门，莫衷一是。美国的吉普（Gibb）认为，天才的领导者应具备七种性格特征：善言辞；外表英俊潇洒；智力过人；具有自信心；心理健康；有支配他人的倾向；外向而敏感。美国的斯托格狄尔（R·Stogdill）认为有效的领导者应具有十六种性格特征：有良心、可靠、勇敢、责任心强、有胆略、力求革新进步、直率、自律、有理想、善处人际关系、风度优雅、乐观、身体健壮、智力过人、有组织能力、有判断力。

美国的爱德温·E.吉赛利（E·Ghislli）的研究稍微深入了一步，他研究了有效领导的八种性格特征（才智、主动性、督察能力、自信、与下属关系密切、决断能力、性别、成熟程度）和五种激励特征（对工作稳定性的要求、对金钱奖励的要求、权力欲、自我实现的欲望、责任感、成就感）。并且吉赛利指出了上述性格特征对决定管理效能的重要程度不同。吉赛利认为，成功的领导者最重要的性格特征是督察能力、成就感、才智、自我实现欲望、自信和决断性，最不重要的特征是性别，其余的则是次重要的因素。

早期的性格理论虽然正确地指出某些领导者应具备的性格品质，但因其难以摆脱的局限性和不合理性而不可能对管理实践产生积极的指导因素。首先，性格理论把成功的管理完全归结于领导者个人所具备的性格因素，既忽略了被管理者的因素，又忽略了环境和客观条件的影响，而后两个因素在有效的管理过程中恰恰是不容忽视并起着重要作用的。其次，传统

性格理论把成功的领导者所具有的性格特征归结为天赋，这不仅使其在理论上陷入唯心主义，而且使其在实践中失去普遍指导意义。最后，性格理论所研究的性格特征多达几十种，甚至上百种，而且还有继续增加的可能，而各种研究的结果往往互相矛盾。这种个性特征无止境的罗列和不可避免的自相矛盾，恰恰从结果上证明了性格理论研究出发点的错误。

（二）现代领导品质理论

与早期性格理论不同，现代领导品质理论把领导者所应具备的性格品质特征作为有效领导的必要条件而不是决定因素，同时指出这些性格特征不是先天赋予的，而是后天形成的，可以学习、训练和培养，并在领导活动中不断完善。

美国普林斯顿大学教授鲍莫尔（W.J.Banmal）提出的十条论认为，企业家应具备的十项性格品质特征是：合作精神、决策才能、组织能力、精于授权、善于应变、勇于负责、敢于求新、敢担风险、尊重他人、品德超人。

日本企业界公认的领导者应具备的性格品质特征是：十项品德，包括使命感、责任感、依赖感、积极性、忠诚老实、进取心、忍耐性、公平、热情、勇气；十项能力，包括思维决定能力、规划能力、判断能力、创造能力、洞察能力、劝说能力、解决人的能力、解决问题能力、培养下级能力、调动积极性能力。

（三）领导方式理论

领导方式理论认为领导的有效性取决于是否能够在领导者与被领导者之间形成相互作用的适当方式，为此他们研究的重点集中在各种不同领导方式下，领导者与被领导者的相互关系及其与领导效绩相关性的比较与分析上。这类理论中比较有代表性的是坦南鲍姆和施密特的领导连续模型理论、利克特的管理模式理论、俄亥俄州大学的领导四分图理论、布莱克和穆顿的领导方格理论、大内的 Z 理论等。

1．坦南鲍姆和施密特的领导连续模型理论

领导连续模型是坦南鲍姆（R.Tannenbaum）和施密特（W.H.Schmidt）于 1958 年提出的一种领导方式理论。这一理论认为，领导方式的基本要素是经理运用权威的程度和下属制定决策的自由权限，在以领导者为中心的专制式领导和以下属为中心的民主式领导的两极之间，存在着以上两个要素各种不同程度组合的多种领导方式，是一个连续模型，如图 6-1 所示。

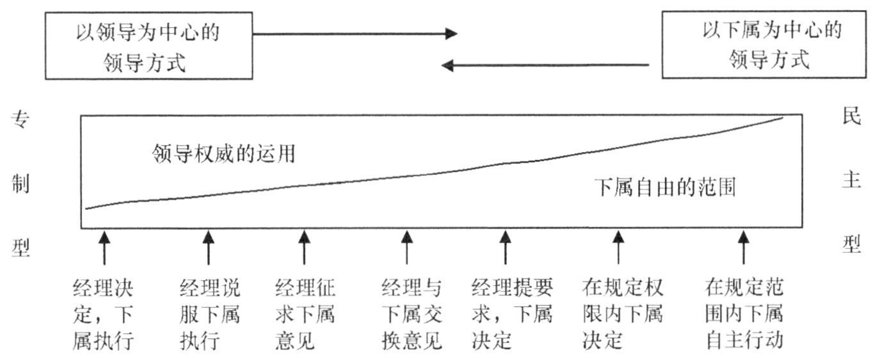

图 6-1 坦南鲍姆和施密特的领导连续模型

领导连续模型左端是专制型领导，即由上级自行决定一切，对下级实行严密的控制，要求他们完全按照上级的命令行事。这种领导方式无视下属的意见和要求，使下属几乎没有任何自由，很难调动下属人员的积极性，但能保证领导意图不折不扣地贯彻执行。连续模型右端是民主型领导，即领导很少行使权力直接控制下属，在一定范围内，由下属自行决策并自主行动。这种领导方式能使下属获得较大满足，但不一定会取得较高的生产率。领导连续模型理论认为，在专制型领导与民主型领导之间，有多种选择，并非非此即彼。有效的领导者应该根据自己的能力、下属的能力、工作的性质和任务要求等因素，灵活选择最为适当的领导方式。这种思想为以后的情势理论所发展。

1973 年，坦南鲍姆和施密特重新研究其领导连续模型时，又在连续模型外围加上圆圈，以表示领导方式还要受组织环境和社会环境的影响。这样一来，影响领导方式的最重要因素变成了三个：一是领导者的行为力量；二是影响领导者行为的下属力量；三是情势的力量。这一修改，着重强调了领导方式与环境力量的相关性，为此，有人将这一理论归入情势理论。

2．利克特的管理模式理论

美国密西根大学社会研究所的利克特（R.Likert）以数百个组织机构为对象，经过多年的研究，在 1961 年出版的《管理的新模式》一书中，提出了他的管理模式理论。利克特把领导方式归纳为四种基本模式，如表 6-1 所示。

表 6-1　利克特的管理模式

模式一	模式二	模式三	模式四
专制式的 集权领导	温和式的 集权领导	询商式的 民主领导	参与式的 民主领导

模式一，专制式的集权领导。权力高度集中，下属无任何发言权。上级只对下级发号施令，从无交流与沟通，上下级间存在着互不信任的情绪。

模式二，温和式的集权领导。权力仍集中在企业最高领导层，但在有限的范围内，允许下级发表意见并做出决定。上下级之间表面上关系融洽，实际上上级对下级虽然谦和，却并不真正信任，下级对上级仍有畏惧心理，处处小心翼翼，缺乏主动性。

模式三，询商式的民主领导。重要问题由企业高级管理层决定。一般问题授权中下层处理。上级对下级有信任感，上下级之间有较多的联系和沟通，彼此能互相支持。

模式四，参与式的民主领导。采取分权式管理，由企业中下层人员直接参与决策。上下级之间有良好的双向沟通，相互信任并保持友谊，齐心协力完成组织目标。

利克特对数百个组织机构的研究结果表明，高成就的领导大多是模式四的领导方式，模式三次之，而模式一的领导效果最差。

3．俄亥俄州大学的领导四分图理论

领导四分图理论也叫二元理论，是美国俄亥俄州大学研究小组在大量调查研究的基础上，于 1954 年提出的一种领导方式理论。他们在研究过程中，将一千多种描述领导行为的因素最终归结为对人的关心——体谅和对组织效率的关心——主动状态两大类。领导的体谅行为主要表现为尊重下属意见，重视下属的感情和需要，强调建立互相信任的气氛。领导的主动状态行为主要表现为重视组织设计，明确职责关系，确定工作目标和任务。这两类行为的不同组合，就构成了四种不同的领导方式，如图 6–2 所示。

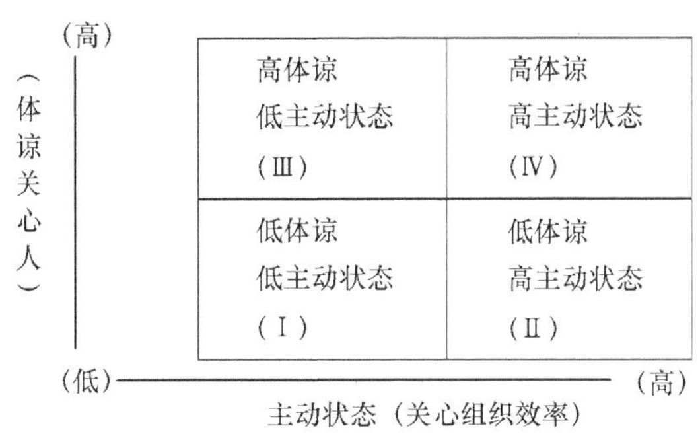

图 6-2 俄亥俄州大学的领导四分图

（Ⅰ）型领导既不关心人，又不重视组织效率，是最无能的领导方式。（Ⅱ）型领导对组织的效率、工作任务和目标的完成非常重视，但忽视人的情绪和需要，是以工作任务为中心的领导方式。（Ⅲ）型领导对人十分关切，对组织效率却漠不关心，是以人为中心的领导方式。（Ⅳ）型领导把对人的关心和对组织效率的关心放在同等重要的地位，既能保证任务的完成，又能充分满足人的需要，是最为理想的领导方式。

俄亥俄州大学研究小组的研究结果表明，不同的领导方式对工作效率和职工情绪有直接影响。在研究中，他们把不同管理者在体谅和主动状态两个项目中的得分与其管理效率相对比，发现生产部门的效率与主动状态成正比，与体谅成反比，最有效的主动状态得分最高，体谅最低。同时，他们还发现，无论在生产部门还是非生产部门，高主动状态低体谅的领导方式都会造成职工的不满情绪和对立情绪，从而无故旷工、事故、职工转厂的现象也较严重。因此从长远的观点来看，这并非是种有效的领导方式。这一结果再次证实行为科学对以泰罗制为代表的科学管理理论的责难。

4．布莱克和穆顿的管理方格理论

美国得克萨斯州的布莱克（R.R.Blake）和穆顿（J.S.Mouton）在领导四分图的基础上做了进一步的研究，于 1964 年出版的《管理方格》一书中提出了管理方格理论，并在 1978 年再版的《新管理方格》一书中，对这一理论做了进一步的补充和完善。布莱克和穆顿把领导行为归结为对人的关心和对生产的关心两类，二者在不同程度上互相结合便形成了多种不同的领导方式。他们以横轴表示对生产的关心，以纵轴表示对人的关心，每根轴分成 9 格，这样构成的 81 个方格便代表了对人和生产关心程度不同的 81 种领导方式。图 6–3 所示即为管理方格图。

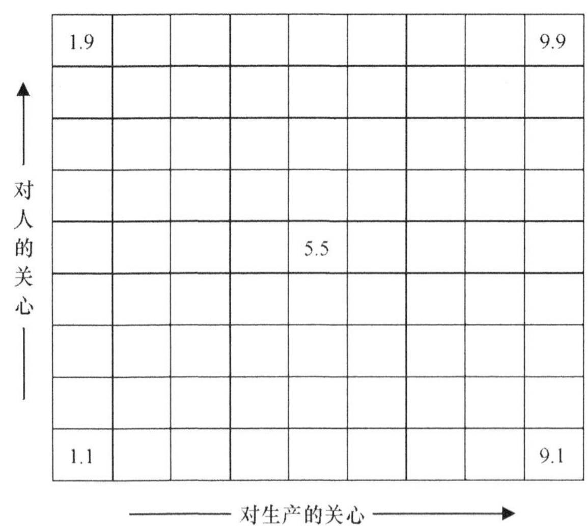

图 6-3 布莱克和穆顿的管理方格图

布莱克和穆顿具体分析了其中五种最为典型的领导方式。

1.1 贫乏型。这类领导对生产和人都极不关心，只是为了保持现有地位，而以最小的努力去做必须做的事。显然这是一事无成的不称职的领导者。

9.1 任务型。这类领导对生产极为关心，对人却极不关心，他们把全部精力集中在取得最高的产量上，极为排斥人的因素对工作效率影响，用强制性的权力来控制其下属。这种领导方式在短时期内可能取得较高的生产率，但是长此以往，它的副作用却会使生产率下降。

1.9 乡村俱乐部型。这类领导极端重视人的因素，却完全忽视了生产因素，放在首位的是增进同事和下级对自己的良好感情，并不考虑这样做是否有益于工作任务的完成和生产效率的提高。这种领导方式下的生产效率无论在长期或短期都不可能高。

5.5 中间型。这类领导对生产和人都有中等程度的关心，既希望有说得过去的生产效率，又希望维持较好的人际关系，为此他们善于折中，回避风险，不愿创新，满足于维持现状。这种领导方式虽非上策，却为相当数量的管理者所奉行的中庸之道的领导方式。

9.9 协作型。这类领导对人和对生产都极为关注，重视目标，并力求通过大家参与、承担义务和解决矛盾，在目标一致、相互依存、相互信任和尊敬的基础上，取得高产量、高质量的成果。这种领导方式无疑是最为有效的方式。

布莱克和穆顿不仅对以上五种典型的领导方式做了详细的分析和评价，而且设计了一套能使企业管理者测试自己的领导方式属于哪一种类型的问卷和培养其成为 9.9 型领导的“六阶段管理发展计划”，并亲自主持了这方面的试验，使得这一理论成为培养有效管理者的有用工具，在企业界和管理学界均产生较大影响。

（四）权变理论

权变理论又称情景理论，是在特性理论与行为理论的基础上发展起来的，反映了现代管理理论发展的重要趋势。权变理论认为，世界上不存在一种普遍适用、唯一正确的领导方式，只有结合具体环境，采取因时、因地、因事、因人制宜的领导方式，才是有效的领导方式。有影响力的权变领导理论主要有菲德勒的随机制宜领导理论、罗伯特·豪斯的途径—目标理论、阿吉利斯的不成熟—成熟理论、科曼的领导生命周期理论，以及赫塞和布兰查德的情景领导理论。下面主要介绍菲德勒的随机制宜领导理论。

菲德勒的随机制宜领导理论认为各种领导方式都可能在一定环境内有效，这种环境是多种外部与内部因素综合作用的结果。

菲德勒将权变理论具体化为三个方面，即职位权力、任务结构和上下级关系。所谓职位权力是指领导者所处的职位具有的权力的大小，或者说领导的法定权、强制权、奖励权的大小。权力越大，群体成员遵从指导的程度越高，领导的环境也就越好；反之，则越差。任务结构是指任务的明确程度和部下对这些任务的负责程度。这些任务越明确，而且部下责任心越强，则领导环境越好；反之，则越差。上下级关系是指下属乐于追随的程度。下级对上级越尊重，并且乐于追随，则上下级关系越好，领导环境也越好；反之，则越差。

菲德勒认为环境的好坏对领导的目标有重大影响。对低 LPC（Least Preferred Co-worker，最难共事者）型领导来说，比较重视工作任务的完成。如果环境很差，他将首先保证完成任务；当环境较好时，任务能够完成，这时他的目标是搞好人际关系。对高 LPC 型领导来说，比较重视人际关系。如果环境较差，他首先将人际关系放在首位；如果环境较好，人际关系也比较融洽，这时他将追求完成工作任务。

菲德勒模型认为，领导者的风格是不能改变的。一旦领导风格与情景发生冲突，可以采取的措施是，更换领导者或改变情景以适应领导者。

某一领导风格，不能简单地区分优劣，因为在不同条件下都可能取得好的领导绩效。换言之，在不同情况下，应采取不同的领导方式。

第三节　领导艺术

为了有效地实现领导的作用，实现组织目标，领导者必须掌握高超的领导艺术，一般主要表现为领导决策艺术、用人艺术、人际交往艺术、时间管理艺术、创新艺术和处理紧急事件的艺术等。

一、领导决策的艺术

决策是人们对未来实践的方向、目标以及使之实现的程序和手段做出的抉择，也就是对未来的方向、目标及手段、方法经过选择和判断做出的决定。决策艺术是领导者综合能力的表现，体现领导者的政治成熟度及业务知识能力多样性的统一。领导者要遵循决策的程序化，决策的过程也要力求科学化，不能简单地拍脑袋，凭经验和直觉做决策。决策艺术一般包含以下几个方面。

（一）处理信息的艺术

要进行决策，首先要掌握决策所需要的各种信息。各种决策方案的可行性，在很大程度上取决于信息的及时、准确和完整。因此，能不能有效地获取、利用和加工信息，需要具有高超的艺术。

（二）决策方法的选择艺术

不同的决策应采用相应的决策方法，对于程序性、短期性的决策，管理者凭自己长期积累的知识和经验，以及相关能力，并根据已知情况和现有资料，通常可以提出比较正确的决策目标、方案和做出最后的抉择。对于战略性的长期决策，一般宜采用集体决策或定量的方法。因为这种决策关系到全局长远的发展，应当发挥集体智慧，广泛听取各方意见，采用科学的决策技术，以防决策失误。

为了使未来的行动能够成功，要求决策者有广博的知识，同时还要有敏锐的观察力、判断力，还要有严格的科学态度，重真理、不浮躁，勇于打破陈旧观念，开创新局面。因此，决策者要不断地努力提高自身的素质。

二、用人艺术

马克思主义历来认为，人是世界上是最可贵的。而在人力资源中，人才更为重要，尤其是领导人才。当今世界各国综合国力的竞争归根到底是人才的竞争。用人是领导者的重要职责和基本职能，也是领导活动自身的要求。在用人上，领导者要掌握有效激励的艺术、选人的艺术、科学用人的艺术，以及表扬和批评的艺术。

（一）有效激励的艺术

激励方法主要是物质激励法、精神激励法、工作激励法等。有效激励要遵循一定的原则，有的放矢地进行。

（二）选人的艺术

选用什么样的人才，作为领导者应掌握以下几个方面的原则。

（1）坚持德才兼备，切勿求全责备。“德才兼备”和领导者“四化”方针是选才总的原则精神。一般来说以德为主，但有德无才也不行。一个成功的领导者在选拔人才时应做到兼容宽人，不以己律人，不强人所难，应能正确地自我认识和认知他人。要合理地确立人才标准，使组织内部人人都能各得其所，各得其用，各尽职守。

（2）大胆选拔新人，切忌论资排辈。领导者在选才时，要正确处理德才与资历的关系，以德才为准，在同等的条件下，以选拔新生力量为准。

（3）举荐有胆有识之才，戒唯顺唯亲之风。我们要选拔大批胆识过人、人格健全、个性鲜明的开拓型人才。这些人往往有独立见解，不以领导者的眼色为准，而以是否有利于组织目标的实现为行为准则。

（三）科学用人的艺术

科学用人的艺术主要表现在：一是知人善用的艺术，也就是用人用其德才，要用人所长，避人所短；二是量才适用的艺术，要帮助职工找到自己最佳的工作位置；三是用人不疑的艺术，对安排在与自己才能品德相适应岗位上的员工，应当放手使用，合理授权，使他们能够对所承担的任务全权负责；四是用养并重的艺术，有眼光的领导，不仅善于选拔和使用人才，而且重视培养和造就人才，能坚持用养并重。

（四）表扬和批评的艺术

表扬奖励人和批评或指责人，也需要有良好的技巧。一要弄清表扬、批评的原因。即掌握事实的真实情况，确保批评的准确性。二要选择表扬、批评合适的时机。三要注意表扬、批评的场合。四要讲求表扬、批评的态度。五要正确运用表扬、批评的方式。

三、人际交往的艺术

影响人际关系的因素主要有四个方面，即人们之间空间距离的远近、人们彼此交往的频率、人们观念态度的相似性，以及人们彼此需要的互补性。除此之外，人们的性格、品德、气质等也是影响人际关系的重要方面。

由于人际关系的复杂性，其协调的方法也是多种多样的，没有一套能普遍适用于不同素质的员工和不同环境的通用方法。应当随机制宜地从企业管理的角度进行分析，掌握协调人际关系的艺术，例如经营目标协调法、制度规则协调法、心理冲突协调法、随机处事技巧法等。

四、时间管理的艺术

时间是管理过程中重要的资源，时间管理也是有效管理的重要方面。时间管理的艺术主要包括时间分配艺术和时间节约艺术。

第一，时间分配的艺术。这主要有以下几种。一是重点管理法。即分清事情的主次及任务的缓急，集中时间和精力把它做好，即能把有限的时间分配给最重要的工作。二是最佳时间法。把最重要的工作安排在一天中效率最高的时间去完成，而将零碎事务或次要工作放在精力较差的时间去做。三是可控措施法。把自己不可控的时间转化为可控时间，以提高管理效率。

第二，时间节约艺术。可以详细记录自己每周、每月或每季一个区段使用的时间，再加以分析综合，做出判断，从而了解哪些时间内的工作是必要的、有用的，哪些是不必要、无用的、浪费的，以便改进，促进对时间更好地管理和运用。时间节约艺术也可以运用于会议管理中，科学地计算会议成本，提高会议效率。

五、创新艺术

创新是指人们发现了新方法、新技术或提供了新观点、新思想。创新是按照自然和社会发展的规律，提出改造自然、改造社会的新设想、新方案。创新应贯穿于整个领导活动之中，作为一个合格的领导者应具备开拓创新能力。所以合格的领导者观察事物时应具有独特的细致的敏锐性，能根据形势的发展变化，结合新的实践经验和时代条件，在思路的选择上、思考的技能、技巧上、思维的结论上有独到之处；与众不同，又合乎情理，比别人想得更深入、更透彻，提出人们想象不到、表达不出的新见解；同时也善于从生活的细微之处，从常人司空见惯、习以为常或熟视无睹的事情上发现问题，开动脑筋，引发思考，获得思维成果，这也是创新领导者应具备的一种思维特征。

六、指挥处理紧急事件的艺术

在管理活动中，经常会发生一些突发、紧急和棘手事件，因而领导者也要掌握处理这种事件的艺术。

第一，迅速控制事态。紧急事件发生后，能否先控制住事态，使其不扩大，不升级，不蔓延，是处理整个事件的关键。这既是关系整个事件处理成败的基础和前提，又是寻找更好的、彻底的处理方法的重要条件。突发事件发生后，面临紧急事件的组织成员，大都情绪激动，一触即发。领导者应当进行心理控制，运用弱化员工的激动情绪、舒缓紧张气氛等具体的技巧，减轻群众的心绪不稳、思想混乱、不知所措等心理压力；迅速地在组织内部和广大群众中开展正面教育，使大多数人认清形势，稳住阵脚，以防局面失去控制；迅速查清紧急事件的重要人物和地点，予以重点控制。

第二，收集事实材料，分析紧急事件产生的原因。紧急事件产生的原因可能是难以控制的自然灾害，复杂多变的政治、经济环境，变化多端的市场竞争，组织内部管理不善，以及主观人为的因素等。领导者要带领下属，动用一切可行的手段，准确地掌握大量的现象和事实材料；在掌握全面材料的基础上分析各种现象背后的联系，找到造成整个事件的根本症结，确认事件的性质；然后，迅速地制定处理事件的总体方案。

第三，果断实施方案，处理事件。领导者必须果断决策，周密组织，统筹安排，层层落实责任，人人承担责任，各司其职，各负其责，找准突破口，集中优势兵力去攻克关键环节和难关。

第四，总结工作。领导者要深入群众，做好善后的思想稳定工作；要总结紧急事件的教训，查找原因，堵塞漏洞，提高认识，避免类似事件再次发生；对于紧急事件处理过程中的工作失误也要及时总结。

案例分析

哪种领导类型最有效

ABC 公司是一家中等规模的汽车配件生产集团。最近，该公司对三个重要部门经理进行了一次有关领导类型的调查。

一、安西尔

安西尔对他本部门的产出感到自豪。他总是强调对生产过程、出产量控制的必要性，坚持下属人员必须很好地理解生产指令以得到迅速、完整、准确的反馈。安西尔当遇到小问题时，会放手交给下级去处理。当问题很严重时，他则委派几个有能力的下属人员去解决问题。通常情况下，他只是大致规定下属人员的工作方针、完成怎样的报告及完成期限。安西尔认为只有这样才能促进更好地合作，避免重复工作。

安西尔认为对下属人员采取敬而远之的态度对一个经理来说是最好的行为方式，所谓的

“亲密无间”会松懈纪律。他不主张公开谴责或表扬某个员工，相信他的每一个下属人员都有自知之明。

据安西尔说，在管理中的最大问题是下级不愿意接受责任。他讲到，他的下属人员可以有机会做许多事情，但他们并不是很努力地去做。他表示不能理解在以前他的下属人员如何能与一个毫无能力的前任经理相处。他说，他的上司对他们现在的工作运转情况非常满意。

二、鲍勃

鲍勃认为每个员工都有人权，他偏重于管理者有义务和责任去满足员工需要的学说。他说，他常为他的员工做一些小事，如给员工两张下月在伽里略城举行的艺术展览的入场券。他认为，每张门票才 15 美元，但对员工和他的妻子来说却远远超过 15 美元。通过这种方式，也是对员工过去几个月工作的肯定。

鲍勃说，他每天都要到工场去一趟，与至少 25%的员工交谈。鲍勃不愿意为难别人，他认为艾的管理方式过于死板，艾的员工也许并不那么满意，但除了忍耐别无他法。

鲍勃说，他已经意识到在管理中有不利因素，但大多是由于生产压力造成的。他的想法是以一个友好、粗线条的管理方式对待员工。他承认尽管在生产率上不如其他单位，但他相信他的雇员有高度的忠诚与士气，并坚信他们会因他的开明领导而努力工作。

三、查里

查里说他面临的基本问题是与其他部门的职责分工不清。他认为不论是否属于他们的任务都安排在他的部门，似乎上级并不清楚这些工作应该谁做。

查里承认他没有提出异议，他说这样做会使其他部门的经理产生反感。他们把查里看成是朋友，而查里却不这样认为。查里说过去在不平等的分工会议上，他感到很窘迫，但现在适应了，其他部门的领导也不以为然了。

查里认为纪律就是使每个员工不停地工作，预防各种问题的发生。他认为作为一个好的管理者，没有时间像鲍勃那样握紧每一个员工的手，告诉他们正在从事一项伟大的工作。他相信如果一个经理声称为了决定将来的提薪与晋职而对员工的工作进行考核，那么，员工则会更多地考虑他们自己，由此而产生很多问题。

他主张，一旦给一个员工分配了工作，就让他以自己的方式去做，取消工作检查。他相信大多数员工知道自己把工作做得怎么样。如果说存在问题，那就是他的工作范围和职责在生产过程中发生的混淆。查理的确想过，希望公司领导叫他到办公室听听他对某些工作的意见。然而，他并不能保证这样做不会引起风波而使事情有所改变。他说他正在考虑这些问题。

问题

1. 你认为这三个部门经理各采取什么领导方式？这些模式都是建立在什么假设的基础上的？试预测这些模式各将产生什么结果？

2. 是否每一种领导方式在特定的环境下都有效？为什么？

实践训练

实践训练一

1．实训项目

阅读伟人或企业家传记。

2．实训目的

熟悉各种领导方式的特点。

3．实训要求

要求每个学生阅读至少一位伟人或企业家传记，总结其领导风格与特点，写出实训报告，在课内进行交流。

4．实训考核

教师根据学生的实训报告和讨论课上的表现给予评价。

实践训练二

1．实训项目

管理游戏。

2．实训目的

锻炼学生清晰地发出指挥的命令。

3．需要的材料

一双短袜，一双球鞋，其中一只网球鞋没系鞋带。

4．实训组织与要求

把学生分为若干个两人小组，其中一名学生在游戏中只能使用口头语言教另一位同学穿短袜和网球鞋，不允许进行示范，也不允许互相接触，时间不允许超过 5 分钟。做此活动，教师可以提前做个示范，提出一些更严格的要求。游戏做完之后，可以抽取几个小组谈谈自己的体会。在课后每个小组结合所学知识写出实训体会。

5．实训考核

教师根据学生的实训报告给予评价。

本章小结

1. 领导工作是管理的一项重要职能，也是管理的其他职能顺利执行的重要保证。只有对组织中全体人员加以必要的领导，才能保证组织目标的实现。

2. 领导是一门科学，也是一门艺术。领导是一门科学表明领导工作是有系统理论的。我们重点介绍了西方管理理论界的有关领导理论，如领导特性理论、领导行为理论和领导权变理论等。领导者需要研究这方面的理论，用理论武装自己，成为一名成功的领导者。领导是一门艺术表明领导工作需要在实践中提高水平。我们重点介绍了在实践中行之有效的几种领导艺术，如决策艺术、用人艺术、授权艺术等。在工作中灵活运用这些艺术，是一个成功领导者所必需的。

复习思考题

1. 领导工作的职能是什么?
2. 领导工作有哪些重要作用?
3. 领导工作应遵循哪些基本原理?
4. 有关领导问题的理论是哪些?
5. 如何灵活运用领导艺术?

第七章　激　励

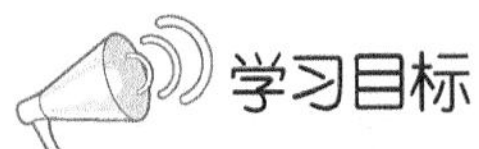

学习目标

通过本章的学习，领会激励的重要意义，熟悉激励的过程；掌握需要层次理论、双因素理论和成就激励理论的主要观点；了解期望理论、公平理论和强化理论的主要观点；掌握并应用激励的技巧与方法。

引入案例

一天，渔夫看见一条蛇咬着一只青蛙，渔夫为青蛙感到难过，便决定救这只青蛙。他靠近了蛇，轻轻地将青蛙从蛇口中拽了出来，青蛙得救了。但渔夫又为蛇感到难过：蛇失去了食物。于是渔夫取出一瓶威士忌，向蛇口中倒了几滴。蛇愉快地爬走了。青蛙也显得很快乐。渔夫满意地笑了。可几分钟以后，那条蛇又咬着两只青蛙回到了渔夫的面前……

管理启示：激励是什么？激励就是让人们很乐意去做那些他们感兴趣的又能带来最大利益的事情。当然，关键是要用合适、正确的方法去引导，并让他们做好。

第一节　激励原理

一、激励概述

（一）激励的含义

激励就是管理者运用各种管理手段，刺激被管理者的需要，激发其动机，引导并促进被管理者产生有利于管理目标行为的过程。可以从以下三个方面来理解激励这一概念。

（1）激励是一个过程。人的行为都是在某种动机的推动下完成的。对人的行为的激励，实质上就是通过利用能满足人需要的诱因条件激发行为动机，从而推动人采取相应的行为以实现目标，然后再根据人们新的需要设置诱因，如此循环往复。

（2）激励过程受内外因素的制约。各种管理措施应与被激励者的需要、理想、价值观和责任感等内在的因素相吻合才能产生较强的影响力，从而激发和强化工作动机，否则不会产生激励作用。

（3）激励具有时效性。每一种激励手段的作用都有一定的时间限度，超过时限就会失效。因此，激励不能一劳永逸，需要持续进行。

（二）激励的特点

激励作为一种领导的手段，最显著的特点是内在驱动性和自觉自愿性。由于激励起源于人的需要，是被管理者追求个人需要满足的过程，因此，这种实现组织目标的过程，不带有强制性，而完全是靠被管理者内在动机驱使的、自觉自愿的过程。

激励在组织管理中具有十分重要的作用：有利于激发和调动职工的积极性；有利于满足职工在物质、精神、尊重、社交等多方面的需要；有助于将职工的个人目标与组织目标统一起来。

二、激励的过程和模式

激励过程就是一个由需要开始到需要得到满足为止的连锁反应。当人产生需要而未得到满足时，会产生一种紧张不安的心理状态。在遇到能够满足需要的目标时，这种紧张不安的心理就转化为动机，并在动机的驱动下向目标努力。目标达到后，需要得到满足，紧张不安的心理状态就会消除。随后，又会产生新的需求，引起新的动机和行为。这就是激励过程。可见，激励实质上是以未满足的需要为基础，利用各种目标激发产生动机，驱使和诱导行为，促使实现目标，提高需要满足程度的连续心理和行为过程，整个过程如图7-1所示。

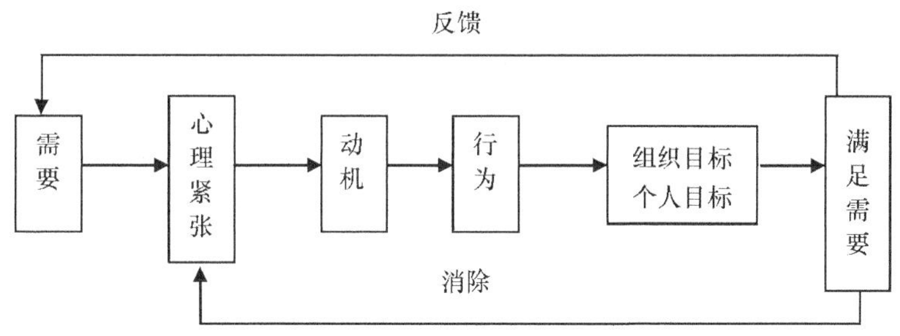

图7-1　激励模式

第二节　激励理论

自20世纪二三十年代以来，国外许多管理学家、心理学家和社会学家从不同的角度对怎样激励人的问题进行了研究，并提出了相应的激励理论。通常我们把这些激励理论分为三大类，即内容型激励理论、过程型激励理论和行为改造型激励理论。

一、内容型激励理论

（一）需要层次理论

美国心理学家亚伯拉罕·马斯洛（Abraham H.maslow）在1943年出版的《人类激励理论》一书中，首次提出需要层次理论，认为人类有5个层次的需要，如图7-2所示。

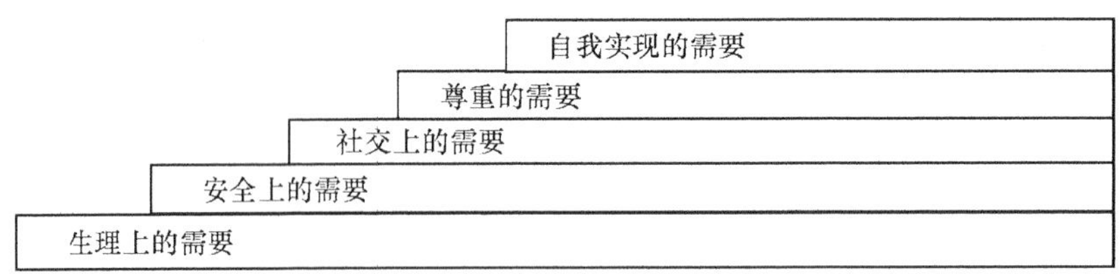

图 7-2　马斯洛需要层次结构

1．基本内容

各层次需要的基本含义如下。

（1）生理上的需要。这是人类维持自身生存的最基本要求，包括饥、渴、衣、住、性等方面的要求。如果这些需要得不到满足，人类的生存就成了问题。在这个意义上说，生理需要是推动人们行动的最强大的动力。马斯洛认为，只有这些最基本的需要满足到维持生存所必需的程度后，其他的需要才能成为新的激励因素，而到了此时，这些已相对满足的需要也就不再成为激励因素了。

（2）安全上的需要。这是人类要求保障自身安全、摆脱失业丧失财产威胁、避免职业病的侵袭等方面的需要。马斯洛认为，整个有机体是一个追求安全的机制，人的感受器官、效应器官、智能和其他能量主要是寻求安全的工具，甚至可以把科学和人生观都看成是满足安全需要的一部分。当然，当这种需要一旦相对满足后，也就不再成为激励因素了。

（3）社交上的需要。这一层次的需要包括两个方面的内容。一是友爱的需要，即人人都需要伙伴之间、同事之间的关系融洽或保持友谊和忠诚；人人都希望得到爱情，希望爱别人，也渴望接受别人的爱。二是归属的需要，即人都有一种归属于一个群体的感情需要，希望成为群体中的一员，并相互关心和照顾。感情上的需要比生理上的需要来得细致，它和一个人的生理特性、经历、教育、宗教信仰都有关系。

（4）尊重的需要。人人都希望自己有稳定的社会地位，要求个人的能力和成就得到社会的承认。尊重的需要又可分为内部尊重和外部尊重。内部尊重是指一个人希望在各种不同情境中有实力，能胜任，充满信心，能独立自主。总之，内部尊重就是人的自尊。外部尊重是指一个人希望有地位，有威信，受到别人的尊重、信赖和高度评价。马斯洛认为，尊重需要得到满足，能使人对自己充满信心，对社会满腔热情，体验到自己活着的用处和价值。

（5）自我实现的需要。这是最高层次的需要，它是指实现个人理想、抱负，发挥个人的能力到最大程度，完成与自己的能力相称的一切事情的需要。也就是说，人必须干称职的工作，这样才会使他们感到最大的快乐。马斯洛提出，为满足自我实现需要所采取的途径是因人而异的。自我实现的需要是在努力实现自己的潜力，使自己越来越成为自己所期望的人物。

2．基本观点

（1）5 种需要像阶梯一样从低到高，按层次逐级递升，但这样的次序不是完全固定的，可以变化，也有种种例外情况。

（2）一般来说，某一层次的需要相对满足了，就会向高一层次发展，追求更高一层次的需要就成为驱使行为的动力。相应地，获得基本满足的需要就不再是一股激励力量。

（3）5 种需要可以分为高低两级。其中生理上的需要、安全上的需要和感情上的需要都属于低一级的需要，这些需要通过外部条件就可以满足；而尊重的需要和自我实现的需要是高级需要，他们是通过内部因素才能满足的，而且一个人对尊重和自我实现的需要是无止境的。同一时期，一个人可能有几种需要，但每一时期总有一种需要占支配地位，对行为起决定作用。任何一种需要都不会因为更高层次需要的发展而消失。各层次的需要相互依赖和重叠，高层次的需要发展后，低层次的需要仍然存在，只是对行为影响的程度大大减小。

（二）双因素理论

激励因素—保健因素理论是美国的行为科学家弗雷德里克·赫兹伯格（Fredrick Herzberg）提出来的，又称双因素理论。赫兹伯格曾获得纽约市立学院的学士学位和匹兹堡大学的博士学位，以后在美国和其他三十多个国家从事管理教育和管理咨询工作，是犹他大学的特级管理教授。他的主要著作有《工作的激励因素》（1959，与伯纳德·莫斯纳、巴巴拉·斯奈德曼合著）、《工作与人性》（1966）、《管理的选择：是更有效还是更有人性》（1976）。双因素理论是他最主要的成就，在工作丰富化方面，他也进行了开创性的研究。

20 世纪 50 年代末期，赫兹伯格和他的助手们在美国匹兹堡地区对 200 名工程师、会计师进行了调查访问。访问主要围绕两个问题：在工作中，哪些事项是让他们感到满意的，并估计这种积极情绪持续多长时间；又有哪些事项是让他们感到不满意的，并估计这种消极情绪持续多长时间。赫兹伯格以对这些问题的回答为材料，着手研究哪些事情使人们在工作中感到快乐和满足，哪些事情造成不愉快和不满足。结果他发现，使员工感到满意的都是属于工作本身或工作内容方面的，使员工感到不满的，都是属于工作环境或工作关系方面的。他把前者叫作激励因素，后者叫作保健因素。

保健因素的满足对员工产生的效果类似于卫生保健对身体健康所起的作用。保健从人的环境中消除有害于健康的事物，它不能直接提高健康水平，但有预防疾病的效果，它不是治疗性的，而是预防性的。保健因素包括公司政策、管理措施、监督、人际关系、物质工作条件、工资、福利等。当这些因素恶化到人们认为可以接受的水平以下时，就会使人们产生对工作的不满意。但是，当人们认为这些因素很好时，它只是消除了不满意，并不会导致积极的态度，这就形成了某种既不是满意、又不是不满意的中性状态。

那些能带来积极态度、满意和激励作用的因素叫作激励因素。激励因素是那些能满足个人自我实现需要的因素，包括成就、赏识、挑战性的工作、增加的工作责任，以及成长和发展的机会。如果这些因素具备了，就能对人们产生更大的激励。从这个意义出发，赫兹伯格认为传统的激励假设，如工资刺激、人际关系的改善、提供良好的工作条件等，都不会产生更大的激励。它们能消除不满意，防止产生问题，但这些传统的“激励因素”即使达到最佳程度，也不会产生积极的激励。按照赫兹伯格的意见，管理当局应该认识到保健因素是必需的，不过它一旦使不满意中和以后，就不能产生更积极的效果。只有激励因素才能使人们有更好的工作成绩。

赫兹伯格及其同事以后又对各种专业性和非专业性的工业组织进行了多次调查。他们发现，由于调查对象和条件的不同，各种因素的归属有些差别，但总的来看，激励因素基本上都是属于工作本身或工作内容的，保健因素基本都是属于工作环境和工作关系的。但是，赫兹伯格注意到，激励因素和保健因素都有若干重叠现象。如赏识属于激励因素，基本上起积极作用；但当没有受到赏识时，又可能起消极作用，这时又表现为保健因素。工资是保健因素，但有时也能产生使员工满意的结果。

赫兹伯格的双因素理论同马斯洛的需要层次论有相似之处。他提出的保健因素相当于马斯洛提出的生理需要、安全需要、感情需要等较低级的需要，激励因素则相当于受人尊敬的需要、自我实现的需要等较高级的需要。当然，他们的具体分析和解释是不同的。但是，这两种理论都没有把"个人需要的满足"同"组织目标的达到" 这两点联系起来。

有些西方行为科学家对赫兹伯格的双因素理论的正确性表示怀疑。有人做了许多实验，也未能证实这个理论。赫兹伯格及其同事所做的实验，被有的行为科学家批评为他们所采用方法本身的产物：人们总是把好的结果归结于自己的努力而把不好的结果归罪于客观条件或他人身上，问卷没有考虑这种一般的心理状态。另外，被调查对象的代表性也不够，事实上，不同职业和不同阶层的人，对激励因素和保健因素的反应是各不相同的。实践还证明，高度的工作满足不一定就产生高度的激励。许多行为科学家认为，不论是有关工作环境的因素或工作内容的因素，都可能产生激励作用，而不仅是使员工感到满足，这取决于环境和员工心理方面的许多条件。

但是，双因素理论促使企业管理人员注意工作内容方面因素的重要性，特别是它们同工作丰富化和工作满足的关系，因此该理论是有积极意义的。赫兹伯格告诉我们，满足各种需要所引起的激励深度和效果是不一样的。物质需求的满足是必要的，没有它会导致不满，但是即使获得满足，它的作用往往是很有限的、不能持久的。要调动人的积极性，不仅要注意物质利益和工作条件等外部因素，更重要的是要注意工作的安排，量才录用，各得其所，注意对人进行精神鼓励，给予表扬和认可，注意给人以成长、发展、晋升的机会。随着温饱问题的解决，这种内在激励的重要性越来越明显。

（三）激励需求理论

麦克莱兰阐明三类基本的激励需要，对理解激励做出了贡献。他把这些需要分为权力的需要（Need of Power）、归属的需要（Need of Affiliation）和成就的需要（Need of Achievement），对检验人们关于这三类需要的方法，做了大量的研究，特别在成就的需要方面，麦克莱兰和他的同事们已经做了实质性研究。

所有这三种动力：权力需要、归属需要和成就需要，它们都与管理紧密相关，因为人们必须认识了这三类需要以后，才能使一个组织起来的企业运作良好。由于任何组织起来的企业和企业的任何部门，都是为实现某些目标而在一起工作的个人所组成的集体，所以成就的需要就有首要的意义。

1．权力的需要

麦克莱兰和其他一些研究者发现，具有高度权力需要的人对发挥影响力的控制都特别重视。这种人一般都追求得到领导的职位，他们往往是健谈者，还常常是好议论的；他们是性格坚强，敢于发表意见，头脑冷静和敢于要求的；而且他们爱教训别人和公开讲话。

2．归属的需要

有高度归属需要的人通常从受到别人喜爱中得到乐趣，并往往避免被社会集体所排斥而带来痛苦。作为个人，他们既能关心并维护融洽的社会关系，欣赏亲密友好和理解的乐趣，也能随时抚慰和帮助处境困难的人，并且乐意同别人友好交往。

3．成就的需要

有高度成就需要的人，既有强烈的求得成功的愿望，也有同样强烈的失败的恐惧。他们希望受到挑战，爱为自己设置一些有适度困难（但不是无法达到）的目标，并对风险采取现实态度；他们不可能是投机商人，但更喜欢分析和评价问题，能为完成任务承担个人责任，喜欢对他们怎样进行工作的情况得到明确而迅速的反馈；他们往往不爱休息，喜欢长时间地工作，假如遭到失败也不会过分沮丧，并且喜欢独当一面。

（四）阿德福的 ERG 理论

克莱顿·阿德福把人类的需要简化为三个范畴，即生存、交往和发展，按首字母缩写简称为 ERG。在这里，生存的需要指某些物质实体或物质条件的需要，包括对食物、住房、工资和安全工作条件的需要。交往的需要是指一些通过与其他组织成员公开沟通、交换思想及情感得到满足的需要。发展的需要是指一些通过个人较强地介入工作环境得到满足的需要，包括一个人的技能和能力的充分发挥，以及新的技能和能力的创造性的发展。阿德福认为，当较具体的需要得到满足时，人们则开始注意那些不太具体的需要。

ERG 理论和需要层次论之间的观点有不同之处。阿德福认为，如果较高层次的需要得不到满足，较低层次的需要就会增加，换言之，当一个人无法得到较高层次的满足时，他就会转而追求较低层次的满足。ERG 理论的两个主要激励前提是：较低层次的需要越是得到满足，人们越是希望满足较高层次的需要；较高层次的需要越是得不到满足，人们越是希望满足较低层次的需要。在 ERG 理论看来，三种需要类型能够同时起作用。因此，即使存在需要没有得到彻底满足，刺激性和挑战性的工作也有可能在满足发展需要方面起激励作用。同样，外在激励因素有时能够成为内在激励因素的替代物。

二、过程型激励理论

（一）期望理论

弗鲁姆提出的期望理论的基础是：人之所以能够从事某项工作并达成组织目标，是因为这些工作和组织目标会帮助他们达成自己的目标，满足自己某方面的需要。弗鲁姆认为，人们采取某项行动的动力或激励力取决于其对行动结果的价值评价和预期达成该结果可能性的估计。换言之，激励力的大小取决于该行动所能达成目标并能导致某种结果的全部预期价值乘以他认为达成该目标并得到某种结果的期望概率，用公式可以表示为 $M=V\times E$。

其中：M——激励力量，是直接推动或使人们采取某一行动的内驱力，即调动一个人的积极性，激发出人的潜力的强度；

V——目标效价，指达成目标后对于满足个人需要其价值的大小，它反映个人对某一成果或奖酬的重视与渴望程度；

E——期望值，这是指根据以往的经验进行的主观判断，达成目标并能导致某种结果的概率，是个人对某一行为导致特定成果的可能性或概率的估计与判断。

显然，只有当人们对某一行动成果的效价和期望值同时处于较高水平时，才有可能产生强大的激励力。

弗鲁姆的期望理论辩证地提出了在进行激励时要处理好三方面的关系，这些也是调动人们工作积极性的三个条件。第一，努力与绩效的关系。人们总是希望通过一定的努力达到预期的目标。如果个人主观认为达到目标的概率很高，就会有信心，并激发出很强的工作力量。反之如果他认为目标太高，通过努力也不会有很好绩效时，就失去了内在的动力，导致工作消极。第二，绩效与奖励的关系。人总是希望取得成绩后能够得到奖励，当然这个奖励也是综合的，既包括物质上的，也包括精神上的。如果他认为取得绩效后能得到合理的奖励，就可能产生工作热情，否则就可能没有积极性。第三，奖励与满足个人需要的关系。人总是希望自己所获得的奖励能满足自己某方面的需要。然而由于人们在年龄、性别、资历、社会地位和经济条件等方面都存在着差异，他们对各种需要要求得到满足的程度就不同。因此，对于不同的人，采用同一种奖励办法能满足的需要程度不同，能激发出的工作动力也就不同。

对期望理论的应用主要体现在激励方面，这启示管理者不要泛泛地采用一般的激励措施，而应当采用多数组织成员认为效价最大的激励措施，而且在设置某一激励目标时应尽可能加大其效价的综合值，加大组织期望行为与非期望行为之间的效价差值。在激励过程中，还要适当控制期望概率和实际概率，加强期望心理的疏导。期望概率过大，容易产生挫折，期望概率过小，又会减小激励力量。而实际概率应使大多数人受益，实际概率最好大于平均的个人期望概率，并与效价相适应。

（二）公平理论

它是美国行为科学家亚当斯（J. S. Adams）在《工人关于工资不公平的内心冲突同其生产率的关系》（1962，与罗森鲍姆合写）、《工资不公平对工作质量的影响》（1964，与雅各布森合写）、《社会交换中的不公平》（1965）等著作中提出来的一种激励理论。该理论侧重于研究工资报酬分配的合理性、公平性及其对员工生产积极性的影响。

公平理论的基本观点是，当一个人做出了成绩并取得了报酬以后，他不仅关心自己所得报酬的绝对量，而且关心自己所得报酬的相对量。因此，他要进行种种比较来确定自己所获报酬是否合理，比较的结果将直接影响今后工作的积极性。

一种比较称为横向比较，即他要将自己获得的“报酬”（包括金钱、工作安排、培训以及获得的赏识等）与自己的“投入”（包括教育程度，所做努力，用于工作的时间、精力，工作态度和其他无形损耗等）的比值与组织内其他人做比较。只有相等时，他才认为公平，如下式所示：

$$O_p / I_p = O_c / I_c$$

其中：O_p——自己对所获报酬的感觉；

O_c——自己对他人所获报酬的感觉；

I_p——自己对个人所做投入的感觉；

I_c——自己对他人所做投入的感觉。

当上式为不等式时，可能出现以下两种情况。

（1）$O_p / I_p < O_c / I_c$。在这种情况下，他可能要求增加自己的收入或减小自己今后的努力程度，以便使左方增大，趋于相等；第二种办法是他可能要求组织减少比较对象的收入或者让其今后增大努力程度以便使右方减小，趋于相等。此外，他还可能另外找人作为比较对象，以便达到心理上的平衡。

（2）$O_p / I_p > O_c / I_c$。在这种情况下，他可能要求减少自己的报酬或在开始时自动多做些工作，但久而久之，他会重新估计自己的技术和工作情况，终于觉得他确实应当得到那么高的待遇，于是产量便又会回到过去的水平了。

除了横向比较之外，人们也经常做纵向比较，即把自己目前投入的努力与目前所获得报酬的比值，同自己过去投入的努力与过去所获报酬的比值进行比较。只有相等时他才认为公平，如下式所示：

$$O_p / I_p = O_h / I_h$$

其中：O_p——自己对现在所获报酬的感觉；

O_h——自己对过去所获报酬的感觉；

I_p——自己对个人现在投入的感觉；

I_h——自己对个人过去投入的感觉。

当上式为不等式时，可能出现以下两种情况。

（1）$O_p / I_p < O_h / I_h$。当出现这种情况时，人也会有不公平的感觉，这可能导致工作积极性下降。

（2）$O_p / I_p > O_h / I_h$。当出现这种情况时，人不会因此产生不公平的感觉，但也不会觉得自己多拿了报酬，从而主动多做些工作。

调查和实验的结果表明，不公平感绝大多数是由于经过比较认为自己目前的报酬过低而产生的，但在少数情况下，也会由于经过比较认为自己的报酬过高而产生。

公平理论对我们有以下重要的启示。

首先，影响激励效果的不仅有报酬的绝对值，还有报酬的相对值。

其次，激励时应力求公平，使等式在客观上成立，即使有主观判断的误差，也不致造成严重的不公平感。

再次，在激励过程中应注意对被激励者公平心理的引导，使其树立正确的公平观。一是要认识到绝对的公平是不存在的，二是不要盲目攀比，要多看到自己的不足。

最后，在进行绩效评估时，要平衡兼顾结果和过程。做出成绩，有好的结果固然重要，但获得成绩的过程方法也不容忽视。

三、行为改造型激励理论

（一）挫折理论

挫折是指人类个体在从事有目的的活动过程中，指向目标的行为受到障碍或干扰，致使其动机不能实现，需要无法满足时所产生的情绪状态。挫折理论主要揭示人的动机行为受阻而未能满足需要时的心理状态，并由此而导致的行为表现，力求采取措施将消极性行为转化为积极性、建设性行为。

个体受到挫折与其动机实现密切相关。人的动机导向目标时，受到阻碍或干扰可能有 4 种情况：①虽然受到干扰，但主观和客观条件仍可使其达到目标；②受到干扰后只能部分达到目标或使达到目标的效益变差；③由于两种并存的动机发生冲突，暂时放弃一种动机，而优先满足另一种动机，即修正目标；④由于主观因素和客观条件影响很大，动机的结局完全受阻，个体无法达到目标。第四种情况下人的挫折感最大，第二和第三种情况次之。挫折是一种普遍存在的心理现象，在人类现实生活中，不但个体动机及其动机结构复杂，而且影响动机行为满足的因素也极其复杂，因此，挫折的产生是不以人们的主观意志为转移的。

引起挫折的原因既有主观的，也有客观的。主观原因主要是个人因素，如身体素质不佳、个人能力有限、认识事物有偏差、性格缺陷、个人动机冲突等；客观原因主要是社会因素，如企业组织管理方式引起的冲突、人际关系不协调、工作条件不良、工作安排不当等。人是否受到挫折与许多随机因素有关，也因人而异。归根结底，挫折的形成是由于人的认知与外界刺激因素相互作用失调所致。

对于同样的挫折情境，不同的人会有不同的感受；引起某一个人挫折的情境，不一定是引起其他人挫折的情境。挫折的感受因人而异的原因主要是由于人的挫折容忍力不同。所谓挫折容忍力，是指人受到挫折时免于行为失常的能力，也就是经得起挫折的能力，它在一定程度上反映了人对环境的适应能力。对于同一个人来说，对不同的挫折，其容忍力也不相同。如有的人能容忍生活上的挫折，却不能容忍工作中的挫折，有的人则恰恰相反。挫折容忍力与人的生理、社会经验、抱负水准、对目标的期望以及个性特征等有关。例如，企业中有的员工有娇骄二气，眼高手低，其挫折容忍力一般较低；再如，企业员工的价值观不同，追求达到目标的自我标准不同，即使客观上挫折情境相似，每个人对挫折的感受也会不同，所致的打击程度也就不同。

挫折对人的影响具有两面性：一方面，挫折可增加个体的心理承受能力，使人猛醒，汲取教训，改变目标或策略，从逆境中重新奋起；另一方面，挫折也可使人们处于不良的心理状态中，出现负面情绪反应，并采取消极的防卫方式来对付挫折情境，从而导致如不安、焦虑、愤怒、攻击、幻想、偏执等的行为反应。在企业管理中，有的人由于工作中的某些失误，受到领导批评或扣发奖金，由于其挫折容忍力小，可能就会发泄不满情绪，甚至采取攻击性行动，在攻击无效时，又可能暂时将愤怒情绪压抑，对工作采取冷漠的态度，得过且过。人受挫折后可产生一些远期影响，如丧失自尊心、自信心，自暴自弃，精神颓废，一蹶不振等。

在企业活动中，员工受到挫折后，所产生的不良情绪状态及相伴随的消极性行为，不仅对员工的身心健康不利，而且也会影响企业的正常运转，甚至易于导致事故的发生。因此，应该重视管理中员工的挫折问题，采取措施防止挫折心理给员工本人和企业正常运转带来不利影响。对此，可以采取的措施包括：①帮助员工用积极的行为适应挫折，如合理调整无法实现的行动目标；②改变受挫折员工对挫折情境的认识和估价，以减轻挫折感；③通过培训提高员工工作能力和技术水平，增加个人目标实现的可能性，减少挫折的主观因素；④改变或消除易于引起员工挫折的工作环境，如改进工作中的人际关系，实行民主管理，合理安排工作和岗位，改善劳动条件等，以减少挫折的客观因素；⑤开展心理保健和咨询，消除或减弱挫折心理压力。

（二）强化理论

美国心理学家斯金纳认为，无论是人还是动物，为了达到某种目的，都会采取一定的行为，这种行为将作用于环境，当行为的结果对他或它有利时，这种行为就会重复出现，当行为的结果不利时，这种行为就会减弱或消失。这就是环境对行为强化的结果。

（1）正强化。正强化是指奖励那些符合组织目标的行为，以便使这些行为得以进一步加强，重复出现从而有利于组织目标的实现。即用某种有吸引力的结果对某一行为进行奖励和肯定，以期在类似条件下重复出现这一行为。

（2）负强化。负强化是指预先告知某种不合要求的行为和不良绩效可能引起的后果，从而减少和削弱不希望出现的行为。

（3）自然消退。自然消退指取消正常强化，对某种行为不予理睬。

（4）惩罚。惩罚是用某种带有强制性的、危险性的结果来消除某种行为重复发生的可能性。

强化理论具体应用的一些行为原则如下。

（1）经过强化的行为趋向于重复发生。所谓强化因素就是会使某种行为在将来重复发生的可能性增加的任何一种“后果”。例如，当某种行为的后果是受人称赞时，就增加了这种行为重复发生的可能性。

（2）要依照强化对象的不同采用不同的强化措施。人们的年龄、性别、职业、学历、经历不同，需要就不同，强化方式也应不一样。如有的人更重视物质奖励，有的人更重视精神奖励，就应区分情况，采用不同的强化措施。

（3）小步子前进，分阶段设立目标，并对目标予以明确规定和表述。对于人的激励，首先要设立一个明确的、鼓舞人心而又切实可行的目标，只有目标明确而具体时，才能进行衡量和采取适当的强化措施。同时，还要将目标进行分解，分成许多小目标，完成每个小目标都及时给予强化。这样不仅有利于目标的实现，而且通过不断地激励可以增强信心。如果目标一次定得太高，会使人感到不易达到或者说能够达到的希望很小，就很难充分调动人们为达到目标而做出努力的积极性。

（4）及时反馈。所谓及时反馈就是通过某种形式和途径，及时将工作结果告诉行动者。要取得最好的激励效果，就应该在行为发生以后尽快采取适当的强化方法。一个人在实施了某种行为以后，即使是领导者表示“已注意到这种行为”这样简单的反馈，也能起到正强化的作用，如果领导者对这种行为不予注意，这种行为重复发生的可能性就会减小以至消失。

（5）正强化比负强化更有效。在强化手段的运用上，应以正强化为主；同时，必要时也要对坏的行为予以惩罚，做到奖惩结合。

强化理论只讨论外部因素或环境刺激对行为的影响，忽略人的内在因素和主观能动性对环境的反作用，具有机械论的色彩。但是，强化理论有助于对人们行为的理解和引导。这并不是对员工进行操控，而是使员工有一个更好的机会在各种明确规定的备择方案中进行选择。因而，强化理论已被广泛地应用在激励和人的行为的改造上。

第三节 激励实务

在管理实践中，常用的激励手段主要有三类，即物质激励、精神激励和情感激励。

一、物质激励

物质激励即通过物质刺激的手段，鼓励组织成员工作。它的主要表现形式有正激励，如发放工资、奖金、津贴、福利等，和负激励，如罚款等。

物质激励应注意以下几方面。

第一，物质激励应与相应制度结合起来。制度是目标实现的保障。因此，物质激励效应的实现也需要依靠相应的制度来保障。例如，物质奖惩标准在事前就应制定好并公之于众且形成制度稳定下来，而不能靠事后的“一种冲动”，想起来就奖励一下，想不起来就作罢，那样是达不到激励的目的的。

第二，物质激励必须公平、公正，但注意防止“平均主义”。美国心理学家亚当斯的公平理论告诉管理者必须对所有职工一视同仁，按统一标准奖罚，不偏不倚，否则将会产生负面效应。此外，必须反对“平均主义”，平均分配奖励等于无效激励。

第三，企业要通过物质奖励调动职工积极性，应把奖金与工薪分开发放。如果把奖金与工薪一起发，容易使员工把工作应得的和额外奖励混为一谈，职工不一定会有受奖的喜悦。

二、精神激励

与物质激励相比，精神激励是在较高层次上调动职工的工作积极性，其激励深度大，维持时间也较长。精神激励的方法有许多，这里着重讲述以下几种。

（一）目标激励

企业目标是企业凝聚力的核心，它体现了职工工作的意义，能够在理想和信念的层次上激励全体职工。实施目标激励，首先企业应将自己的长远目标、中期目标和近期目标进行宣传，使职工更加了解企业，了解自己在目标的实现过程中应起到的作用。其次，应注意把组织目标和个人目标结合起来，宣传两者的一致性，使大家了解到只有在完成企业目标的过程中，才能实现个人的目标。个人事业的发展、待遇的改善与企业事业的发展，效益的提高息息相关。这样，职工就会对企业产生强烈的感情和责任心，平时用不着别人监督就能自觉地把工作搞好，就能自觉地关心企业的利益和发展前途。

（二）工作激励

自我实现人假设，是指人们力求最大限度地将自己的潜能发挥出来，只有在工作中充分表现自己的才能，才会感到最大的满足。依据这种假设，为了更好地发挥职工工作积极性，管理者要较多地考虑如何才能使工作本身具有更丰富的内在意义和更高的挑战性，给职工一种自我实现感。因此，工作本身也具有激励力量。

（三）参与激励

现代人力资源管理的实践经验和研究表明，员工都有参与管理的要求和愿望，创造和提供一切机会让职工参与管理是调动他们积极性的有效方法。通过参与，形成职工对企业的归属感、认同感，可以进一步满足职工自尊和自我实现的需要。

（四）荣誉激励

荣誉是社会或组织对个体或群体的崇高评价，是满足人们自尊需要，激发人们奋力进取的重要手段。荣誉激励成本低廉，但效果很好。美国 IBM 公司有一个“百分之百俱乐部”，当公司员工完成自己的年度任务，他就被批准为“百分之百俱乐部”成员，他和他的家人被邀请参加隆重的聚会。结果，公司的雇员都将获得“百分之百俱乐部”会员资格作为第一目标，以获取那份光荣。这一激励措施有效地利用了员工的荣誉需求，取得了良好的激励效果。

（五）赏识激励

赏识是任何物质奖励都无法可比的。赏识激励是激励的最高层次，是领导激励优势的集中体现。社会心理学原理表明，社会的群体成员都有一种希望得到领导的承认和赏识的心理。赏识激励能较好地满足这种精神需要。

三、情感激励

情感，是人们情绪和感情的反映。情感激励既不是以物质利益为诱导，也不是以精神理想为刺激，而是指领导者与被领导者之间以感情联系为手段的激励方式。领导者和被领导者的人际关系既有规章制度和社会规范的成分，也有情感成分。人的情感具有两重性，积极的情感可以提高人的活力，消极的情感则会削弱人的活力。一般来说，下属工作热情的高低，同领导者与下属的交流多少成正比。古人云“士为知己者死”，“感人心者，莫过于情”。有时领导者一句亲切的问候，一番安慰的话语，都可成为激励下属行为的动力。因此，现代领导者不仅要注意以理服人，更要强调以情感人。要舍得进行情感投资，重视与下属的人际沟通，变单向的工作往来为全方位的立体式往来，在广泛的信息交流中树立新的领导行为模式，如有关家庭、生活、娱乐、工作等方面的信息交流。领导者可以在这种无拘无束、下属没有心理压力的交往中得到大量有价值的思想信息，交流思想感情，从而增进了解和信任，并真诚地帮助每一位下属，使团体内部产生一种和谐与欢乐的气氛。情感激励就是加强与职工的感情沟通，尊重职工，使职工始终保持良好的情绪以激发职工的工作热情。人们都知道，在心境良好的状态下工作思路开阔，思维敏捷，解决问题迅速。因此，情绪具有一种动机激发功能。

创造良好的工作环境，加强管理者与职工之间以及职工相互之间的沟通与协调，是情感激励的有效方式。

案例分析

赵副厂长该怎么办

赵林德是某汽车零件制造厂的副厂长，分管生产。一个月前，他为了搞好生产，掌握第一手资料，就到第一车间甲班去蹲点调查。一个星期后，他发现工人的劳动积极性不高，主要原因是奖金太低，所以每天产量多的工人生产二十几只零件，少的则只有十几只零件。

赵林德和厂长等负责人商量后，决定搞个定额奖励试点，规定每天每人以生产 20 只零件为标准，超过 20 只零件后，每生产 1 只零件奖励 0.5 元。结果，全班 23 个人都超额完成任务，最少的工人每天生产 29 只零件，最多的每天能生产 42 只零件。这样一来，甲班工人的奖金大大超过了工资，使其他班组和车间的工人十分不满。

于是赵林德修改了奖励标准，规定每天超过 30 只零件后，每生产 1 只零件奖励 0.5 元。这样一来，全班平均每人每天的产量降到了 33 只左右，最多的工人不超过 35 只。赵林德观察后发现，工人并没有全力生产，离下班还有一个半小时，只要 30 只任务完成了，他们就开始休息了。赵林德不知道该如何进一步来调动工人的积极性了。

思考题：

赵林德在激励员工时有哪些不妥之处，该如何改正？

实践训练

1．实训目标

培养了解人的心理需求、分析解决复杂管理问题的能力，以及运用激励理论、调动人的积极性的能力。

2．实训内容与要求

第一，本次实训的主要内容是进行情景剧表演与分析。情景剧是指根据教学需要，设计一定的管理情景，由学生扮演角色进行演出，并进行分析的一种实践教学方式。

第二，根据本章内容和实训目标，由学生在课下搜集、选择、编写和讨论预习剧本，并进行必要的排练。

第三，由“演员”按照选择的方案与剧本进行表演。表演分为两部分进行：一是表演决策事件的基本事实或过程；二是由学生按照自己设计的方案进行分析与决策（由学生分别扮演情景剧中的相关人员，提出自己的主张与决策建议，并充分论证，以说服别人；不同的扮演者可以有不同的决策方案）。

第四，由其他同学对各位演员的表演，特别是管理行为的合理性进行分析与评价。

第五，在表演和讨论的过程中，教师可以随剧情发展进行提问，以引导剧情与讨论的逐步深入，并进行小结。

3．成果与检测

第一，每个学生至少搜集一个案例或资料；

第二，每个小组经过优选写一个剧本，并进行表演；

第三，教师及学生观众对各小组的情景剧及“演员”的决策意见与表演打分评估。

本章小结

1. 激励就是管理者运用各种管理手段，刺激被管理者的需要，激发其动机，引导并促进被管理者产生有利于管理目标行为的过程。其最显著的特点是内在驱动性和自觉自愿性。

2. 激励理论分为三大类，即内容型激励理论、过程型激励理论和行为改造型激励理论。内容型激励理论主要有马斯洛需要层次理论、赫兹伯格双因素理论、麦克莱兰激励需求理论、阿德福的 ERG 理论；过程型激励理论主要有期望理论、公平理论；行为改造型激励理论主要有挫折理论、强化理论。

3. 在管理实践中，常用的激励手段主要有三类，即物质激励、精神激励和情感激励。

复习思考题

1. 激励模式的主要内容是什么?
2. 内容型激励理论和过程型激励理论的主要内容是什么?
3. 在实际工作中如何对员工进行合理激励?

第八章　沟　通

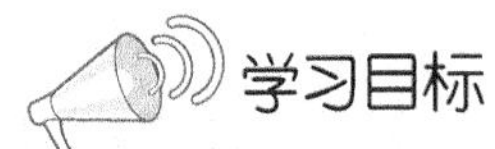

通过本章的学习，能够理解沟通的含义、过程、作用与类型；明确沟通的原则；了解影响沟通的个体因素与沟通方式；熟悉组织正式沟通的渠道和网络形式，了解组织非正式沟通的渠道、特点和作用；善于运用沟通的各种方法，学会如何对组织沟通进行改善。

曾经有个小国的使者到中国来，进贡了三个一模一样的金人，金碧辉煌的，把皇帝高兴坏了。可是这小国的使者同时出了一道题目：这三个金人哪个最有价值？皇帝想了许多办法，请珠宝匠检查、称重量、看做工，都是一模一样的。怎么办？使者还等着回去汇报呢。泱泱大国，不会说连这点小事都不懂吧？最后，有一位退位的老大臣说他有办法。皇帝便将使者请到大殿上，老臣胸有成竹地拿出三根稻草，分别插入三个金人的耳朵里。第一个金人的稻草从另一边耳朵出来了，第二个金人的稻草则从嘴巴里直接掉出来，而第三个金人，稻草进去后掉进了肚子，什么响动也没有。于是，老臣说，第三个金人最有价值！使者默默无言，答案正确。

管理启示：最有价值的人，不一定就是最能说的人。老天给我们每个人两只耳朵一张嘴巴，本来就是让我们多听少说的。善于倾听，是沟通最重要的技巧之一。

第一节　沟通与沟通的基本类型

一、沟通的含义、目的和作用

（一）沟通的含义

沟通是指为达到一定的目的，将信息、思想和情感在个人或群体间进行传递与交流的过程。要理解沟通的含义，必须从以下方面入手。

1．沟通有四大要素

（1）沟通主体。沟通主体又称为信息沟通的发送者。在一个沟通的过程中，总有一方是信息的主动发送者。

（2）沟通对象。沟通对象又称为信息的接受者，即在信息沟通过程中处于被动地接受信息的一方。不过，在沟通的不断循环过程中，信息的发送者和信息的接受者的身份会不断改变，特别是在双向沟通中，无论是哪一方，都既要充当信息的发送者，又要充当信息的接受者。

（3）沟通内容。在沟通的过程中，所传递的信息包含的内容是多种多样的，可分为事实、情感、价值观、意见、观点等。

（4）沟通渠道。渠道是由信息发送者选择的，指借以传递信息的媒介物。不同的沟通渠道其沟通效果是不同的，不同的信息内容应当选用不同的沟通渠道。

图 8-1 所示为管理沟通模型。

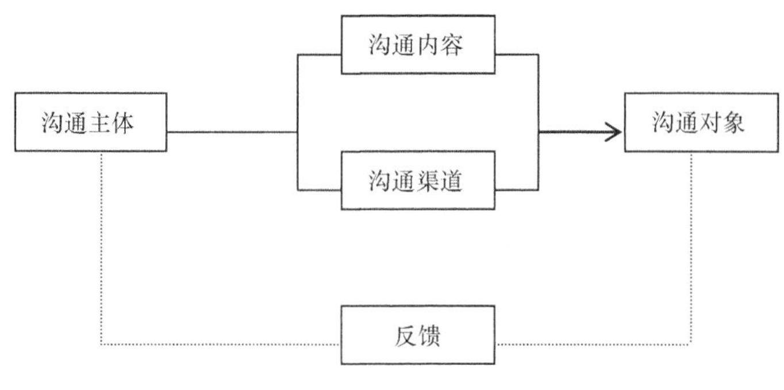

图 8-1 管理沟通模型

2．沟通是一个过程

信息沟通过程是指一个信息发送者通过选定的渠道把信息传递给接受者，这个过程由以下几个步骤组成。

（1）明确要沟通的内容。信息发送者发出信息是因为某种原因希望接受者了解某项事情，因此，首先要明确信息内容。

（2）编码。即把信息译成一种双方都能理解的符号，如语言、文字、手势等。要发送的信息只有经过编码，才会有准确的信息沟通。

（3）选择信息传递手段。信息的传递有多种手段可供选择，如口头交谈、书面文件、电话、网络等。

（4）译码。接受者对收到的信息需要进行译码，即研究和理解所收到的信息的内容和含义。这个译码过程关系到接受者是否能正确理解信息，处理不好信息就会被误解。

（5）反馈。接受者把所收到的或理解的信息反馈到发送者那里，供发送者核查。信息的沟通过程中经常受到“噪声”的干扰。所谓噪声就是妨碍信息沟通的任何因素，它可能来自发送者、接受者或传递中的各方面。为了检验信息沟通的效果如何，反馈是必不可少的。因为在没有信息反馈证实之前，无法肯定信息是否已经得到有效的编码、传递、译码和理解。

（6）再传递。发送者根据所接收到的反馈信息而再次发出信息，肯定原有的信息传递，或指出已发生的某些偏差并加以纠正。

（7）再反馈。接受者根据所接收到的信息采取行动，或做出自己的反应。信息传递的目的是发送者要看到接受者采取发送者所希望的正确行动。

3．管理沟通主要发生在人与人之间

人与人之间的沟通有许多独特之处。例如，人与人之间的沟通主要是通过语言或文字形式进行的；在沟通中，信息交流的同时包含着情感、思想、态度的交流，沟通双方的心理、态度、知识及价值观都对沟通的结果有重要影响；由于受沟通双方心理、态度、知识等的影响，在沟通中经常出现一些特殊的沟通障碍。

（二）沟通的目的

组织中沟通的目的是信息分享，使组织中所有成员的行为在既定目标上保持一致。随着组织内外部环境的变化，组织必须迅速、准确、及时地掌握内外部的各种信息，在充分分析的基础上，重新思考和确定组织的使命和战略目标等；并且在组织内部进行激励和部署，使得每名员工都能够理解组织的使命和目标，并转化和落实到日常工作中，保证组织内部的所有行动和活动与组织的使命和目标保持一致；还要对组织中的各种活动结果等信息进行测量、监控，为采取纠正和改进措施提供依据。显然组织成员对组织目标了解得越清楚，就越能够采取正确的行动，如果没有组织内外畅通的沟通和信息分享是难以实现的。

（三）沟通的作用

1．沟通是管理者正确决策的前提和基础

管理者是根据汇总的信息做出决策的，而及时、有效、全面、真实的信息能够极大地改进管理者获取信息的数量、质量和速度。因此我们可以得出结论，成功的信息沟通可以提高管理者的决策能力。

2．沟通可以协调组织行动，解决冲突，建立良好的人际关系

沟通的目的之一就是解决冲突。冲突广泛存在于组织中的各项活动中，影响和制约着组织和个体的行为倾向和行为方式，影响着组织目标的实现。通过沟通，使个体了解组织，了解形势，认识到只有实现了组织目标，个人目标才能全面实现，从而引导个体努力使自己的行为与组织目标相一致。

3．有效沟通可以提高组织效率，促进组织的变革、创新

领导者的决策要得到及时的贯彻、执行，就必须通过沟通将决策的意图完整地传达到执行者那里。信息传递不及时，执行者不能正确理解决策意图，就会影响决策执行的效果。人与人之间，部门与部门之间的有效沟通同样可以促进效率的提高。

此外，组织变革方案需要通过沟通传递给基层群众，取得群众的支持并促进变革的成功；同样，基层的一些好的想法和建议，也需要通过沟通传达给有关领导，取得领导认可并得以实现。

二、沟通的种类

在组织内部，沟通的方式和类型多种多样，按照不同的标准可以划分为不同的类型。

（一）按沟通的组织系统划分

按沟通的组织系统划分，可以分为正式沟通和非正式沟通。

1．正式沟通

它是以正式组织系统为沟通渠道的信息沟通，如组织中各层次之间的联系、横向协作关系进行的沟通。正式沟通是组织内部信息传递的主要方式。大量的信息都是通过正式沟通渠道传递的。正式沟通的优点是沟通严肃、可靠、约束力强、易于保密、沟通信息量大，并且具有权威性。缺点是沟通速度一般较慢。

正式沟通的方式主要有上行沟通、下行沟通、平行沟通。正式沟通依赖正式沟通网络来进行。正式沟通网络是根据组织结构、规章制度来设计的，用以交流和传递与组织活动直接相关的信息的沟通途径。正式沟通有以下五种基本的信息沟通网络形式。

（1）链式沟通。这种模式发生在直线型的层级结构中，沟通只能向上或向下进行，且每一个上级只有一个下级向他报告，而每一个下属也只能接受一个上级的指示。在这种模式下，信息层层传递，路线长，速度慢，且容易发生信息的篡改和失真。

（2）轮式沟通。在这种模式下，多个下属都向同一个上级报告，但下属之间不能沟通。这种模式，由于结构层次少，因此信息传递速度快且不容易发生信息失真，组织集中程度高，但下属可以沟通的渠道只有一个，成员满意度较低，组织士气低落。

（3）圆周式沟通。此种模式中，组织成员只能与相邻的成员沟通，而不能与其他人交流，即沟通只能发生在同一部门成员之间或直接上下级之间，不能跨部门沟通，也不能越级沟通。在这种模式下，组织成员往往可以达到比较一致的满意度，组织士气高昂；但由于信息也是层层传递，因此速度较慢并且容易出现信息失真。

（4）全通道式沟通。这是一种开放型的模式。在这种模式下，每一个组织成员可以自由地与其他成员沟通，因此沟通速度快；但由于沟通渠道太多，易造成混乱并降低信息的准确度。这种模式组织集中化程度低，成员士气旺盛，合作精神强，适合人才聚集的高新技术企业。

（5）Y 式沟通。这也是一种只能纵向沟通的模式，信息层层传递。在这种模式下，信息传递速度慢且信息容易失真。这种组织的权力集中度高，解决问题快，但成员士气一般。

2．非正式沟通

非正式沟通是指以组织中的非正式组织体系或个人为渠道的信息沟通。非正式沟通的优点是，传递信息的速度快，形式不拘一格，并能提供一些正式沟通所不能传递的内幕消息。缺点是，传递的信息容易失真，容易在组织内部引起矛盾，并且较难控制。

（二）按沟通中信息流动的方向划分

按沟通中信息流动的方向划分，可分为上行沟通、下行沟通、平行沟通和斜向沟通。

1．上行沟通

上行沟通是指下级向上级进行的信息传递。如下级向上级请示汇报工作、反映意见等。上行沟通是领导了解实际情况的重要途径。

2．下行沟通

下行沟通是指上级向下级进行的信息传递。如一个组织的上级管理者将工作计划、任务、规章制度向下级传达。下行沟通是组织中最重要的正式沟通方式。通过下行沟通才可以使下级明确组织的计划、任务、工作方针和步骤。

3．平行沟通

平行沟通是指正式组织中同级部门之间的信息传递。平行沟通是在分工基础上产生的，是协作的前提。做好平行沟通工作，在规模较大、层次较多的组织中尤为重要，它有利于及时协调各部门之间的工作，减少矛盾。

4．斜向沟通

斜向沟通指的是发生在组织内部既不属于同一隶属关系的，又不属于同一层级之间的信息沟通。这样做可以加快信息的交流，谋求相互之间必要的通报、合作和支持。这种沟通往往带有协商性和主动性。

（三）按沟通所使用语言的方式划分

按沟通所使用语言的方式划分，可分为口头沟通、书面沟通和书面口头混合沟通。

1．口头沟通

口头沟通是指采用口头语言进行的信息沟通。口头沟通是最常用的沟通方式。其优点是：沟通过程中，信息发送者与信息接受者当面接触，有亲切感，并且可以运用一定的体语、手势、表情和语气等增强沟通的效果，使信息接受者能更好地理解、接受所沟通的信息。其不足之处在于：沟通范围有限；沟通过程受时间和空间的限制；沟通完成后缺乏反复性；同时对信息传递者的口头表达能力要求比较高。

2．书面沟通

书面沟通是指采用书面文字形式进行的沟通，如各种文件、报告等。其优点是：严肃、准确，具有权威性、不易被歪曲；信息接受者可以反复阅读以增强理解；信息传递者对要传递的信息所采用的语言可以认真推敲，以便用最好的方式表达出来。不足之处是：灵活性较差，只适用于单向沟通。

3．书面、口头混合沟通

它是指在沟通过程中，既有书面表达的信息，又以口头沟通的方式加以阐述、强调，以使信息接受者加强理解。如一些重要会议中，报告人的报告既以书面形式印发给与会者，报告人又亲自做口头报告，同时还召开有报告人参加的座谈会，以加强信息沟通。书面、口头混合沟通方式兼顾了口头沟通与书面沟通的优点。其不足之处是沟通费用较高，只有一些特别重要的信息，才采用这种沟通方式。

（四）按沟通过程中信息发送者与信息接受者的地位是否改变划分

按沟通过程中信息发送者与信息接受者的地位是否改变划分，可分为单向沟通和双向沟通。

1．单向沟通

这是指信息的发送者与接受者的地位不改变的沟通，在这种沟通中，不存在信息反馈。其优点是沟通比较有秩序，速度较快。不足之处是接受者不能进行信息反馈，容易降低沟通效果。

2．双向沟通

这是指在沟通过程中信息的传递者与接受者经常换位的沟通。在这种沟通中，存在着信息反馈，发送者可以及时知道信息接受者对所传递的信息的态度和理解程度，有助于加强协商和讨论，提高沟通效果。但双向沟通一般费用较高，速度慢，易于受干扰。

第二节 沟通管理

一、管理中的沟通障碍

阻碍管理沟通的因素是十分复杂的，但大致可以分为以下几个方面。

（一）环境方面的沟通障碍

这是指自然环境方面的某些因素可能会减弱或阻断信息的发送或接收。例如，信息传递的空间距离较远、传递中的噪声与干扰、所用沟通工具的运行故障等。

（二）制度方面的沟通障碍

这是指在管理沟通观念、领导方式、沟通体制与制度、与沟通相关的权限、职责设置等方面影响沟通的因素。例如，一位专制型、独裁型的管理者是很难与下级进行很好沟通的。

（三）心理方面的沟通障碍

沟通主体与沟通对象在个性、心理等方面的因素也会影响管理沟通的顺利进行。例如，一位对管理者心存排斥和偏见的下级就很难接受管理者的正常沟通信息。

（四）语言方面的沟通障碍

语言是管理沟通中最基本的工具。信息发送者如果口齿不清，词不达意或者字体模糊，就难以把信息完整地、准确地表达出来，如果使用方言、土语，会使接受者无法理解。在不同国籍人士之间的交流中这种障碍更明显。受主观理解的影响，接受者在接受信息时，会根据自己的知识经验去理解，按照自己的需要对信息进行选择，从而可能会使许多信息内容丢失，造成信息的不完整甚至失真。

二、有效沟通的原则

（一）信息传递要贯彻多快好省的原则

所谓“多”，是就数量而言，即在单位时间内传递的信息数量要多；“快”是就速度而言，即信息传递要迅速、及时，一条很有价值的信息，如果传递速度过慢，就可能变得毫无价值；“好”是就质量而言，即要消除信息传递中的种种干扰，保持信息的真实性；“省”是就效益而言，要求在较短的时间内，花较少的费用，达到良好的沟通效果。在信息传递中，这几方面互相联系，互相制约，要加以协调。

（二）传递信息要区分不同的对象

这一方面是指在传递信息时的目的性，另一方面又指信息传递的保密性。信息是有价值的，但是，价值的大小却因人而异，同一信息对不同的人价值不同。因此，要研究不同对象的不同需要，要注意信息传递的目标，确保信息的效用。此外，在提高信息传递的针对性时，也要注意信息的适用范围，考虑到信息的保密度，防止信息大面积扩散、泛滥，给员工造成不必要的心理负担，影响组织成员士气。

（三）要适当控制信息传递的数量

在管理中，由于各级主管部门的角色不同，每个组织成员所考虑的问题不同，因此，在信息传递时，要适当注意量的控制。这就是说，应该让下级知道的信息必须尽快传递，适用范围有限的信息则力求保密。在这方面，要注意避免两种倾向。一是信息过分保密的倾向。同行各企业、各部门或同班组的员工之间相互保密，妨碍了彼此了解和相互协调。有些本应共有的信息材料，没有向相关部门及时传达，从而使信息阻塞，出现了无端猜疑，影响了个人社会需求的满足。另一是随意扩散信息的倾向。在传递信息时，不考虑信息的保密程度，不选择信息传递的对象，将所收集的信息随意扩散，导致信息混乱。对于管理者来说，也要注意信息的审查与清理，不能将所有信息全部倾述到会议上，增加会议负担，引起心理疲劳。总之，这两种倾向都会导致谣言和小道消息，不利于组织的团结，影响团队士气和工作效率。

（四）要控制使用越级传递

所谓越级传递，是指撇开管理信息系统的层级关系，跨级别进行信息传递。在管理中，不能过多采用这种方式，但在某些特殊情况下可以控制使用，比如：上级想了解下属的情况；为了迅速处理管理中的重大问题；由于上级主管部门官僚主义严重，会妨碍时效；时效性特别强的信息需要立即向决策者汇报；涉及个人隐私，需要保密的材料；等等。有些企业设立总经理接待日、总经理信箱就是为了了解下属的情况，减轻沟通者的心理压力，以便对信息传递进行控制。

（五）合理利用非正式沟通

非正式沟通对于组织活动有有利的一面，也有不利的一面。在一些情况下，非正式沟通往往能够达到正式沟通难以达到的效果，但是，它也可能成为散布谣言和小道消息的渠道，产生副作用。对于非正式沟通，管理者应合理利用，实施有效的控制。例如，组织的重要决策信息要使用正式渠道传递，不能用非正式渠道传递，否则会造成混乱，而宣传理念、相互了解等则可以充分利用非正式渠道。

（六）在信息加工处理过程中也需要信息反馈

这是确保信息准确性的一条可靠途径。这种反馈要求是双向的。即下级主管部门经常给上级领导提供信息，同时接受上级领导的信息查询；上级领导也要经常向下级提供信息，同时对下级提供的信息进行反馈，从而形成一种信息循环流。一般来说，无论什么信息，在加工处理后，都需做出反馈，只是方式可以不同。有实际价值的信息可以进行决策，采取行动；没有实际价值或暂时用不上的信息必须及时答复，加以反馈。一条简单有效的控制办法是把信息加工处理的情况定期反馈给信息提供者。这样做，一方面可以提高针对性，减少信息提供部门的盲目性；另一方面可以加强信息发送者和接受者之间的心理沟通，提高团队士气，调动员工参与管理的积极性。

三、有效沟通的技巧

（一）选择合适的沟通方式

根据沟通的内容和特点，选择不同的沟通方式。如果所要沟通的内容是上级的命令、决策或者是规章制度，则适宜选择正式沟通和书面沟通。若沟通内容属于规章制度以外的问题，或属于组织成员的琐碎小事，则选择非正式沟通或口头沟通效果可能更好。有些人看重制度和程序，与这些人进行沟通，最好选择正式的和书面的沟通方式。而有的人比较注重目的和结果，如能达到目的，可以不顾制度和程序的约束，这些人在进行沟通时，倾向于采取非正式和口头的沟通方式。

（二）有效沟通的行为准则

在长期的管理实践中，成功的管理者为我们提供了有效沟通的行为法则，主要有以下几个方面。

（1）自信的态度。成功的领导者，不会随波逐流或唯唯诺诺，他们有自己的想法与作风，很少对别人吼叫、谩骂，甚至连争辩都极为罕见。他们非常了解自己，并且肯定自己。他们的共同点是自信，日子过得很开心，有自信的人常常是最会沟通的人。

（2）体谅他人的行为。这其中包含“体谅对方”与“表达自我”两方面。所谓体谅是指设身处地为别人着想，并且体会对方的感受与需要。在与人交流过程中，当我们想对他人表示体谅与关心时，唯有设身处地为对方着想。由于我们的了解与尊重，对方也会体谅你的立场与好意，因而做出积极而合适的回应。

（3）适当地提示对方。产生矛盾与误会的原因，如果是出自对方的健忘，我们的提示正可使对方信守承诺；反之若是对方有意食言，提示就代表我们并未忘记事情，并且希望对方信守诺言。

（4）有效地直接告诉对方。一位知名的谈判专家分享他成功的谈判经验时说道：“我在各个国际商谈场合中，时常会以‘我觉得’（说出自己的感受）、‘我希望’（说出自己的要求或期望）为开端，结果常会令人极为满意。”其实，这种行为就是直言不讳地告诉对方我们的要求与感受。若能有效地直接告诉对方自己的想法，将会有效帮助我们建立良好的人际网络。但要切记“三不谈”：时间不恰当不谈；气氛不恰当不谈；对象不恰当不谈；

（三）学会积极倾听

积极主动的倾听可以帮助人们在沟通过程中获取重要的信息，可以掩盖自身的弱点，可以使你获得友谊和信任。善听才能善言。所以在倾听时，要注意以下几点。

（1）鼓励对方先开口。首先，倾听别人说话本来就是一种礼貌，倾听表示我们愿意客观地考虑别人的看法，这会让说话的人觉得我们很尊重他的意见，有助于建立融洽的关系，彼此接纳。其次，鼓励对方先开口可以降低谈话中的竞争意味。我们的倾听可以培养开放的气氛，有助于彼此交换意见。说话的人由于不必担心竞争的压力，也可以专心掌握重点，不必忙着为自己的矛盾之处寻找遁词。最后，对方先提出他的看法，你就有机会在表达自己的意见之前，掌握双方意见的一致之处。倾听可以使对方更加愿意接纳你的意见，让你在说话的时候，更容易说服对方。

（2）使用并观察肢体语言。当我们在和人谈话的时候，即使我们还没开口，我们内心的感觉就已经通过肢体语言清清楚楚地表达出来了。听话者如果态度封闭或冷淡，说话者很自然地就会特别在意自己的一举一动，不愿意敞开心胸。从另一方面来说，如果听话的人态度开放，很感兴趣，那就表示他愿意接纳对方，很想了解对方的想法，说话的人就会受到鼓舞。这些肢体语言包括自然的微笑，不要交叉双臂，手不要放在脸上，身体稍微前倾，经常看对方的眼睛，并时时点头示意。

（3）非必要时，避免打断他人的谈话。善于倾听的人不会因为自己想强调一些细枝末节、想修正对方话中一些无关紧要的部分、想突然转变话题，或者想说完一句刚刚没说完的话，就随便打断对方。经常打断别人说话的人通常不愿意听人说话，个性激进，礼数不周，很难和人沟通。打断别人的话是一种不礼貌的行为，但是“乒乓效应”则是例外。所谓的“乒乓效应”是指听人说话的一方要适时地提出许多切中要点的问题或发表一些意见和感想，来响应对方的说法。还有一旦听漏了一些地方，或者是不懂的时候，要在对方的话暂时告一段落时，迅速地提出疑问之处。

（4）反应式倾听。反应式倾听指的是重述刚刚所听到的话，这是一种很重要的沟通技巧。我们的反应可以让对方知道我们一直在听他说话，而且也听懂了他所说的话。但是反应式倾听不是像鹦鹉一样，对方说什么你就说什么，而是应该用自己的话，简要地述说对方的重点，比如说“你说你住的房子在海边？我想那里的夕阳一定很美”。反应式倾听的好处主要是让对方觉得自己很重要，能够掌握对方的重点，让对话不至于中断。

（5）弄清楚各种暗示。很多人都不敢直接说出自己真正的想法和感觉，他们往往会运用一些叙述或疑问，百般暗示，来表达自己内心的看法和感受。但是这种暗示性的说法有碍沟通，有时他们话中的用意和内容往往被人所误解，最后就可能会导致双方的失言或引发言语上的冲突。所以一旦遇到暗示性强烈的话，就应该鼓励说话的人再把话说得清楚一点。

（6）暗中回顾，整理出重点，并提出自己的结论。当我们和人谈话的时候，我们通常会有几秒钟的时间，在心里回顾一下对方的话，整理出其中的重点所在。我们必须删去无关紧要的细节，把注意力集中在对方想说的重点和对方主要的想法上，并且在心中熟记这些重点和想法。

（7）接受说话者的观点。如果我们无法接受说话者的观点，那我们可能会错过很多机会，而且无法和对方建立融洽的关系。尊重说话者的观点，可以让对方了解，我们一直在听，而且我们也听懂了他所说的话，我们很尊重他的想法。即使说话的人对事情的看法与感受，甚至所得到的结论都和我们不同，他们还是坚持自己的看法、结论和感受，我们也应该理解他们。若是我们一直无法接受对方的观点，我们就很难和对方彼此接纳，或共同建立融洽的关系。除此之外，接受对方的观点也能够帮助对方建立自信，使他更能够接受别人不同的意见。

案例分析

迷失在海上

你搭乘私人游艇，漂泊在南太平洋上。由于一场无名火，使得游艇的大部分艇身及一些设备已被烧毁。现在游艇正慢慢地下沉。由于重要的航海设备已经被烧毁了，你的位置并不明确，而且你和全体游客正在狂乱地想把这场火熄灭。依你的判断，游艇正在距离最接近的陆地的西南方大约 1 000 海里的地方。

下面所列的 8 项物品在这场大火后，并没有损坏。除了这些物品外，还有一艇人工橡胶救生筏和几只船桨，足以负载你和游客。其他所有生存者的口袋里，还有一包香烟、几盒火柴、和五张一元的纸币。

为了你的生存，请你将下列 8 项物品，依其重要性加以排列。将最重要的项目写上“1”，次要的写上“2”，以此类推，将最不重要的写上“8”。

六分仪、五加仑桶装的水、蚊帐、太平洋地图、小型晶体管收音机、逐鲨器、一夸脱的波多黎各 Rican 酒、钓鱼用箱包。

在每位同学对上面各项加以排列之后，把个人排列结果交给老师保留，请老师将同学们分为若干小组。各组先在课下进行讨论，取得一致后在课上进行讨论。然后，由老师组织进行全班“公投”，看哪些小组的结果更接近大家的意见。各组采用团体一致的方法，排列出相同的项目。这意味着在团体决策之前，这 8 项物品的每一项排列，必须经过每位团体成员的同意。要达成一致性是相当困难的。因此，并不是每一项物品的排列，都要每位成员完全同意。然而，作为一个团体，至少要做到大致上的同意。以下是达成一致性的某些原则。

（1）避免为了你自己个人的判断而争论，而要依照理性的基础，来进行这项任务。

（2）避免只为了达成一致性，而改变你的注意，且应避免冲突。

（3）避免采用“降低冲突”的技巧，如多数决、平均决或交换条件。

（4）在决策上，把意见的差异当作一种助力，而不是一种阻力。

问题

1. 小组讨论。

2. 全班讨论。要准备好发言提纲。

实践训练

1．实训项目

交际与沟通。

2．实训目标

（1）培养与陌生人交际的能力。

（2）培养与别人沟通的能力。

3．实训内容与要求

（1）主动同一位相关专业的陌生人士交往，交流某个专业问题。

（2）或者同一位认识的人，通过沟通解决一个难题。

（3）运用交际与沟通理论，实践交际与沟通的技巧。

（4）事先要有精心的策划，事否要进行简要的小结。

4．成果与检测

（1）班级组织一次交流，每个小组推荐 2 人介绍交际与沟通过程及体会。

（2）由教师与学生进行评估与打分。

本章小结

1. 在沟通的过程中要遵循有效沟通的原则，并克服沟通中出现的沟通障碍，通过正式沟通和非正式的沟通以及其他沟通形式达到信息传递的目的。

2. 为了达到有效沟通的效果，就要掌握一定的沟通技巧，包括选择合适的沟通方式，遵守有效沟通的行为准则，以及掌握积极倾听的技巧。

复习思考题

1. 结合实际，谈谈沟通的重要性。
2. 对应每一沟通的类别，举例分析。
3. 你能发现自己及周围人中存在的沟通障碍吗？列出表格并提出解决思路。
4. 列出你认为最重要的十大沟通技巧，并在班级中交流。
5. 沟通的障碍与有效沟通的原则是什么？

第九章 控 制

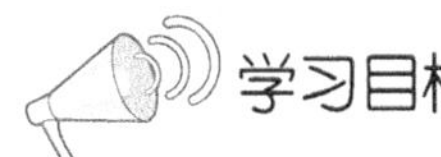

学习目标

通过本章的学习，能够清楚地知道控制的含义、类型与基本过程；控制工作的基本要求；ABC 分类法、PDCA 循环；常见的几种控制技术与方法并实际运用于管理过程中。

引入案例

麦当劳公司通过详细的程序、规则和条例规定，使分布在世界各地的所有麦当劳分店的经营者和员工们遵循一种标准化、规范化的作业。麦当劳公司对制作汉堡包、炸土豆条、招待顾客和清理餐桌等工作都事先进行翔实的动作研究，确定各项工作开展的最好方式，然后再编成书面的规定，用以指导各分店管理人员和一般员工的行为。公司在芝加哥开办了专门的培训中心——汉堡包大学，要求所有的特许经营者在开业之前都接受为期一个月的强化培训。回去之后，他们还被要求对所有的工作人员进行培训，确保公司的规章条例得到准确的理解和贯彻执行。

为了确保所有特许经营分店都能按统一的要求开展活动，麦当劳公司总部的管理人员还经常走访、巡视世界各地的经营店，进行直接的监督和控制。例如，有一次巡视中发现某家分店自行主张，在店厅里摆放电视机和其他物品以吸引顾客，这种做法因与麦当劳的风格不一致，立即得到了纠正。

除了直接控制外，麦当劳公司还定期对各分店的经营业绩进行考评。为此，分店要及时提供有关营业额和经营成本、利润等方面的信息。这样总部管理人员就能把握各分店经营的动态和出现的问题，以便商讨和采取改进的对策。

第一节 控制与控制的基本类型

一、控制的含义

控制工作就是按照计划和目标的要求来监控、衡量各项工作，纠正各种偏差，以确保计划和目标实现的活动过程。控制作为管理的基本职能之一，是所有管理者都应当承担的一项职责，即便他的部门是完全按照计划行动着。由于控制是确保组织的所有活动与组织的目标和计划相一致的管理活动，因此，有必要对计划与控制的关系进行简要的分析，以进一步理解控制的含义。

首先，从狭义上讲，计划是控制的前提，控制是完成计划的保证。一方面，有计划而没有控制，人们可能知道要干什么，该怎么干，但无法知道自己干得怎么样，哪里存在问题，哪些方面需要改进。另一方面，有控制而没有计划，人们将不知道控制什么，也不知道该怎么控制。

其次，从广义的角度来看，控制工作与计划工作你中有我，我中有你，密不可分。一方面，控制工作并不仅按照既定的计划标准来衡量和纠正计划执行中的偏差，它同时还包含着在必要的时候修正计划，以使计划更加适合于实际情况。而且现实中，组织的运行往往是“非零”起步的，这样，上阶段控制的结果可能导致组织确立新的目标，提出新的计划，并在组织结构、人员配备等方面做出相应的改变。另一方面，计划工作所提出的目标是控制工作的依据和总的标准，计划本身在一定程度就是一种控制手段（后面要讲到的预先控制）。因此，实际工作中，很难区分控制和计划究竟哪个是开始，哪个是结束。控制可以说是一个管理工作过程的终结，又是另一个管理工作过程的开始。

二、控制的目的和作用

（一）控制的目的

控制工作的基本目的就是要“维持现状”，即在变化着的外部环境中，通过控制工作，随时将计划的执行结果与标准进行比较。若发现有超出计划允许范围的偏差，则及时采取必要的纠正措施，以实现组织的既定目标。

控制要达到的第二个目的是“打破现状”。在某些情况下，变化的内外部环境会对组织提出新的要求，或者管理人员对现状不满，要改革、创新，要开拓新局面。这时，就势必要打破现状，即修改已定的计划，确定新的目标和管理标准，使之更先进，更合理。

（二）控制的作用

一件事情，无论计划做得多么完善，如果没有令人满意的控制系统，在实施过程中仍然会出问题，因此，任何组织、任何活动都需要进行控制。控制工作与其他三个职能紧密地结合在一起，使管理过程形成了一个相对封闭的系统，共同保证组织目标的实现。

1．减轻环境不确定性对组织活动的影响

正所谓“计划不如变化”，现代组织面对的环境具有复杂多变的特点，再完善的计划也难以对未来出现的变化考虑得十分周全。因此，为了保证组织目标和计划的顺利实施，就必须有控制工作，以有效地降低环境的各种变化对组织活动的影响。

2．使复杂的组织活动能够协调一致地运作

现代组织的许多活动，往往需要组织中不同层次不同部门和人员共同参与，而不同的部门和人员总是有着各自的利益，因此，要使组织内众多的部门和人员在分工的基础上能够协调一致地工作，就必须实施有效的控制。完善的计划是基础，但计划的实施还是要以控制为保证手段，否则就会出现“各自为政”、“整体一盘散沙”的局面。

3．避免和减少管理失误造成的损失

组织所处的环境的不确定性以及组织活动的复杂性，会导致不可避免的管理失误。控制工作通过对管理全过程的检查和监督，可以及时发现组织中存在的问题，并采取纠正措施，以避免和减少工作中的损失，为执行和完成计划起到保障作用。

三、控制的基本类型

管理中的控制实施可以在行动之前、进行之中，也可以在活动结束之后。与此相对应，就有预先控制、现场控制和事后控制三种基本的控制类型，如图 9–1 所示。

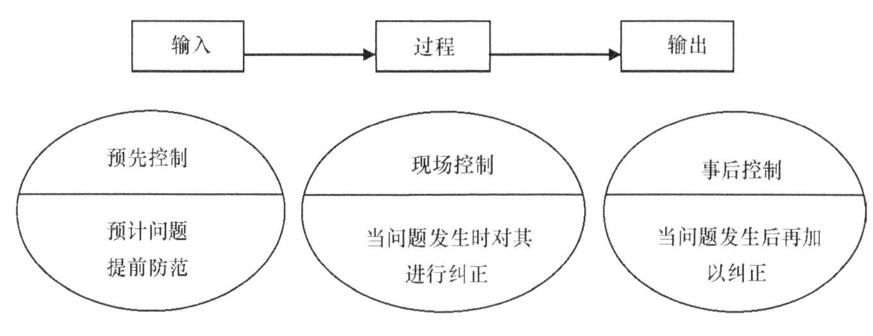

图 9–1　控制类型

（一）预先控制

1．定义

预先控制也叫前馈控制、事前控制或事先控制，它是在某项工作开始之前进行的控制，即根据以前的经验教训或通过科学分析，在工作开始之前，对工作中可能产生的偏差进行预测和估计并采取防范措施，以保证计划和目标的实现。

例如，以下都属于预先控制：当知道夏季将出现持续高温时，冷饮厂可适当增加冷饮原料的储备；为了开发一种新产品，预先对消费者的实际需求进行市场调查；为了保证员工能适应新的环境，对新进组织的员工进行岗前培训；为了保证产品的质量而对入库前的原材料进行验收；对刚进大学的新生进行入学教育；等等。

2．目的

预先控制的目的在于将可能的事故消除于产生之前，以防患于未然。

3．优点与缺陷

预先控制的优点在于以下几方面。

（1）可以防患于未然，避免出现损失。预先控制就如同发现“牢”有问题而先补好“牢”以避免“羊”被“狼”叼走，而不是“亡羊”之后再来“补牢”，从而避免了“羊”的损失。

（2）对事不对人，不易造成正面冲突，易于被员工接受。由于预先控制是在事情开始之前采取预防措施，因此它不针对任何个人，而是就事论事。比如监考人员开考之前在考场上强调考试纪律，不针对任何考生，一般不会与考生形成正面冲突，同时对有违纪或有作弊想法的考生起到一定的警示作用。

预先控制的缺陷在于，必须投入较大的精力和资源去获取各种信息。也就是说，难以获得及时和准确的“牢”有问题的信息，难度较大。

（二）现场控制

预先控制虽能防患于未然，但毕竟不能也不可能消灭所有的隐患。因此，当活动或工作开始之后，还要对工作过程进行控制，以及时发现问题并解决问题。

1．定义

现场控制也叫同期控制或事中控制、过程控制、即时控制。它是指在某项活动或工作过程中进行的控制，即管理者对正在进行的活动给予指导和监督，以保证按规定的政策、程序和方法进行。

2．目的

现场控制的目的在于及时发现并纠正工作中出现的偏差。

3．优点与缺陷

现场控制的优点在于有了监督和指导，可以提高工作人员的工作能力和自我控制能力，减少事后控制可能造成的损失。

现场控制的缺陷在于以下几方面。

（1）受管理者的时间、精力和能力的制约较大，如不能及时发现问题就无法进行现场控制。不同的人，观察角度和能力不同，对待同一问题往往有不同的结果。

（2）易引起控制者和被控制者之间的对立从而影响控制效果。当考生在考试过程中作弊被监考人员发现时就有可能与监考人员发生冲突，当质检人员指出正在加工的产品有瑕疵时容易遭到操作人员“翻白眼”。并不是说监考人员对这个考生有偏见故意要抓他，质检人员也并非找工作人员的“茬”，他们只是就事论事，但被人发现作弊、被人指出工作有失误总是会不高兴的。

（三）事后控制

过程控制虽能及时发现一些问题并解决问题，但还是不能保证将所有的问题发现并消除，总是会有一些“漏网之鱼”，因此，当工作结束之后还需要对这些“漏网之鱼”展开一次捕捉。

1．定义

事后控制也叫反馈控制、成果控制、结果控制。事后控制是在工作结束或行为发生之后进行的控制。事后控制把注意力集中在工作结果上，通过对工作结果进行测量比较和分析，查明原因，采取措施，进而矫正今后的行动。

例如，企业对生产出来的成品进行质量检查，学校对学生的违纪情况进行处理，期末进行的期末考试，对组织成员进行的年终考核等，都属于事后控制。事后控制是历史最悠久的控制类型，传统的控制方法几乎都属于此类。

2．目的

事后控制的目的在于避免已发生的不良后果继续发展或防止其再度发生。

3．优点与缺陷

事后控制的优点在于，类似于丢了一只“羊”之后马上就“补牢”，可以使“羊”不再丢失，及时发现问题，防止事态继续恶化，实现良性循环，不断提高业绩。

事后控制的缺陷在于，“亡羊”之后再来“补牢”已经丢掉的“羊”再也找不回来了，即对已经发生的偏差及危害无补偿作用。

最后需要说明的是，预先控制、现场控制和事后控制对管理者的价值各不相同，管理者可以有选择地采用不同的控制类型或是将三种类型结合使用。做好预先控制，加强过程控制，依靠事后控制，这样，就能提高控制的效果，不良后果发生的可能性也就会降低甚至接近于零。

第二节　控制的基本要求和基本过程

一、控制的基本要求

（一）控制要有重点

“控制要有重点”是指在控制过程中要抓住重点环节进行控制，而不是“眉毛胡子一把抓”。事实证明，要想完全控制工作或活动的过程几乎是不可能的，因此应抓住过程中的关键和重点进行局部和重点的控制。下面介绍一种常用的控制方法，即 ABC 分类法。

ABC 分类法是由意大利经济学家维尔弗雷多・帕累托首创的。1879 年，帕累托在研究个人收入的分布状态时，发现少数人的收入占全部人收入的大部分，而多数人的收入却只占一小部分，他将这一关系用图表示出来，就是著名的帕累托图。该分析方法的核心思想是在决定一个事物的众多因素中分清主次，识别出少数的但对事物起决定作用的关键因素和多数的但对事物影响较小的次要因素。后来，帕累托法被不断应用于管理的各个方面。1951 年，管理学家戴克（H. F. Dickie）将其应用于库存管理，命名为 ABC 法。1951—1956 年，约瑟夫・朱兰将 ABC 法引入质量管理，用于质量问题的分析，并称之排列图。1963 年，彼得・德鲁克（P. F. Drucker）将这一方法推广到全部社会现象，使 ABC 法成为企业提高效益的普遍应用的管理方法。

此规则通过对同一类问题或项目进行排序来认明其中少数争议较大的部分。帕累托通过长期的观察发现，80%的人只掌握了 20%的财产，而另外 20%的人却掌握了全国 80%的财产，而且很多事情都符合该规律。于是他应用此规律到生产上。他的主要观点是，通过合理分配时间和力量到 A 类—总数中的少数部分，你将会得到更好的结果。当然忽视 B 类和 C 类也是危险的，在帕累托规则中，它们得到与 A 类相对少得多的注意。

ABC 分类法又称帕累托分析法，也叫主次因素分析法，是项目管理中常用的一种方法。它是根据事物在技术或经济方面的主要特征，进行分类排队，分清重点和一般，从而有区别地确定管理方式的一种分析方法。由于它把被分析的对象分成 A、B、C 三类，所以被称为 ABC 分析法。

在 ABC 法的分析图中，有两个纵坐标，一个横坐标，几个长方形，一条曲线，左边纵坐标表示频数，右边纵坐标表示频率，以百分数表示。横坐标表示影响质量的各项因素，按影响大小从左向右排列，曲线表示各种影响因素大小的累计百分数。一般地，是将曲线的累计频率分为三级，与之相对应的因素分为三类（见表 9–1）。

表 9-1　ABC 法影响因素分类表

A 类因素	发生累计频率为 0 ~ 80%	主要影响因素
B 类因素	发生累计频率为 80% ~ 90%	次要影响因素
C 类因素	发生累计频率为 90% ~ 100%	一般影响因素

（二）控制要及时、准确

控制要及时、准确就是指在控制过程中要迅速、及时地发现问题并及时采取纠正措施准确地解决问题。它体现为两方面的要求：一方面要求及时、准确地提供所需要的信息和措施，避免时过境迁，使控制失去应有的效果；另一方面要估计可能发生的变化，使采取的措施与已变化了的情况相适应，即纠正措施的安排应有一定的预见性，使得采取的措施能在较长的时间内保持有效，不能今天采取的措施明天就失效了。

（三）控制要有灵活性

控制要有灵活性就是指在控制过程中要尽可能制定多种应付变化的方案和留有一定的后备力量，并采用多种控制手段来达到控制的目的，以便于灵活地适应各种变化。

（四）控制要经济可行

控制要经济可行就是指在进行控制时必须做到经济上合理，技术上可行，不能想当然。

（五）控制要反映计划的要求

控制的目的是为了实现计划，计划是控制所采用的衡量标准的原始依据。计划是控制的前提，没有计划，就无所谓控制；计划是控制的总标准；计划具有多样性，控制标准和手段也应该多样化。

二、控制的基本过程

不管是什么类型的控制，一般都包含确定控制的标准、对照标准衡量工作成效，以及纠正偏差三个步骤。

我们先来举个例子。假如你想把室内温度“控制”在 25℃，于是，你把温度指示表的指针设定在 25℃，并打开开关，这就是“确定控制标准”。

接下来的工作是由电热器来为你完成的。一开始，室内温度低于 25℃，电热器马上进入工作状态，不断对室内加热。电热器内部具有室温感应器，电热器把感应器获得的温度信息与事先设定的标准进行比较，这就是“对照标准衡量工作成效”。

当感应到室温已被加热到一定温度，即超过 25℃，比如 26℃时，电热器就会自动停止加热（跳闸）；当温度感应器“观察”到室温又下降到一定温度，即低于 25℃，比如 24℃时，电热器又会自动重新“开闸”加热。电热器通过“跳闸”或“开闸”来“纠正偏差”。

正是通过如此反复的控制过程，电热器才使得室温控制在 25℃左右。

（一）确定控制标准

要控制，就要有标准，标准是衡量实际工作或预期工作成果的尺度，因此，实施控制工作的第一个步骤就是确定控制标准。计划和目标是控制的总的标准，为了对各项业务活动实施控制，还必须以计划和目标为依据设置更加具体的标准作为控制的直接依据，这样就更有利于控制工作的进行。

1．常用的控制标准

（1）定量标准。定量标准指能够以一定形式的计量单位直接计算的标准，也就是将设定的标准数值化。在一定程度上，量化的标准便于进行度量和比较，所以，在可能的情况下应当尽可能使用定量标准即数值化的标准。例如，工程进度、费用开支、产量、销售量、销售利润、收益状况、质量等都可以数值化。

（2）定性标准。定性标准指难以用计量单位、数值直接计算和衡量而采用实物或定性描述的标准。例如，一些物品比如服装、酒类、大米等的外观质量，难以用数值表示，所以多采用实物标准，评定时采用样品比较和实物观察的方法；再比如有关服务质量、组织形象、组织成员的工作表现（如人气、人际关系）等，也难以用数值化的指标来衡量，这时，通常由有经验的人通过观察和直观感觉来做出判断。

2．确定控制标准应注意的主要问题

（1）标准的制定要依据总的计划和目标，不能“另起炉灶”，不能与总计划和目标相违背。

（2）标准要事先公布于众，而且要让相关人员清楚地知道标准的具体内涵，做到公开、明确，以避免将来出现“不知道、不清楚、不执行”的事情发生。

（3）标准要合理而且是能达到的，如果标准太高或太低，就起不到激励作用。

（二）对照标准衡量工作成效

对照标准衡量工作成效是指控制过程中将实际情况与预先确定好的控制标准进行比较，找出实践业绩与控制标准之间的差异，以便于找出组织目标和计划在实施过程中的问题，对实际工作做出正确的评估。

1．衡量工作成效的目的

通过衡量工作成效，应达到以下几方面的目的。

（1）比较全面地了解实际工作进展情况，掌握计划的执行进度以及相关信息。

（2）找出实际工作成效与控制标准之间的差异，以便于找出组织目标和计划在实施过程中的问题，为纠正偏差和改进工作提供依据。

（3）为管理者评价和奖励下属提供依据。

2．衡量工作成效应注意的一些问题

（1）严格按照制定好的标准来衡量工作成效。在衡量过程中，要做到一视同仁，尽量减少因人、因时、因地而变化的情况。

（2）确定可接受的偏差范围。在一些情况下，实际工作与标准出现偏差是正常的，所以，在衡量过程中，要确定可接受的偏差范围（大小和方向），如果偏差超过这个范围，就应该引起管理者注意。例如，前面所讲的电热器对温度的控制总是在室温超过标准温度的允许上限或下限（25±1℃）才开始自动调整，而不是一偏离 25℃就立即调整。图 9-2 所示为控制中可接受偏差范围的确定。

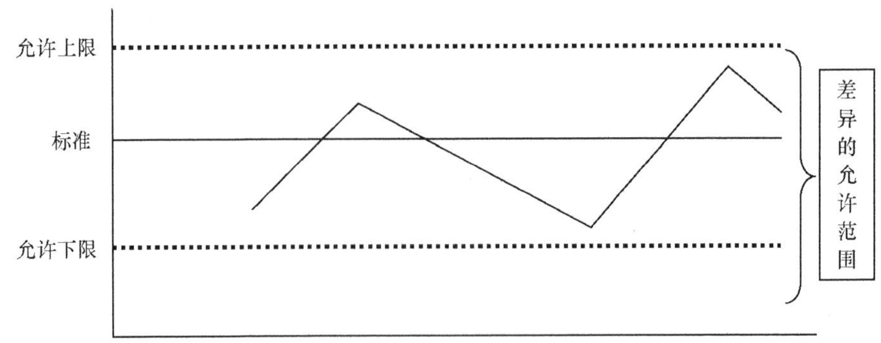

图 9-2 可接受偏差范围的确定

（三）纠正偏差

控制的最后一个步骤是纠正偏差，也就是当发现实施过程中出现偏离标准的现象时，及时分析问题产生的原因，采取管理行为解决问题。

1. 对偏差及其原因进行分析

（1）偏差指实际情况与计划或标准之间的差距。当执行计划的实际情况与计划或标准不一致时，就产生了偏差。

（2）分析偏差，找出原因。首先判断偏差的严重程度，判断其是否会对组织活动的效率和效果产生影响；其次要探讨导致偏差产生的主次原因。

偏差产生的原因主要有两类：一是计划执行过程中的工作失误（人为因素，可以控制）；二是原有计划不周全（非人为因素，不可控制），比如原先的计划或标准制定得不切合实际或是由于客观环境发生了预料不到的变化，原来被认为是正确的计划或标准不再适应新形势的需要。

管理者必须对这两类不同性质的偏差做出准确的判断，以便在查明原因的基础上采取纠偏措施，使组织的活动回到预定的轨道上来。

2. 有针对性地采取纠偏措施

在深入分析差异产生原因的基础上，管理者要根据不同的原因采取不同的措施。

（1）对于因工作失误造成的问题，控制的办法主要是“纠偏”。即通过加强管理和监督，如改进工作方法、改进组织和领导工作、改进人事工作等，确保工作与目标的接近或吻合。

（2）对于因目标不切合实际或是组织运行环境出现了重大变化，致使目标失去客观基础的情况，控制的办法主要是“调适”，即按照实际情况修改标准或重新制定标准。

偏差较大，有可能是原有计划安排不当（如制定的标准太高或太低）导致的，也可能是内外部环境变化导致的。当其他措施都被证明是无效的时候，可以考虑对原有的计划加以修订（调整或修改）。调整计划不是任意地变动计划，这种调整不能偏离组织总的发展目标，调整计划归根结底还是为了实现组织目标。

3. 纠正偏差过程中应注意的一些问题

（1）不要轻易地更改计划尤其是降低标准。现实生活中，无论是普通员工还是管理人员，当他们没有达到目标时，大部分人首先想到的是责备标准而不是反省自己的工作。比如，学生常常认为扣分太严是他们分数低的原因，因此他们不愿意承认是自己不努力而争辩说是打分标准太严；与此相似，业务员通常将没有完成销售目标归咎于不现实的定额标准。

（2）对事不对人。纠正偏差的目的在于找出原因，采取措施来保证组织的各项活动朝着组织目标努力，因此，如果有人出现了差错，千万不要抱怨这个人有问题，而应该是找出问题，解决问题。

（3）要有针对性。一定要在确定偏差产生的真正原因之后再针对原因采取纠偏措施，做到有的放矢。

确定控制标准、对照标准衡量工作成效、纠正偏差三个基本步骤紧密联系，缺一不可，共同构成一个完整的控制过程和周期。没有第一步确定控制标准，就不会有衡量工作成效的依据；没有第二步对照标准衡量工作成效，就无法获得所需要的控制信息，就不知道是否存在偏差以及是否需要采取纠正措施；没有第三步纠正偏差措施的制定和落实，控制过程就会成为毫无意义的活动。通过每一次循环，使偏差不断缩小，保证组织目标最有效地实现。图 9-3 总结了控制的基本过程。

综上所述，控制的基本过程可以描述如下。在总的计划和目标的指导下确定控制标准，然后对照标准衡量实际工作成效。如果实际工作和标准之间没有偏差，那工作就继续下去；如果发现有偏差，那就先分析偏差产生的原因。如果偏差是由于工作失误造成的，那就通过加强管理和监督来纠正偏差，使得工作按照计划和目标的要求继续进行下去；如果偏差是由于原因计划或标准设计不当导致的，或是由于内外部环境的变化而产生的，并且其他措施都被证明无效，则考虑对原有的计划或标准加以调整或修改，并按照新的计划或标准开始新一轮的控制。通过每一次循环，使偏差不断缩小，以确保组织目标的实现。

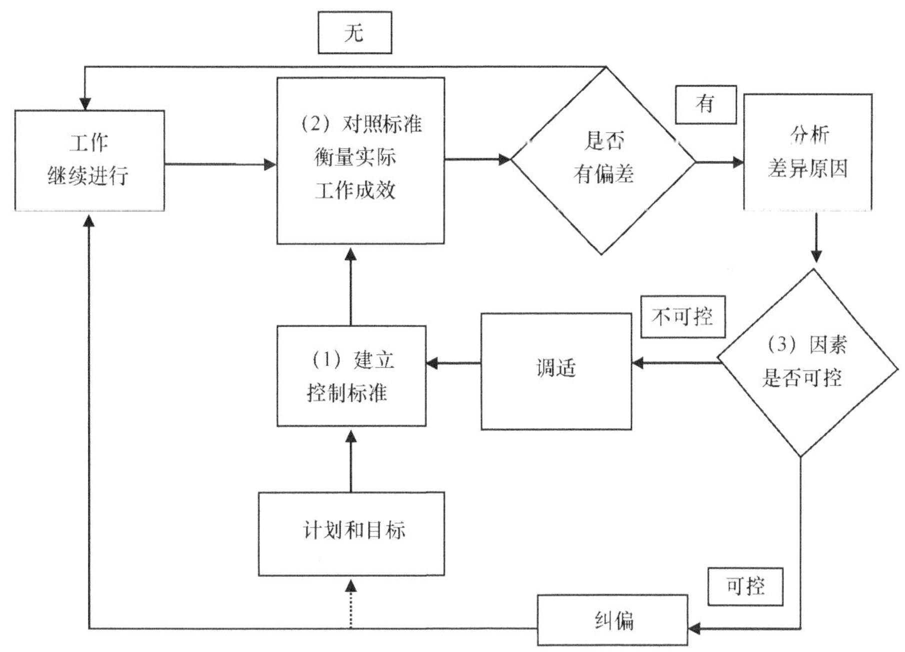

图 9-3 控制的基本过程

第三节　控制的重点对象和方法

一、控制的重点对象

统计表明，人员、财务、产品/服务质量、安全、信息和组织绩效常常是各个组织控制的重点，管理者应该从不同的方面对这些内容进行重点控制。

（一）人员

管理者总是要通过他人的工作来实现其目标，为了实现组织的目标，管理者需要而且也必须依靠下属员工。因此，管理者使下属按照所期望的方式去工作是非常重要的。为了做到这一点，管理者就必须对下属员工进行控制，提高员工的工作质量。其最简明的方法就是直接巡视和评估员工的工作表现。

在对人员的控制中，要重点加强对监控人员的监控。监控人员的工作在于依据目标和计划要求，去督促、检查、纠正实际操作过程中的偏差，以保证工作的效率和效益。相对于一般的工作人员而言，监控人员更倾向于隐瞒工作的偏差和失误。如果监控人员不视察，操作中存在的问题就会不断扩大；如果监控人员的态度不积极，则操作中的偏差会因得不到及时纠正而逐渐恶化。

对监控人员实施监控的方法有健全组织监控体系、运用外部力量于监督过程、发动群众、岗位调动、对监控人员的违纪与违规进行严惩等。

（二）财务

每个企业的首要目标都是获取一定的利润，在追求这个目标时，管理者必须借助于财务控制。比如，管理者通过仔细查阅每季度的收支报告，就能发现多余的支出；还可以通过预算，来保证有足够的资金支付各种费用或是控制开支。

财务控制并不只限于营利性组织，对于非营利性组织中的管理者来说，提高效率也是其主要目标之一。财务控制，如预算控制、成本控制等为管理者提供了一个明确的控制标准，更加有利于控制工作的开展，是一种重要控制手段，广泛运用于企业、医院、学校和政府部门中。

（三）产品/服务质量

质量是一个组织工作水平的综合反映，是组织的生命线。只有提供高质量的产品或服务，组织才能得到消费者的认可，才能生存。

影响产品或服务质量的因素很多，因此，质量控制要有全面的观点，实行全面质量管理，进行全员、全过程控制和管理。

全面质量管理就是指企业内部的全体员工都参与到企业产品质量和工作质量的管理过程中，把企业的经验管理理念、专业操作和开发技术、各种统计与会计方法结合起来，在企业中普遍建立从研究开发、新产品设计、外购原材料、生产加工，到产品销售、售后服务等环节贯穿企业生产经营活动全过程的质量管理体系。

所谓全员参与，指的是从上到下每个部门、每个环节的工作人员都应围绕质量中心去完成质量目标所赋予的职能和任务，对自己的工作质量负责。全过程指的是从访问用户、市场调研、产品设计方案论证开始，到产品设计、试制、生产、销售、售后的全过程，都要严格地实施质量管理，保证达到原定的质量标准。以下介绍一种重要的质量控制方法。

PDCA 循环又叫戴明环，是美国质量管理专家休哈特博士首先提出的，由戴明采纳、宣传，获得普及，从而也被称为“戴明环”。它是全面质量管理所应遵循的科学程序。

PDCA 是由英语单词 Plan（计划）、Do（执行）、Check（检查）和 Action（处理）的第一个字母组合而成，PDCA 循环就是按照这样的顺序进行质量管理，并且循环不止地进行下去的科学程序。

（1）P（Plan）计划。计划包括方针和目标的确定，以及活动规划的制定。

（2）D（Do）执行。根据已知的信息，设计具体的方法、方案和计划布局；再根据设计和布局，进行具体运作，实现计划中的内容。

（3）C（Check）检查。总结执行计划的结果，分清哪些对了，哪些错了，明确效果，找出问题。

（4）A（Action）处理。对检查的结果进行处理。对成功的经验加以肯定，并予以标准化；对于失败的教训也要总结，引起重视。对于没有解决的问题，应提交给下一个 PDCA 循环中去解决。

（四）安全

安全控制是指对组织活动过程中的人身和财产保障的控制，包括人身安全控制、财产安全控制、资料安全控制等内容。安全控制尤其是生产安全控制是这几年通过血的教训之后才引起各级组织重视的，通过加强安全控制有利于组织成员人心的稳定，有利于组织活动的正常开展。

（五）信息

管理者需要借助信息来完成他们的工作，不精确的、不完整的、过多的或延迟的信息将会严重阻碍他们的行动。信息控制全过程应该包含信息的收集（输入）、整理、分析（处理）和利用（输出）。

应用计算机技术开发出来的管理信息系统为信息控制开启了方便之门，它能在正确的时间，以正确的数量，为正确的人提供正确的数据。实际工作中，管理者可以根据自己的需要去购买或聘请专家设计适合本组织的管理信息系统。

（六）组织绩效

提高组织的绩效一直是管理者的追求。所以，要维持或改进一个组织的绩效，管理者应该关心绩效控制。

常用的组织绩效控制标准有生产率、产量、销售量、利润、员工士气和出勤率等。

必须注意的是，在实际工作中，不能单独用某一个指标来衡量组织整体绩效，因为任何一个指标都不能等同于组织的整体绩效。例如，销售额要和利润最大化、生产率、员工士气等标准相结合，如果较高的销售额背后是成本剧增、生产率下降、员工士气低下，那这样的组织会迅速走向衰败。

二、常见的控制技术与方法

如同其他的管理职能一样，控制工作的开展也需要一定的技术与方法。了解控制方法与理解管理控制职能是相辅相成的。本节简单介绍几种常见的控制方法。

（一）预算控制

1．预算的定义与类型

预算是指以数字形式表示的计划，多数预算是指财务预算，即用财务数字表明的组织未来经济活动的成本费用和总收入、净收益等。它预估了组织在未来时期的经营收入和现金流量，同时也为各部门和各项活动规定了在资金、劳动、材料、能源等方面的支出额度。

依据不同的分类标准，预算可以分为不同的类型，主要有以下几种。

（1）刚性预算与弹性预算。刚性预算是指在执行过程中没有变动余地或者变动余地很小的预算。弹性预算是指留有一定的调整余地，有关的当事人可以在一定范围内灵活地执行各项指标的预算。

（2）零基预算与滚动预算。零基预算是指每个预算年度开始时，把所有还在继续开展的活动都视为从零开始，重新编制预算。滚动预算是指根据前期预算的执行结果，结合各种新的变化信息，不断调整或修订并始终保持一定的预算。

（3）收入预算和支出预算。收入预算指的是对组织活动未来的货币收入进行的预算。支出预算指的是对组织活动未来的货币支出进行的预算。

（4）总预算和部门预算。总预算指的是以组织整体为范围，涉及组织收入或者支出项目总的预算。部门预算指的是各部门在保证总预算的前提下，根据本部门的实际情况安排的预算。

2．预算的特点

（1）计划性。预算本身就是一种计划方法或者说是计划形式，是一种特殊的计划，规定了一定时期内组织的总目标以及各部门的具体目标。

（2）可比性。数字化标准，可对组织不同部门以及同一部门不同时期的绩效进行比较。

（3）可控性。预算是未来需要达到的工作指标数值，也是组织中涉及收入支出活动的一种数值化标准，易于衡量和找到偏差。因此，制定预算构成控制的第一步，即制定控制标准。

3．预算控制的概念与程序

预算控制是根据预算规定的收入和支出标准来检查和监督各种活动或各个部门的活动，以保证各种活动或各个部门在完成既定目标、实现利润的过程中对资源的合理利用，从而使费用支出受到严格、有效的约束。

基于预算的特点，预算控制的优点在于便于考核、控制和比较。其局限性则在于，对不能用货币计量的业务活动，难以进行预算控制，容易出现虚报预算的现象，过于具体的预算则可能会束缚决策者的行动。

（二）审计控制

审计是对反映企业资金运动过程及其结果的会计记录及财务报表进行审核和鉴定，以判断其真实性和可靠性，从而为控制和决策提供依据。它包括内部审计和外部审计。

1．外部审计

外部审计是由外部机构（如国家审计机关、会计师事务所）选派的审计人员对企业财务报表及其反映的财务状况进行独立的评估。外部审计包括国家审计和社会审计。国家审计是指由国家审计机关对被审计单位的财务财政活动、执行财经法纪情况以及经济效益性进行审计监督。其主体是审计署以及各省、市、自治区、县设立的审计机关。社会审计是由经政府有关部门审核批准的社会中介机构进行的审计，其主体是注册会计师。

外部审计的优点是审计人员与管理当局不存在行政上的依附关系，不需要看企业经理的眼色行事，只需对国家、社会和法律负责，因而可以保证审计的独立性和公正性，结果相对真实和准确。

2．内部审计

内部审计是指由部门、单位内部的审计机构或财务部门的专职审计人员对本单位及所属单位财政收支、财务收支、经济活动的真实性、合法性和效益性进行独立监督和评价的行为，目的是促进经济管理和经济目标的实现。内部审计的主体是单位设立的内部审计机构或专职审计人员。

虽然内部审计为经营控制提供了大量的有用信息，但在使用中也存在不少局限性，主要表现在：内部审计可能需要很多的费用；另外，如果进行深入、详细的审计，内部审计需要具有很高的技能，会导致许多员工认为审计是一种“密探”或“查证性”工作，从而在心理上产生抵触情绪。因此，内部审计在企业中应保持相对独立性，应独立于其他经营管理部门，最好直接受董事会或其下属的审计委员会领导。

（二）成本控制

成本是指生产和销售一定数量的产品（或提供一定的服务）所支出的各种耗费之和。成本控制就是指以成本（各种生产和服务的成本开支）作为控制的手段，通过成本预测、成本计划、成本核算、成本分析来降低成本并达到对经济活动实施有效控制的目的的一系列管理活动与过程。

成本控制的基本程序如下。

（1）制定控制标准，确定目标成本。

（2）根据企业的各种数据记录、统计资料进行成本核算。

（3）进行成本差异分析。

（4）及时采取措施，降低成本。

（四）亲自观察控制

亲自观察控制的方法也许算得上是一种最古老、最直接的控制方法，它的基本作用在于获得第一手的信息。

基层管理人员通过观察，可以判断出产量、质量的完成情况、设备运转情况和劳动纪律的执行情况等；职能部门的主管通过观察，可以了解到文件是否得到认真的贯彻，生产计划是否按预定进度执行，劳动保护等规章制度是否被严格遵守，以及生产过程存在哪些偏差和隐患等；而上层主管人员通过观察，可以了解到组织的方针、目标政策是否深入人心，发现职能部门报告的情况是否属实，以及员工的合理化建议是否得到认真对待，还可以从与员工的交谈中了解他们的情绪和士气等。所有这些，都是主管人员最需要了解，却在正式报告中见不到的第一手信息。

亲自观察的优点不仅在于能掌握第一手信息，它还能够使得组织的管理者保持和不断更新自己对组织的感觉，使他们感觉到事情是否进展得顺利以及组织这个系统是否运转得正常。亲自观察还能够使上层主管人员发现被埋没的人才，并从下属的建议中获得不少启发和灵感。此外，亲自观察本身就是一种激励下级的方式，它可以让下属感到上级在关心他们。所以，主管人员坚持经常亲临现场观察，有利于创造一种良好的组织气氛。

当然，主管人员也必须注意亲自观察可能引起的消极作用，例如，下属可能误解上司的观察，将其看成是对他们工作的一种干涉和不信任，或者看成不能充分授权的一种表现，这是需要引起注意的。尽管如此，亲自观察具有的显著好处仍使得一些优秀的管理者始终坚持这种做法。

（五）报告分析控制

报告分析控制方法是利用第二手资料对活动结果进行分析，衡量实际工作成效并采取相应的纠偏措施的控制方法。

报告是用来向负责实施计划的主管人员全面、系统地阐述计划的进展情况、存在的问题及原因、已经采取了哪些措施、收到了什么效果、预计可能出现的问题等情况的一种重要方式。控制报告的主要目的是提供一种如有必要，即可用作纠正措施依据的信息。

对控制报告的基本要求是适时，突出重点，指出例外情况，尽量简明扼要。通常，运用报告进行控制的效果取决于主管人员对报告的要求。管理实践表明，大多数主管人员对下属应当向他报告什么缺乏明确的要求。随着组织规模及其经营活动规模的日益扩大，管理也日益复杂，而主管人员的精力和时间是有限的，从而，定期的情况报告也就越发显得重要。

（六）人员行为控制

人员行为控制并不是限制人员的行为，而是希望员工能按照组织所期望的方式去工作。

1. 配备合适的人员

管理者要善于在工作开始之前为目标和计划的实施配备那些价值观、态度和个性、能力符合组织需求和岗位要求的人。

2. 设定明确、具体的目标

当员工接受了具体的目标之后，这些目标在一定程度上就会指导和规定着他们的行为朝着目标所指的方向前进。

3. 直接监督

监督人员亲临现场可以约束员工的行为，迅速发现偏离标准的行为。

4．培训

通过培训，可以让员工提高技能，改进态度，从而减少偏差发生的可能性。

5．标准化

建立标准化的规则、政策、岗位职责、操作说明以及其他的规章制度，可以让员工明白组织需要的行为和禁止的行为分别是什么，从而自觉规范自己的行为。

6．绩效评估

通过绩效评估，员工会按照使各项评价指标都合格的方式去行事。建立一个完善的评估考核制度用于对员工的评估是一种正规的做法，这样，每一位员工的表现都可以根据考核制度得到鉴定。

7．合理的报酬

人们总希望按照能得到报酬或奖励的方式去行事，所以，合理的报酬可以强化和鼓励管理者所期望的行为不断出现，同时还能消除不期望的行为。

8．建设组织文化

通过组织文化，传递组织需要什么样的人、什么样的行为等信息，在无形之中规范、约束组织成员的行为。

案例分析

邯钢的成本控制

河北省邯郸钢铁总厂（以下简称邯钢）是1958年建设的老厂。1990年，邯钢与其他钢铁企业一样，面临内部成本上升、外部市场疲软的双重压力，经济效益大面积滑坡。当时生产的多个产品品种有26个亏损，总厂已到了难以为继的状况，然而各分厂报表中所有产品却都显示出盈利，个人奖金照发，感受不到市场的压力。造成这一反差的主要原因，是当时厂内核算用的“计划价格”严重背离市场，厂内核算反映不出产品实际成本和企业的真实效率，总厂包揽了市场价格与厂内核算用的“计划价格”之间的较大价差，职责不清，考核不严，干好干坏一个样。为此，邯钢从1991年开始推行了以“模拟市场核算，实行成本否决”为核心的企业内部管理体制改革，当年实现利润5 000万元。接着从1991—1995年，邯钢共实现利润21.5亿元，是“七五”期间的5.9倍，实现了钢产量在5年内翻了1番，使邯钢由过去一个一般的地方中型钢铁企业跃居全国11家特大型钢铁企业行列。

邯钢在实行管理体制改革的5年时间，实现的效益和钢产量已经超过了前32年的总和。这巨大的力量来自何处?邯钢的职工喜欢用“当一份家，理一份财，担一份责任，享受一份利益”四句话来概括他们的作用。而使邯钢人体验到由“当家理财”到“当家做主”的新型主人翁地位的，正是“模拟市场核算，实行成本否决”这一体制的成功发明与实践。据统计资料分析，邯钢这5年实现的21.5亿元利润中，有8亿元（占5年利润总额的37.2%）是2.8万名邯钢职工靠挖潜降成本增效而得来的。5年来，邯钢在原材料不断涨价的情况下，吨钢成本以平均每年4%的速度在下降。邯钢通过将成本责任和每个职工紧紧捆在一起，使大家树立了高度的成本意识，就像居家过日子一样精打细算，人人为成本操心，人人为增效出力。这就是与社会主义市场经济适应的成本中心责任体制的威力。

邯钢“模拟市场核算”的具体做法如下。一是确定目标成本，由过去以计划价格为依据的“正算法”改变为以市场价格为依据的“倒推法”，即将过去从产品的原材料进价开始，按厂内工序逐步结转的“正算”方法，改变为从产品的市场售价减去目标利润开始，按厂内工序反向逐步推的“倒推”方法，使目标成本各项指标真实地反映市场的需求变化。二是以国内先进水平和本单位历史最好水平为依据，对成本构成的各项指标进行比较，找出潜在的效益，以原材料和出厂产品的市场价格为参数，进而对每一个产品都定出“蹦一蹦能摸得着”的目标成本和目标利润等项指标，保证各项指标的科学性、合理性。三是针对产品的不同情况确定相应的目标利润，原来亏损、没有市场的产品要做到不赔钱或微利，原来盈利的产品要做到增加盈利。对成本降不下来的产品则停止生产。四是明确目标成本的各项指标是刚性的，执行起来不迁就、不照顾、不讲客观原因。如邯钢二炼钢分厂，1990 年按原“计划价格”考核，该分厂完成了指标，照样拿了奖金，但按“模拟市场核算”实际亏损 1 500 万元。1991 年依据“倒推”方法确定该分厂吨钢目标成本要比上年降低 24.12 元，但分厂认为绝对办不到，多次要求调整。总厂厂长刘汉章指出，这一指标是根据市场价格“倒推”出来的，再下调就要亏损，要你们吨钢成本降低 24.12 元，你们降低 24.11 元也不行，不是我无情，而是市场无情。于是，该分厂采用同样的“倒推”方法，测算出各项费用在吨钢成本中的最高限额，将构成成本的各项原材料、燃料消耗，各项费用指标等，大到 840 元一吨的铁水，小到仅占吨钢成本 0.02 元的印刷费、邮寄费，逐个进行分解，形成纵横交错的、严格的目标成本管理体系。结果当年盈利 250 万元，成本总额比上年降低了 2 250 万元。1994 年，该分厂的总成本比目标成本降低 3 400 万元，超额创造内部目标利润 4 600 万元。

邯钢“实行成本否决”的具体措施如下。一是将产品目标成本中的各项指标层层分解到分厂、车间、班组、岗位和职工个人，使厂内的每个环节都承担降低成本的责任，把市场压力及涨价因素消化于各个环节。实行新管理体制的第一年，总厂 8 个分厂、18 个行政处室分解承包指标 1 022 个，分解到班组、岗位、个人的达 10 万多个。目前全厂 2.8 万名职工人人身上有指标，多到生产每吨产品担负上千元，少到几分钱，人人当家理财，真正成为企业的主人。二是通过层层签订承包协议，联利计酬，把分厂、车间、班组、岗位和职工个人的责、权、利与企业的经济效益紧密地结合在一起。三是将个人的全部奖金与目标成本指标完成情况直接挂钩，凡目标成本指标完不成的单位或个人，即使其他指标完成得再好，也一律扣发有关单位或个人的当月全部奖金，连续 2 个月完不成目标成本指标的，延缓单位内部工资升级。四是为防止成本不实和出现不合理的挂账待摊，确保成本的真实可靠，总厂每月进行一次全厂性的物料平衡，对每个单位的原材料、燃料进行盘点。以每月最后一天的零点为截止时间，次月 2 日由分厂自己核对，3 日分厂之间进行核对。在此基础上总厂召开物料平衡会，由计划、总调、计量、质量、原料、供应、财务等部门的负责同志参加，对分厂报上来的数据与盘点情况进行核对，看其进、销、存是否平衡一致，并按平衡后的消耗、产量考核各分厂目标成本指标完成情况，据此计发奖金。除此之外，每季度还要进行一次财务物资联合大检查，由财务、企管部门抽调人员深入到分厂查账。账物不符的，重新核算内部成本和内部利润；成本超支、完不成目标利润的，否决全部奖金。5 年来，全厂先后有 79 个厂（次）被否决当月奖金，有 69 个分厂和处室被延缓了工资升级时间。

问题

1. 邯钢推行“模拟市场核算，实行成本否决”制以后，各分厂由原来的单纯生产中心转变成了成本中心还是模拟利润中心?这两种责任中心体制有何联系和区别?它们各有哪些优缺点和适用条件?

2. 企业中哪些组织层次可作为成本中心来运作?处于不同组织层次的成本中心，应该如何有机地联结起来?

3. 你认为邯钢依据“市场成本”指标，对有关单位和人员实行“成本对全部奖金的一票否决制”的合理性如何?

实践训练

1．实训项目

利用节假日，调查一家企业或单位，了解该企业或单位的管理控制过程。

2．实训目的

了解该企业控制的重点主要集中在哪些方面，并说明各方面分别是如何进行控制的。

3．实训内容

通过在企业的实践活动，了解企业控制的过程是如何完成的，并记录下来；为了保证目标的实现很多企业采取的方法也是不一样的，观察该企业的预先控制、现场控制和成果控制过程；现场巡视分析企业运用的预算控制、比率分析、审计控制、亏损控制等方法。

4．实训组织

以班级为单位，分成若干小组针对实训的内容进行观察记录，最后把考察的结果交给指导老师进行评阅。

5．实训考核

教师根据学生的实训成果进行指导，并根据实际情况客观地给每个小组进行打分，作为期末测评的参考成绩。

本章小结

1. 控制就是按照计划和目标的要求来监控、衡量各项工作，纠正各种偏差，以确保计划和目标的实现的过程。

2. 控制的重要性就在于它是组织顺利开展工作、实现目标和计划的基本保证。而且，通过控制可以减轻环境不确定性对组织活动的影响，可以使复杂的组织活动协调一致地运作，还可以避免和减少管理失误造成的损失。

3. 控制有三种基本类型：预先控制是在某项工作开始之前进行的控制，目的在于将可能的事故消除于产生之前；现场控制是在某项活动或工作过程中进行的控制，目的在于及时发现并纠正工作中出现的偏差；事后控制是在工作结束或行为发生之后进行的控制，目的在于避免已发生的不良后果继续发展或防止其再度发生。

4. 一个成功的控制过程总是能做到重点突出，及时准确，灵活而且经济可行。

5. 在控制过程中，管理者通常都是根据组织的目标和计划制定出合理的、具体的、尽可能量化的控制标准，然后用这个标准衡量实际工作成效。如果实际工作与标准之间有偏差产生，管理者就要找出偏差产生的原因，并根据原因有针对性地选择改进工作方法、改进组织和领导工作、改进人事工作、修订标准或计划等纠正偏差的措施，最终保证计划和目标的实现。

6. 控制工作常常集中在下列这些方面的一个或几个：人员、财务、产品或服务质量、安全、信息和组织绩效。

复习思考题

1. 本章的导入案例中，麦当劳公司是如何应用科学管理理论的？

2. 什么是控制？简述控制的基本过程。

3. 简述控制和其他管理职能之间的关系。

4. 一个成功的控制过程有哪些基本的要求？在实际实施控制的过程中如何实现这些要求？

5. 简述 ABC 分类法的核心思想。

6. 简述 PDCA 循环。

第十章　创　新

学习目标

通过本章的学习，清楚地知道创新与维持的关系；创新对系统生存和发展的作用；创新的类别、内容和规律。

引入案例

在“第八届中国机械行业企业管理现代化创新成果奖”大会上，“春兰创新型矩阵管理”夺得建国以来我国企业管理领域评选的唯一特等奖。

春兰的创新型矩阵管理有一个“16 字方针”，内容是“横向立法，纵向运行，资源共享，合成作战”。前 8 个字重点解决集团和产业公司集权与分权的矛盾，力求放而不乱，提高运行效率。所谓“纵向运行”，指保留“扁平化”按产业公司运行的特点，以产业为纵向；“横向立法”，是指针对原来管理有所失控的问题，将集团的法律、人力、投资、财务、信息等部门划为横向部门，负责制定运行的规则，并依据规则对纵向运行部门实施监管。这样一来，横向部门“立法”并监管，纵向部门依然大权在握，能充分发挥主观能动性和积极性，不过是在“法”定的圈子里，要依“法”运行。“16 字方针”中的后 8 个字，重点解决原来资源不能共享的问题。把横向职能部门划分为 A 系列和 B 系列，制定运行规则。“立法”的是横向中的 A 系列；B 系列则负责实现对春兰内部资源的共享，为产业公司提供专家支持和优质服务。比如春兰的整个法律事务，在公司总部设一名法律副总裁，分管法律事务工作，对首席执行官负责；集团下设法务处，在法律副总裁的领导下，具体实施对集团所属各子公司法务工作的指导和管理；集团所属子公司根据工作需要设立法务部门，在子公司负责人领导下开展本单位的法务工作，业务上接受集团公司法务处的指导和管理。按照原先的运行制度，48 个部门都需要律师，而根据矩阵管理模式现在只设立一个法律顾问组，为集团所有部门使用，大大节约了管理成本，而且容易规范化。

第一节　创新及其作用

一、作为管理基本职能的创新

“创新”这个名词在管理学或经济学的教科书中出现的时候，通常与设备的更新、产品的开发或工艺的改进联系在一起。无疑，这些技术方面的革新是创新的重要部分，但不是全部内容。我们认为，创新首先是一种思想及在这种思想指导下的实践，是一种原则以及在这种原则指导下的具体活动，是管理的一种基本职能。

从逻辑顺序上来考察，在特定时期内对某一社会经济系统（组织）的管理工作可以概括为：设计系统的目标、结构和运行规则，启动并监视系统的运行，使之符合预定的规则；分析系统运行中的变化，进行局部或全局的调整，使系统不断呈现新的状态。显然，概述后的管理内容的核心就是：维持与创新。任何组织系统的任何管理工作无不包含在“维持”与“创新”中。维持和创新是管理的本质内容，有效的管理是适度维持与适度创新的组合。

二、创新与维持的关系及其作用

作为管理的基本内容，维持与创新对系统的存在都是非常重要的。

（1）维持是保证系统活动顺利进行的基本手段，也是系统中大部分管理人员，特别是中层和基层的管理人员要花大部分精力从事的工作。根据物理学的熵增原理，基于合理分工、职责明确而严密衔接起来的有序的系统结构，会随着系统在运转过程中各部分之间的摩擦而逐渐地从有序走向无序，最终导致有序平衡结构的解体。管理的维持职能便是要严格地按预定的规则来监视和修正系统的运行，尽量避免各子系统之间的摩擦，或减少因摩擦而产生的结果内耗，以保持系统的有序性。但是，仅有维持是不够的。

（2）任何社会系统都是一个由众多要素构成的，与外部不断发生物质、信息、能量交换的动态、开放的非平衡系统。而系统的外部环境是在不断地发生变化的，这些变化必然会对系统的活动内容、活动形式和活动要素产生不同程度的影响。同时，系统内部的各种要素也是在不断发生变化的。系统内部某个或某些要素在特定时期的变化必然要求或引起系统内部其他要素的连锁反应，从而对系统原有的目标、活动要素间的相互关系等产生一定的影响。系统若不及时根据内外变化的要求，适时进行局部或全局的调整，则可能被变化的环境所淘汰，或为改变了的内部要素所不容。这种为适应系统内外变化而进行的局部和全局的调整，便是管理的创新职能。

（3）系统的社会存在是以社会的接受为前提的，而社会之所以允许某个系统存在，是因为该系统提供了社会需要的某种贡献。系统要向社会提供这种贡献，则必须首先以一定的方式从社会中取得某些资源并加以组合。系统向社会的索取（投入资源）越是小于它向社会提供的贡献（有效产出），系统能够向社会提供的贡献与社会需要的贡献越是吻合，则系统的生命力越是旺盛，其寿命周期越可能延长。孕育、初生期的系统，限于自身能力和对社会的了解，提供社会所需要的贡献的能力总是有限的。随着系统的成长和成熟，它与社会的互相认识不断加深，所能提供的贡献与社会需要的贡献便倾向和谐。而一旦系统不能跟上社会的变化，其产品或服务不再被社会需要，或内部的资源转换功能退化，系统向社会的索取超过对社会的贡献，则系统会逐渐地被社会所抛弃，趋向消亡。

根据上面的分析，可以看出，系统的生命力取决于社会对系统贡献的需要程度和系统本身的贡献能力。而系统的贡献能力又取决于系统从社会中获取资源的能力、组织利用资源的能力以及系统对社会需要的认识能力。要提高系统的生命力，扩展系统的生命周期，就必须使系统提高内部的这些能力，并通过系统本身的工作，增强社会对系统贡献的需要程度。由于社会的需要是在不断变化的，社会向系统供应的资源在数量和种类上也在不断变化，系统如果不能适应这些变化，以新的方式提供新的贡献，则可能难以被社会允许继续存在。系统不断改变或调整取得和组合资源的方式、方向和结果，向社会提供新的贡献，这正是创新的主要内涵和作用。

综上所述，维持与创新作为管理的两个基本职能，对系统的生存发展都是非常重要的，它们是相互联系、不可或缺的。创新是维持基础上的发展，而维持则是创新的逻辑延续；维持是为了实现创新的成果，而创新则是为更高层次的维持提供依托和框架。任何管理工作，都应围绕着系统运转的维持和创新而展开，卓越的管理是实现维持与创新最优组合的管理。

三、创新的类别与特征

系统内部的创新可以从不同角度去考察。

（1）从创新的规模以及创新对系统的影响程度来考察，可将其分为局部创新和整体创新。局部创新是指在系统性质和目标不变的前提下，系统活动的某些内容、某些要素的性质或其相互组合的方式、系统的社会贡献的形式或方式等发生变动。整体创新则是往往改变系统的目标和使命，涉及系统的目标和运行方式，影响系统的社会贡献的性质。

（2）从创新与环境的关系来分析，可将其分为消极防御型创新与积极攻击型创新。防御型创新是指由于外部环境的变化对系统存在和运行造成了某种程度的威胁，为了避免威胁或由此造成的系统损失扩大，系统在内部展开的局部或全局性调整。攻击型创新是在观察外部世界运动的过程中，敏锐地预测到未来环境可能提供的某种有利机会，从而主动地调整系统的战略和技术，以积极地开发和利用这种机会，谋求系统的发展。

（3）从创新发生的时期来看，可将其分为系统初期的创新和运行中的创新。系统的组建本身就是社会的一项创新活动。系统的创建者在一张白纸上绘制系统的目标、机构、运行规划等蓝图，这本身就要求有创新的思想和意识，创造一个全然不同于现有社会（经济组织）的新系统，寻找最满意的方案，取得最优秀的要素并以最合理方式组合，使系统进行活动。但是“创业难，守业更难”，在动荡的环境中“守业”，必然要求积极地以攻为守，要求不断地创新。创新活动更大量地存在于系统组建完毕开始运转以后。系统的管理者要不断地在系统运行的过程中寻找、发现和利用新的创业机会，更新系统的活动内容，调整系统的结构，扩展系统的规模。

（4）从创新的组织程度上看，可分为自发创新与有组织的创新。任何社会经济组织都是在一定环境中运转的开放系统，环境的任何变化都会对系统的存在方式产生一定的影响。系统内部与外部直接联系的各子系统接收到环境变化的信号以后，必然会在其工作内容、工作方式、工作目标等方面进行积极或消极的调整，以应付变化或适应变化的要求。同时，社会经济组织内部的各个组成部分是相互联系，相互依存的。系统的相关性决定了与外部有联系的子系统根据环境变化的要求自发地做了调整后，必然会对那些与外部没有直接联系的子系统产生影响，从而要求后者也做相应调整。系统内部各部分的自发调整可能产生以下两种结果。

① 各子系统的调整均是正确的，从整体上来说是相互协调的，从而给系统带来的总效应是积极的，可使系统各部分的关系实现更高层次的平衡——除非极其偶然，这种情况一般不

会出现。

② 各子系统的调整有的是正确的，而另一些则是错误的——这是通常可能出现的情况。因此，从整体上来说，调整后各部分的关系不一定协调，给组织带来的总效应既有可能为正，也可能为负（这取决于调整正确与失误的比例），也就是说，系统各部分自发创新的结果是不确定的。

与自发创新相对应的有组织的创新包含两层意思。

① 系统的管理人员根据创新的客观要求和创新活动本身的客观规律，制度化地研究外部环境状况和内部工作，寻求和利用创新机会，计划和组织创新活动。

② 与此同时，系统的管理人员要积极地引导和利用各要素的自发创新，使之相互协调并与系统有计划的创新活动相配合，使整个系统内的创新活动有计划有组织地开展。只有有组织的创新，才能给系统带来预期的、积极的、比较确定的结果。

鉴于创新的重要性和自发创新结果的不确定性，有效的管理要求有组织地进行创新。但是，有组织的创新也有可能失败，因为创新本身意味着打破旧的秩序，打破原来的平衡，因此，具有一定的风险。更何况组织所处的社会环境是一个错综复杂的系统，这个系统的任何一次突发性的变化都有可能打破组织内部创新的程序。当然，有计划、有目的、有组织的创新取得成功的机会无疑要远远大于自发创新。

第二节　创新职能的基本内容

系统在运行中的创新要涉及许多方面。为了便于分析，下面以企业系统为例来介绍创新的内容。

一、目标创新

企业是在一定的经济环境下从事经营活动，特定的环境要求企业按照特定的方式提供特定的产品。一旦环境发生变化，要求企业的生产方向、经营目标以及企业在生产过程中与其他社会经济组织的关系进行相应的调整。在市场经济背景中，企业经营的一般目标是“通过满足市场所反映的社会需要来获取利润”。至于企业在各个时期的具体经营目标，则需要适时地根据市场环境和消费需求的特点及变化趋势加以调整，每一次调整都是一种创新。

二、技术创新

技术创新是企业创新的主要内容，企业中出现的大量创新活动是有关技术方面的，因此，有人甚至把技术创新视为企业创新的同义语。

技术水平是反映企业经营实力的一个重要标志。企业要在激烈地市场竞争中处于主动地位，就必须顺应甚至引导社会技术进步的方向，不断地进行技术创新。由于一定的技术都是通过一定的物质载体和利用这些载体的方法来体现的，因此企业的技术创新主要表现在要素创新、要素组织方法的创新以及作为要素组合结果的产品创新。

（一）要素创新与要素组合创新

要素创新包括材料创新、设备创新两方面。要素组合方法的创新包括生产工艺和生产过程的时空组织两方面创新。

（二）产品创新

生产过程中各种要素组合的结果是形成企业向社会贡献的产品。企业是通过生产和提高产品来求得社会承认，证明其存在的价值，也是通过销售产品来补偿生产消耗，取得盈余，实现其社会存在的。产品创新包括许多内容，这里主要分析物质产品本身的创新。物质产品创新主要包括品种和结构的创新。

（1）品种创新要求企业根据市场需要的变化，根据消费者偏好的转移，及时地调整企业的生产方向和生产结构，不断开发出用户欢迎的适销对路的产品。

（2）产品结构的创新，在于不改变原有品种的基本性能，对现在生产的各种产品进行改进和改造，找出更加合理的产品结构，使其生产成本更低、性能更完善、使用更安全，从而更具市场竞争力。

产品创新是企业技术创新的核心内容，它既受制于技术创新的其他方面，又影响其他技术创新效果的发挥。新的产品、产品的新的结构，往往要求企业利用新的机器设备和新的工艺方法；而新设备、新工艺的运用又为产品的创新提供了更优越的物质条件。

三、制度创新

要素组合的创新主要是从技术角度分析了人、机、料各种结合方式的改进和更新，而制度创新则需要从社会经济角度来分析企业各成员间正式关系的调整和变革。制度是组织运行方式的原则规定。

（1）产权制度是决定企业其他制度的根本性制度，它规定着企业最重要的生产要素的所有者对企业的权力、利益和责任。不同的时期，企业各种生产要素的相对重要性是不一样的。在主流经济学的分析中，生产资料是企业生产的首要因素。因此，产权制度主要指企业生产资料的所有制。目前存在两大生产资料所有制，即私有制和公有制（或更准确地说是社会成员共同所有的“共有制”），这两种所有制在实践中都不是纯粹的。企业产权制度的创新也许应朝向寻求生产资料的社会成员“个人所有”与“共同所有”的最适度组合的方向发展。

（2）经营制度是有关经营权的归属及其行使条件、范围、限制等方面的原则规定。它表明企业的经营方式，确定谁是经营者，谁来组织企业生产资料的占有权、使用权和处置权的行使，谁来确定企业的生产方向、生产内容、生产形式，谁来保证企业生产资料的完整性及其增值，谁来向企业生产资料的所有者负责以及负何种责任。经营制度的创新应是不断寻求企业生产资料最有效利用的方式。

（3）管理制度是行使经营权、组织企业日常经营的各种具体规则的总称，包括对材料、设备、人员及资金等各种要素的取得和使用的规定。在管理制度的众多内容中，分配制度是极重要的内容之一。分配制度涉及如何正确地衡量成员对组织的贡献并在此基础上如何提高足以维持这种贡献的报酬。由于劳动者是企业诸要素的利用效率的决定性因素，因此，提高合理的报酬以激发劳动者的工作热情对企业的经营就有着非常重要的意义。分配制度的创新在于不断地追求和实现报酬与贡献的更高层次上的平衡。

产权制度、经营制度、管理制度这三者之间的关系是错综复杂的（实践中相邻的两种制度之间的划分甚至很难界定）。一般来说，一定的产权制度决定相应的经营制度。但是，在产权制度不变的情况下，企业具体的经营方式可以不断进行调整。同样，在经营制度不变时，具体的管理规则和方法也可以不断改进。而管理制度的改进一旦发展到一定程度，则会要求经营制度做相应的调整；经营制度的不断调整，则必然会引起产权制度的革命。因此，反过来，管理制度的变化会反作用于经营制度，经营制度的变化会反作用于产权制度。

企业制度创新的方向是不断调整和优化企业所有者、经营者、劳动者三者之间的关系，使各个方面的权力和利益得到充分的体现，使组织的各种成员的作用得到充分的发挥。

四、组织机构和结构的创新

企业系统的正常运行，既要求具有符合企业及其环境特点的运行制度，又要求具有与之相应的运行载体，即合理的组织形式。因此，企业制度创新必然要求组织形式的变革和发展。

从组织理论的角度来考虑，企业系统是由不同的成员担任的不同职务和岗位的结合体。这个结合体可以从结构和机构这两个不同层次去考察。所谓机构是指企业在构建组织时，根据一定的标准，将那些类似的或为实现同一目标有密切关系的职务或岗位归并到一起，形成不同的管理部门。它主要涉及管理劳动的横向分工的问题，即把对企业生产经营业务的管理活动分成不同部门的任务。而结构则与各管理部门之间，特别是与不同层次的管理部门之间的关系有关，它主要涉及管理劳动的纵向分工问题，即所谓的集权和分权（管理权力的集中或分散）问题。不同的机构设置，要求不同的结构形式；组织机构完全相同，但机构之间的关系不一样，也会形成不同的结构形式。

由于机构设置和结构的形成要受到企业活动的内容、特点、规模、环境等因素的影响，因此，不同的企业有不同的组织形式，同一企业在不同的时期随着经营活动的变化，也要求组织的机构和机构不断调整。组织创新的目的在于更合理地组织管理人员的努力，提高管理劳动的效率。

五、环境创新

环境是企业经营的土壤，同时也制约着企业的经营。企业与环境的关系，不是单纯地去适应，而是在适应的同时去改造、去引导，甚至去创造。环境创新不是指企业为适应外界变化而调整内部结构或活动，而是指通过企业积极地创新活动去改造环境，去引导环境朝着有利于企业经营的方向变化。例如，通过企业的公共活动，影响社区政府政策的制定；通过企业的技术创新，影响社会技术进步的方向；等等。就企业来说，环境创新的主要内容是市场创新。

市场创新主要是指通过企业的活动去引导消费创造需求。成功的企业经营不仅要适应消费者已经意识到的市场需求，而且要去开发和满足消费者自己可能还没有意识到的需求。新产品的开发往往被认为是企业创造市场需求的主要途径。其实，市场创新的更多内容是通过企业的营销活动来进行的，即在产品的材料、结构、性能不变的前提下，通过市场的物理转移，或通过揭示产品新的使用价值来寻求新用户，再或通过广告宣传等促销活动，来赋予产品一定的心理使用价值，影响人们对某种消费行为的社会评价，从而诱发和强化消费者的购买动机，增加产品的销售量。

第三节　创新的过程和组织

一、创新的过程

要有效地组织系统的创新活动，就必须研究和揭示创新的规律。创新有无规律可循？对这个问题是有争议的。在美国，创新活动非常活跃，经营成功的 3M 公司的一位常务副总裁在一次讲演中甚至这样开头："大家必须以一个坚定不移的信念作为出发点，这就是，创新是一个杂乱无章的过程。"

创新是对旧事物的否定，对新事物的探索。对旧事物的否定，创新必定要突破原先的秩序，打破原先的章程；对新事物的探索，创新者只能在不断的尝试中去寻找新的程序、新的方法。在最终的成果取得之前，可能要经历无数次失败，因此，它看上去必然是杂乱的。但这种"杂乱无章性"是相对于旧制度、旧秩序而言的，是相对于个别创新而言的。就创新的总体来说，它们必然依循一定的步骤、程序和规律。

总结众多成功企业的经验，成功的创新要经历寻找机会、提出构思、迅速行动、坚持不懈这样几个阶段的努力。

（一）寻找机会

创新是对原有秩序的破坏。原有秩序之所以要打破，是因为其内部存在着或出现了某种不协调的现象。这些不协调现象对系统的发展提供了有利机会或造成了某种威胁。创新活动正是从发现和利用旧秩序内部的这些不协调现象开始的，不协调为创新提供了契机。

旧秩序中的不协调既可存在于系统的内部，也可产生于对系统有影响的外部。

（1）就系统的外部来说，有可能成为创新契机的变化主要有以下方面。

① 技术的变化，从而可能影响企业资源的获取，以及生产设备和产品的技术水平。

② 人口的变化，从而可能影响劳动市场的供给和产品销售市场的需求。

③ 宏观经济环境的变化。迅速增长的经济背景可能给企业带来不断扩大的市场，而整个国民经济的萧条则可能降低企业产品需求者的购买能力。

④ 文化与价值观念的转变，从而可能改变消费者的消费偏好或劳动者对工作及其报酬的态度。

（2）就系统内部来说，引发创新的不协调现象主要有以下方面。

① 生产经营中的瓶颈，可能影响了劳动生产率的提高或劳动积极性的发挥，因而始终困扰着企业的管理人员。这种卡壳环节，既可能是某种材料的质地不够理想，且始终找不到替代品，也可能是某种工艺加工方法的不完善，再或是某种分配政策的不合理。

② 派生产品的销售额，有时其利润贡献不声不响地、出人预料地超过了企业的主营产品。老产品经过精心整顿改进后，结构更加合理、性能更加完善、质量更加优异，但并未得到预期数量的订单……这些出乎预料的成功和失败，往往可以把企业从原先的思维模式中驱赶出来，从而成为企业创新的一个重要源泉。

企业的创新，往往是从密切地注视、系统地分析社会经济组织在运行过程中出现的不协调现象开始的。

（二）提出构想

敏锐地观察到不协调现象的产生以后，还要透过现象究其原因，并据此分析和预测不协调的未来变化趋势，估计它们可能给组织带来的积极或消极后果。并在此基础上，努力利用机会或将威胁转化为机会，采取头脑风暴、德尔菲、畅谈会等方法提出多种解决问题、消除不协调因素的方案，使系统在更高层次上实现平衡的创新构想。

（三）迅速行动

创新成功的秘密在于迅速行动。提出的构思可能还不完善，甚至很不完善，但这种并非十全十美的构想必须立即付诸行动才有意义。“没有行动的思想会自生自灭”，这句话对于创新思想的实践成果尤为重要。一味追求完美，以减少受讥讽、被攻击的机会，就可能坐失良机，把创新的机会白白地送给竞争对手。彼得斯和奥斯汀在《志在成功》中介绍了这样一个例子：1970 年代，施乐公司为了把产品搞得十全十美，在罗彻斯特建造了一座全由工商管理硕士（MBA）占用的 29 层高楼。这些工商管理硕士们在大楼里对每一件可能开发的产品都设计了拥有数百个变量的模型，编写了一份又一份的市场调查报告。然而，当这些人继续不着边际地分析时，当产品研制工作被搞得越来越复杂时，竞争者已把施乐公司的市场抢走了50%以上。创新的构想只有在不断地尝试中才能不断地完善，企业只有迅速地行动才能有效地利用“不协调”提供的机会。从某种意义上说，面对瞬息万变的市场，创新行动的速度可能比创新方案的完善更为重要。

（四）坚持不懈

构想经过尝试才能成熟，而尝试是有风险的，是不可能“一打就中”的，是可能失败的。创新的过程是不断尝试、不断失败、不断提高的过程。因此，创新者在开始行动以后，为取得最终的成功。必须坚定不移地继续下去，决不能半途而废，否则便会前功尽弃。要在创新中坚持下去，创新者必须有足够的信心，有较强的忍耐力，能正确对待尝试过程中出现的失败。既为减少失误或消除失误后的影响采取必要的预防或纠正措施，又不把一次“战役”（尝试）的失利看成整个“战争”的失败，知道创新的成功只能在屡屡失败后才姗姗来迟。伟大的发明家爱迪生曾经说过：“我的成功乃是从一路失败中取得的。”这句话对创新者应该有所启示。创新的成功在很大程度上要归因于“最后五分钟”的坚持。

二、创新活动的组织

系统的管理者不仅要根据创新的上述规律和特点的要求，对自己的工作进行创新，而且更主要的是组织下属的创新。组织创新，不是去计划和安排某个成员在某个时间去从事某种创新活动——这在某些时候也许是必要的，而是要为部属的创新提供条件、创造环境，有效地组织系统内部的创新。

（一）正确理解和扮演“管理者的角色”

管理人员往往是保守的。他们往往以为组织雇佣自己的目的是维持组织的运行，因此自己的职责首先是保证预先制订的规则的执行和计划的实现。“系统的活动不偏离计划的要求”便是优秀管理者的象征。因此，他们往往自觉或不自觉地扮演现有规章制度的守护神的角色。为了减少系统运行中的风险，防止大祸临头，他们往往对创新尝试中的失败吹毛求疵，随意惩罚在创新尝试中遭到失败的人，或轻易地奖励那些从不创新、从不冒险的人。在前面分析了管理的维持与创新职能作用后，显然不能这样狭隘地理解管理者的角色。管理人员必须自觉地带头创新，并努力为组织成员提供和创造一个有利于创新的环境，积极鼓励、支持、引导组织成员进行创新。

（二）创造促进创新的组织氛围

促进创新的最好方法是大张旗鼓地宣传创新，激发创新，树立“无功便是过”的新观念，使每一个人都奋发向上，努力进取，跃跃欲试，大胆尝试。要造成一种人人谈创新、时时想创新、无处不创新的组织氛围，使那些无创新欲望或有创新欲望却无创新行动从而无所作为者感觉到在组织中无立身之处，使每个人都认识到组织聘用自己的目的，不是简单地用既定的方式重复那已重复了许多次的操作，而是希望自己去探索新的方法，找出新的程序，只有不断地去探索、去尝试才有继续留在组织中的资格。

（三）制定有弹性的计划

创新意味着打破旧的规则，意味着时间和资源的计划外占用，因此，创新要求组织的计划具有弹性。

创新需要思考，思考需要时间。如果把每个人的每个工作日都安排得非常紧凑，对每个人在每时每刻都实行“满负荷工作制”，则创新的许多机遇便不可能发现，创新的构想也无条件产生。美籍犹太人宫凯尔博士对日本人的高节奏工作制就不以为然，他说：一个人“成天在街上奔走，或整天忙于做某一件事没有一点清闲的时间可供他去思考，怎么会有新的创见？”他认为每个人“每天除了必需的工作时间外，必须抽出一定时间供思考用。”（《读者文摘》1989 年第 1 期，第 37 页）美国成功的企业，也往往让职工自由地利用部分工作时间去探索新的设想。据《创新者与企业革命》一书介绍，IBM、3M、奥尔–艾达公司以及杜邦公司等都允许职工利用 5% ~ 15%的工作时间来开发他们的兴趣和设想。同时，创新需要尝试，而尝试需要物质条件和实验的场所。如果要求每个部门在任何时间都严格地制定和执行严密的计划，则创新会失去基地，而永无尝试机会的新构想就只能留在人们的脑海里或图纸上，不可能给组织带来任何实际的效果。

（四）正确地对待失败

创新的过程是一个充满失败的过程。创新者应该认识到这一点，创新的组织者更应该认识到这一点。只有认识到失败是正常的，甚至是必需的，管理人员才可能允许失败，支持失败，甚至鼓励失败。当然，支持尝试，允许失败，并不意味着鼓励组织成员去马马虎虎地工作，而是希望创新者在失败中取得有用的教训，学一点东西，变得更加明白，从而使下次从失败到创新成功的路程缩短。美国一家成功的计算机设备公司在它那只有五六条的企业哲学中甚至这样写道："我们要求公司的人每天至少要犯 10 次错误，如果谁做不到这一条，就说明谁的工作不够努力（《志在成功》第 251 页）。"

（五）建立合理的奖酬制度

要激发每个人的创新热情，还必须建立合理的评价和奖惩制度。创新的原始动机也许是个人的成就感、自我实现的需要，但是如果创新的努力不能得到组织和社会的承认，不能得到公正的评价和合理的奖酬，则继续创新的动力会渐渐失去。

（1）注意物质奖励与精神奖励的结合。奖励不一定是金钱上的，而且往往不需要是金钱方面的，精神上的奖励也许比物质报酬更能驱动人们创新的心理需要。而且，从经济的角度来考虑，物质奖励的效益要低于精神奖励。金钱的边际效用是递减的，为了激发或保持同等程度的创新积极性，组织不得不支付越来越多的奖金。对创新者个人来说，物质上的奖酬只在一种情况下才是有用的。奖金的多少首先被视为衡量个人工作成果和努力程度的标准。

（2）奖励不能视作"不犯错误的报酬"，而应是对特殊贡献，甚至是对希望做出贡献的努力的报酬。奖励的对象不仅包括成功以后的创新者。就组织的发展而言，也许重要的不是创新的结果，而是创新的过程。如果奖酬制度能促进每个成员都积极地去探索和创新，那么对组织发展有利的结果是必然会产生的。

（3）奖励制度要既能促进内部的竞争，又能保证成员间的协作。内部的竞争与协作对创新都是重要的。竞争能激发每个人的创新欲望，从而有利于创新机会的发现和创新构想的产生。而过度的竞争则会导致内部的各自为政，互相封锁。协作能综合各种不同的知识和能力，从而可以使每个创新构想都更加完善。没有竞争的协作难以区别个人的贡献，从而会削弱个人的创新欲望。要保证竞争与协作的结合，在奖励项目的设置上，可考虑多设集体奖，少设个人奖，多设单项奖，少设综合奖；在奖金的数额上，可考虑多设小奖，少设甚至不设大奖，以给每一个人都有成功的希望，避免出现"只有少数人才能成功的超级明星综合征"，从而防止相互封锁和保密，破坏协作的现象。

案例分析

小天鹅"末日管理"理念

不同的公司有不同的管理方式。无锡小天鹅公司就有它独特的管理方式——"末日管理"。

一、"末日管理"的理念

"末日管理"是指企业经营者和所有员工面对市场和竞争，都要充满危机感，都要理解企业有末日、产品有末日，既不能把宏观的不景气作为自己搞不好的理由，也不要陶醉在一度的“卓越”里。市场是有限的，又是无限的，一个时期小天鹅的一种产品的市场是有限的，但一个企业的市场又是可以无限开拓的。即使这几年小天鹅发展了，也照样充满了危机感，小天鹅今天的成功并不意味着明天的成功，企业最好的时候往往是最不好的开始。

二、“末日管理”的内容与运作

小天鹅在“末日管理”理念的指导和支配下，在几年的实践中，形成了自己的一套新的经营管理方式，其基本内容和做法如下。

（1）竞争就是争取消费者。市场竞争就是争夺消费者。竞争就是与自己竞争、与时代竞争，而不是把同行作为竞争对手。小天鹅运用特殊的比较法参与竞争，将传统的“纵比”改为“横比”，比出了“危机”：

① 与国际名牌比——找出与世界水平的差距，争创国际品牌；

② 与国内同行比——学习兄弟企业的长处，保持国内领先；

③ 与市场的需求比——目光紧紧瞄准用户，把握市场命脉；

④ 以己之短比人之长——努力避免一得自矜，警钟长鸣。

（2）参与竞争就是提高市场占有率。企业出产的不仅仅是产品，还是质量和信誉，是广大消费者给企业发了工资和奖金。今天的小天鹅不仅完成了这个观念上的转变，而且已经实现了“按订单生产”，成为“无仓库企业”。

（3）建立面对市场的全员化、立体化、规范化的营销管理体系。全员化就是多让职工参与营销；立体化就是企业内部在生产、科技、营销、人事等方面面对市场发扬团队精神，参与市场竞争；规范化就是把行之有效的营销方式制度化。

① 企业内部建立了围绕市场的立体化；

② 以规范化的管理来保证竞争力；

③ 企业内部实行成品零库存的制度；

④ 一业为主，立体化经营；

⑤ 注重营销管理；

⑥ 注重服务，创造未来；

⑦ 控制市场制高点，保持企业良性循环。

（4）建立了不断适应市场的人才开发机制。

（5）实施名牌战略，扩大经济规模，提高竞争力。

三、“末日管理”带来的收益

（一）小天鹅形成了独特的经营理念

“小天鹅人”有个理论叫“产品三段论”，即产品的生命可分为三个阶段：工厂把产品生产出来，把产品销给商店，商店把资金回笼给企业这是第一阶段（计划经济体制下的企业，只对产品生命的第一阶段负责，错误地认为资金回笼企业实现销售就万事大吉）；第二阶段是帮助客户动销；而让用户实际使用是第三阶段。营销部管理制度强调质量和信誉，就是要对产品的“终身”负责。实际上，真正体现使用价值的，还得从第三阶段算起，它是产品实现“自我价值”的重要保证，是企业实现高附加值的基础。

（二）“末日管理”带来的经济效益

小天鹅推行“末日管理”后，经济效益大幅度增长。1994 年销售收入达到 7.6 亿元，实现利润 1.3 亿元，比 1993 年分别增长 38%、69%；1995 年销售收入达到 10 亿元，实现利润 1.7 亿元，分别比 1993 年增长 81%、120%；1996 年销售收入达 14.66 亿元，实现利润 2.1 亿元，分别比 1993 年增长 166%、173%。

问题

1. 管理的创新职能在这个案例中体现在什么地方？

2. 小天鹅“末日管理”最大特点是什么？

实践训练

1. 实训项目

每个企业都必须进行创新活动，否则无法长久立足于经济潮流中。试以身边的一家企业为例分析创新职能主要表现在哪些方面。

2. 实训目的

分析企业创新的类型和特点。

3. 实训内容

通过观察企业创新活动，分析创新的重点在哪里，有何特点？ 看看创新的对象选择方面有何要求？最终会达到什么样的成效，以及自己的目标是什么？

4. 实训组织

本实训训练可以自行安排，以熟悉的企业为宜。

5. 实训考核

教师对每位同学完成任务的情况进行系统评估，并提出指导意见。

本章小结

1. 创新是一种思想及在这种思想指导下的实践，是一种原则以及在这种原则指导下的具体活动，是管理的一种基本职能。

2. 创新是维持基础上的发展，而维持则是创新的逻辑延续；维持是为了实现创新的成果，而创新则是为更高层次的维持提供依托和框架。

3. 创新的划分方式有多种，主要可以从创新的规模、创新与环境的关系、创新发生的时期以及创新的组织程度来具体分类。

4. 系统在运行中的创新涉及许多内容，包括目标创新、技术创新、制度创新、组织机构创新以及环境创新等。

5. 创新活动过程包括寻找机会、提出构想、迅速行动和坚持不懈等 4 个阶段。

6. 管理创新需要管理者能够为部属的创新提供条件、创造环境，有效地组织系统内部的创新。

复习思考题

1. 简述创新职能的内涵和创新工作的特征。
2. 创新管理与维持管理的关系是什么?
3. 简述目标创新的内涵，如何进行目标创新?
4. 简述技术创新的主要内容和特点。
5. 如何管理变革与创新的实施过程?
6. 韦伯的官僚行政组织体系有哪些特点?
7. 你是如何认识知识经济时代的基本特征的?
8. 你认为在知识经济时代企业文化可能会表现出哪些特征?

参考文献

[1] 周三多，陈传明. 管理学原理. 2 版. 南京：南京大学出版社，2009.
[2] 周三多. 管理学. 北京：高等教育出版社，2010.
[3] 芮明杰. 管理学——现代的观点. 上海：上海人民出版社，2005.
[4] 王凤彬，李东. 管理学. 四版. 北京：中国人民大学出版社，2011.
[5] 北京工商大学工商管理教研室. 管理学. 北京：经济管理出版社，2009.
[6] 杨明刚. 现代实用管理学. 上海：华东理工大学出版社，2005.
[7] 单凤儒. 管理学基础. 3 级. 北京：高等教育出版社，2008.
[8] 葛红光，刘小鹰. 管理学. 长春：东北师范大学出版社，2012.
[9] 邹非. 管理学基础. 厦门：厦门大学出版社，2010.
[10] 邢以群. 管理学. 2 级. 杭州：浙江大学出版社，2005.
[11] 杨善林，李兴国. 信息管理学. 北京：高等教育出版社，2004.
[12] 陈海国，方华. 组织行为学. 北京：清华大学出版社，2009.
[13] 王利平. 管理学原理. 北京：中国人民大学出版社，2003.
[14]（美）斯蒂芬·罗宾斯. 管理学. 9 版. 北京：中国人民大学出版社，2008.
[15]（美）罗伯特·格兰特. 公司战略管理. 北京：光明日报出版社，2004.
[16]（美）迈克尔·波特. 竞争优势. 陈小悦，译. 北京：华夏出版社，1997.
[17]（美）赫伯特·A. 西蒙. 管理行为. 北京：机械工业出版社，2004.